Vorwort

Der Geschichtsunterricht der Sekundarstufe hat die Aufgabe, dem Schüler ein historisches Bewusstsein zu vermitteln, das ihn die Welt als geworden begreifen lässt. Es soll die Bereitschaft geweckt werden, Mitverantwortung für die Gestaltung dieser Welt zu tragen, damit in ihr ein Leben in Freiheit, sozialer Gerechtigkeit und gesichertem Frieden möglich ist.

Für den Lehrer, der dieses Ziel ansteuert und einen entsprechend engagierten Geschichtsunterricht erteilen will, stellen sich aus diesem Zusammenhang heraus u.a. drei zentrale Forderungen:

❶ **Auswahl an geeigneten Materialien**
(z.B. in Form von Bildern, Karten und Quellentexten)

❷ **Gut strukturierte Arbeitsblätter**
(das Wesentliche der Unterrichtseinheit wird zusammengefasst)

❸ **Didaktisch und methodisch passende Aufbereitung der Unterrichtseinheiten**
(Stundenbilder mit motivierendem Einstieg, klar und konsequent durchgeführter Erarbeitung und angemessener Wertungsphase)

Viel Spaß und Erfolg wünschen Ihnen die Autoren und der Verlag.

ISBN 3-89291-**834**-1

STUNDENBILDER für die SEKUNDARSTUFE
GESCHICHTE

S. MARC / G. STUCKERT (Hrsg.)

Beginn der Neuzeit bis Ende 18. Jahrhundert

- STUNDENSKIZZEN
- TAFELBILDER
- ARBEITSBLÄTTER
- FOLIENVORLAGEN

Inhaltsübersicht:

Die europäische Ausbreitung über die Welt zu Beginn der Neuzeit

1. Johannes Gutenberg - der Erfinder des Buchdruckes
2. Christoph Kolumbus entdeckt 1492 die Neue Welt
3. Warum war Magellans Weltumseglung so wichtig?
4. Warum schaffen Kopernikus und Galilei ein neues Weltbild?
5. Eroberungszüge der Spanier in der Neuen Welt
6. Was bedeutet „Dreieckshandel"?

Reformation

1. Kirchliches Leben um 1500
2. Martin Luther und die Reformation
3. Welchen Einfluss hatten Luthers Schriften auf die Bauern?
4. Ursache, Verlauf und Ergebnisse des Bauernkrieges von 1525
5. Der Augsburger Religionsfriede von 1555
6. Ignatius von Loyola - die Gegenreformation

Der Dreißigjährige Krieg

1. Wie kam es zum Prager Fenstersturz?
2. Kriegsverlauf und Westfälischer Friede
3. Die Schrecken des Krieges

Herrschaft und Kultur des Absolutismus

1. Ludwig XIV. regiert absolut
2. Wie lebte man am Hof von Versailles?
3. Woher nahm der Sonnenkönig sein Geld?
4. Barock und Rokoko als Kunst- und Lebensstil
5. War Friedrich der Große wirklich ein „großer Deutscher"?

Aufklärung und bürgerliche Revolutionen

1. Wie kam es zur Unabhängigkeit der Kolonien in Amerika?
2. Am Vorabend der Französischen Revolution
3. Ausbruch, Verlauf und Ergebnisse der Französischen Revolution
4. Wer war Napoleon?
5. Napoleons Feldzug nach Russland
6. Napoleons Aufstieg und Niedergang
7. Was wurde auf dem Wiener Kongress beschlossen?

Geschichte

Nr. 312 *176* **Seiten DM 39,80**

Foliensatz

Inhaltsübersicht:

1. Christoph Kolumbus „entdeckt" 1492 Amerika
2. Wichtige Entdeckungen zu Beginn der Neuzeit
3. Konquistadoren zerstören amerikanische Kulturen
4. Martin Luther und der Beginn der Reformation
5. Auswirkungen der Reformation
6. Der Dreißigjährige Krieg (1618-1648)
7. Der Absolutismus in Frankreich - Ludwig XIV
8. Die Französische Revolution und ihre Folgen
9. Das Zeitalter Napoleons

Neuzeit bis 18. Jahrhundert

Nr. 673 *9 Farbfolien* **DM 39,80**

STUNDENBILDER für die SEKUNDARSTUFE
GESCHICHTE

S. MARC / G. STUCKERT (Hrsg.)

Das 19. Jahrhundert bis Imperialismus

- STUNDENSKIZZEN
- TAFELBILDER
- ARBEITSBLÄTTER
- FOLIENVORLAGEN

Inhaltsübersicht:

1. Wie lebten die Menschen um 1800?
2. Große Veränderungen zwischen 1800 und 1900
3. Wie kam es 1844 zum Weberaufstand in Schlesien?
4. Die Arbeiterschaft organisiert sich
5. Die Arbeitsbedingungen von Angestellten früher und heute
6. Woher kommt der Kommunismus?
7. Welche Folgen hatte das Streben nach nationaler Einheit?
8. Was erhoffte man sich von der Revolution 1848?
9. Was geschah in der Frankfurter Paulskirche?
10. Der deutsche Zollverein
11. Wie kam es zur Reichsgründung 1871?
12. Die Innenpolitik Bismarcks
13. Die Außenpolitik Bismarcks
14. Die imperialistische Ausdehnung vor dem Ersten Weltkrieg
15. Die Expansionspolitik Wilhelms II

Geschichte

Nr. 831 *112* **Seiten DM 31,80**

STUNDENBILDER für die SEKUNDARSTUFE
GESCHICHTE

S. MARC / G. STUCKERT (Hrsg.)

Erster Weltkrieg und Weimarer Republik

- STUNDENSKIZZEN
- TAFELBILDER
- ARBEITSBLÄTTER
- FOLIENVORLAGEN

GESCHICHTE	Name	Klasse	Datum	Nr.

① Was bedrückt die Bauern am meisten?

Wenig Grundbesitz; hohe Pachtgebühren, auch in Form von Arbeitsleistung

② Welche Forderungen erheben sie?

Genügend Land; Abtretung von Land durch die Grundherren; Einrichtung von Volksschulen in allen Dörfern

③ Wie beurteilst du diese Forderungen der Bauern?

Diese Forderungen sind berechtigt, ausgewogen und vernünftig.

❹ Die Unzufriedenheit der Bauern und Arbeiter führte dazu, dass sie sich oft bereitwillig den Lehren von Karl Marx zuwandten. Bei einem Prozess sagte ein Textilarbeiter:

„Wir, das nach Millionen zählende Arbeitervolk, werden schon in frühester Kindheit von Vätern und Müttern unserem Schicksal überlassen. Es wird uns keine Bildung zuteil, weil es keine Schulen gibt und weil wir für kargen Lohn über unsere Kräfte arbeiten müssen. Wenn wir als neunjährige Knaben zur Fabrikarbeit getrieben werden, was erwartet uns da? Wir verkaufen uns den Kapitalisten für ein Stück Schwarzbrot. Aufseher prügeln uns mit Ruten und mit Fäusten, um uns an die schwere Arbeit zu gewöhnen."

① Welche Tatsachen prangert er an?

Fehlende Bildung; geringer Lohn; Kinderarbeit; schwere Arbeit; Misshandlung durch Aufseher

② Welche Stelle deutet auf die Lehre von Karl Marx hin?

Verkauf der Arbeitskraft an Unternehmer gegen geringen Lohn (Ausbeutung)

❺ Viele Bauern versuchten in den Fabriken Arbeit zu finden. Wie beurteilst du diese Möglichkeit angesichts des damaligen Entwicklungsstandes Russlands?

Industrie ist wenig entwickelt; wenig Arbeitsplätze; viele Arbeitskräfte; kaum Chancen, Arbeit zu finden → Massenarbeitslosigkeit → Sinken der Löhne

Leibeigene russische Bauern verarbeiten für ihre Grundherrn den auf ihren Feldern gewonnenen Hanf zu Seilen.

Straßenkampf in St. Petersburg 1917

Inhaltsübersicht:

Erster Weltkrieg

1. Warum brach der Erste Weltkrieg aus?
2. Kriegsbegeisterung in ganz Europa
3. Wie verlief der Erste Weltkrieg?
4. Wilsons 14-Punkte-Vertrag und Versailler Vertrag

Die Weltmächte USA und UdSSR

1. Welche Ursachen hatte der Aufstieg der USA?
2. Die Vereinigten Staaten greifen in das Weltgeschehen ein
3. Soziale Missstände führen in Russland zu Unruhen
4. Ursachen und Verlauf der russischen Oktoberrevolution
5. Russlands Wirtschaft und Gesellschaft unter Stalin

Die Weimarer Republik

1. Wie wurde Deutschland 1918 Republik?
2. Schicksalsjahr 1923 - Umsturzversuche
3. Ruhrkampf und Inflation 1923
4. Kann die Weimarer Republik auch Erfolge vorweisen?
5. Warum scheiterte die Weimarer Republik?
6. Überblick: Weimarer Republik

Geschichte

Nr. 832 *128* **Seiten DM 33,80**

STUNDENBILDER für die SEKUNDARSTUFE
GESCHICHTE

S. MARC / G. STUCKERT (Hrsg.)

Nationalsozialismus und Zweiter Weltkrieg

NEUERSCHEINUNG – Verbesserte Neuauflage – NEUERSCHEINUNG

- STUNDENSKIZZEN
- TAFELBILDER
- ARBEITSBLÄTTER
- FOLIENVORLAGEN

GESCHICHTE	Name	Klasse	Datum	Nr.

Wie bekämpfte Bischof von Galen den Nationalsozialismus?

Bischof von Galen hatte viele Gründe, den Nationalsozialismus zu bekämpfen. Hier sind die vier wichtigsten:

①

Unmenschlichkeit in den Konzentrationslagern

②

Hinrichtung Behinderter und Geisteskranker

③

Verurteilung von Menschen ohne Gerichtsverfahren

④

Vertreibung aus den Klöstern

Energisch und misstrauisch, tatkräftig und unnachgiebig ging er dabei vor:

Aktionen

- **Proteste und aggressive Predigten**
- **Telegramme an Hitler und Göring**
- **Anzeigen bei der Staatsanwaltschaft**

Angriffspunkte

- **Bestrafung von unschuldigen Menschen**
- **Strafen ohne rechtmäßiges Gerichtsverfahren**
- **Mord an „unproduktiven" Menschen**

Befürchtungen

Verhaftung, Einlieferung in ein KZ, Tod, Zugrundegehen des ganzen Volkes

Sein Wahlspruch: *„Nicht Lob, nicht Furcht!"*

Merke: Am Widerstand des Bischofs von **Galen (1878-1946)** gegen das NS-Regime erkennen wir, dass in einer Diktatur trotz **Lebensgefahr** Opposition gewagt wird.

Inhaltsübersicht:

Deutschland unter nationalsozialistischer Diktatur

1. Warum kommt Hitler so leicht an die Macht?
2. Hitlers Machtergreifung am 30. Januar 1933
3. Das Ermächtigungsgesetz
4. Deutschland wird „gleichgeschaltet"
5. Hitler greift nach der Jugend
6. Leben in der NS-Diktatur
7. Warum fand Hitler so viele Anhänger?
8. Die Verfolgung der Juden (1)
9. Die Verfolgung der Juden (2)
10. Der Widerstand im Dritten Reich

Der Zweite Weltkrieg und seine unmittelbaren Folgen

1. Vom Frieden reden - den Krieg planen
2. Annexionspolitik 1937 bis 1939: Der Griff nach Wien und Prag
3. Der Verlauf des Zweiten Weltkrieges 1939 bis 1942
4. Die Schlacht um Stalingrad
5. Der totale Krieg
6. Überblick über den Verlauf des Zweiten Weltkrieges
7. Not und Elend der Bevölkerung im Bombenkrieg
8. Flucht und Vertreibung aus den Ostgebieten
9. Deutschland nach der Kapitulation
10. Die wirtschaftliche Lage Deutschlands nach dem Krieg

Geschichte

Nr. 461 *160* **Seiten DM 39,80**

Inhaltsverzeichnis

Afrika

1. Die europäischen Kolonien Afrikas erkämpfen ihre Unabhängigkeit 5
2. Krisenkontinent Afrika 13
3. Südafrika: Unabhängigkeit - aber nur für die Weißen 25

Asien

1. Indien erzwingt seine Unabhängigkeit 31
2. Indien heute - ein Land mit zahlreichen Problemen 37
3. Der Koreakrieg - ein Wendepunkt der Weltpolitik 43
4. Indochina - ein ständiger Krisenherd 51
5. Israel und der Nahe Osten - Konflikt vorprogrammiert 63
6. Die Palästinenser-Frage: Wem gehört das Heilige Land? 71
7. Wer hat die Macht am Golf? 81
8. China in der Zeit von 1838 bis 1912 91
9. Mao Tse-tung - sein Weg zur Macht in China 95
10. Wie setzt Mao den chinesischen Kommunismus durch? 99
11. Die Politik Chinas seit 1960 105
12. Das Jahr 1989 in China 111
13. Afghanistan - das sowjetische „Vietnam" 117

Amerika/Europa

1. Kubakrise 1962 - die Welt am Abgrund 123
2. Aufstände in den Ostblockstaaten - erfolgreich? 131
3. Jugoslawien - der alte Hass bricht aus 137
4. Welche Bedeutung haben die Vereinten Nationen? 143

Zusammenfassung/Überblick

1. Was weißt du noch? 154
2. Kriege von Korea bis Grosny 156
3. Kriege und Konflikte seit 1945 158
4. Krisenherde 159
5. Bilanz der Kriege im 20. Jahrhundert 160

Fachspezifische Arbeitsweisen

Auch im Geschichtsunterricht soll der Schüler dazu gebracht werden, zweckmäßig und fachgerecht Wissen, Kenntnisse und Einsichten zu gewinnen.
Nachfolgend ein sporadischer Katalog von fachspezifischen Arbeitsweisen:

1. Chronologie:
- eine Zeitleiste maßstabgerecht anfertigen und über die Zeitwende hinaus in die Vorzeit hinein erweitern
- geschichtliche Ereignisse in die Zeitleiste einordnen und fixieren
- die Zeitdauer historischer Abläufe an der Zeitleiste erkennen und bestimnen
- Zeitabschnitte maßstabgerecht vergrößern und historische Einzelfakten eintragen
- historische Informationen unter Verwendung von Bildern, Zeichnungen und Symbolen darstellen
- ein Geschichtsfries mit Hilfe von Bildern, Zeichnungen und Symbolen parallel zur Anfertigung der Zeitleiste erstellen
- mit geschichtlichen Datensammlungen sachgerecht umgehen

2. Kartographie:
- eine Geschichtskarte (Geschichtsatlas) interpretieren und Information entnehmen
- historische Plandarstellugen interpretieren und Information entnehmen
- historische Plandarstellungen maßstabgerecht anfertigen und wesentliche Daten eintragen

3. Quellen:
- aus schriftlichen Quellen Informationen entnehmen
- Textschwierigkeiten durch Nachschlagen oder Rückfragen klären
- die Quellenaussagen strukturieren und wiedergeben
- die wesentlichen Quellenaussagen mit Hilfe von Leitfragen herausarbeiten und interpretieren
- historische Gegenstände, Bauwerke ... besichtigen und beschreiben
- aus Quellen Probleme gewinnen, präzisieren und Hypothesen ableiten
- Bilder betrachten, interpretieren und systematisch hinterfragen
- Tondokumente anhören, Filme ansehen, den Inhalt strukturieren und analysieren

4. Schematische Darstellungen:
- aus einem schematischen Schaubild historische Zusammenhänge herauslesen und erklären
- aufgrund der gewonnenen Einsichten ein Schaubild anfertigen
- aus Skizzen und Übersichten Informationen entnehmen und darüber reflektieren
- Skizzen und Übersichten selbständig erstellen

5. Statistik:
- aus Tabellen Informationen herauslesen
- an Diagrammen geschichtliche Zusammenhänge erkennen
- geschichtliche Zusammenhänge mit Hilfe von Diagrammen sichtbar machen

6. Arbeitsbuch:
- die Thematik mit Hilfe des Inhaltsverzeichnisses auffinden
- zu den einzelnen Abschnitten Hauptüberschriften bilden
- die im Buch enthaltenen Fragen beantworten, die Arbeitsaufgaben lösen und die Lernzielkontrollen durchführen

7. Sprache:
- historische Probleme gewinnen und formulieren
- geschichtliche Sachverhalte durch Befragen erkunden
- von geschichtlichen Ereignissen berichten
- geschichtliche Sachverhalte und Erscheinungsformen erklären und darüber diskutieren
- Stichwortregister anlegen
- anhand von Stichwörtern über geschichtliche Ereignisse berichten

THEMA

Die europäischen Kolonien Afrikas erkämpfen sich ihre Unabhängigkeit

LERNZIELE

- Erkenntnis, dass die meisten europäischen Kolonien nach dem Zweiten Weltkrieg ihre Unabhängigkeit erlangten
- Wissen um die geographische Lage dieser Länder
- Wissen, dass die meisten europäischen Kolonien heute Entwicklungsländer sind
- Wissen um das Konfliktpotential in diesen Ländern

ARBEITSMITTEL/MEDIEN/LITERATURHINWEISE

- Arbeitsblatt mit Lösung
- Folien (Karten), Informationstexte
- Atlas
- Film: 3200675 Afrika wird selbständig (17 Min.; sw; 1963)

TAFELBILD/FOLIEN

Die europäischen Kolonien Afrikas erkämpfen sich ihre Unabhängigkeit

1960: Freiheitsjahr des afrikanischen Kontinents

Probleme der ehemaligen Kolonien:

❶ wirtschaftlich:
- viele Rohstoffe, wenig Industrie
- primitive Landwirtschaft
- problematische Klimaverhältnisse (Dürren, Überschwemmungen)
- krisenanfällige Monokulturen
- technische Rückständigkeit

❷ politisch:
ungeschichtliche, willkürliche Zusammensetzung der Staaten zerstört die eigene Kultur

Größter Teil Afrikas souverän

In Afrika wird das Ende der Kolonialzeit eingeläutet: 1960 werden insgesamt 17 ehemalige Kolonien von Großbritannien, Frankreich und Belgien in die Unabhängigkeit entlassen. Zwischen 1945 und 1959 hatten nur sechs Staaten die Souveränität erlangt. 14 Gebiete sind auch weiterhin Kolonien.

Die meisten afrikanischen Staaten behalten enge Beziehungen zu ihren Mutterländern bei – entweder in der französischen Communauté oder dem britischen Commonwealth. Nur im ehemals belgischen Kongo (Léopoldville, heute Zaïre) kommt es zum Konflikt mit dem Mutterland und zu einem Bürgerkrieg, in den 1961 UNO-Truppen eingreifen.
Die Kompromißbereitschaft der Kolonialmächte gegenüber den Unabhängigkeitsbestrebungen in Afrika wurde u. a. durch die Sueskrise von 1956 gefördert. Das militärische Eingreifen hatte damals London und Paris im Nahen Osten sehr geschadet und das früher unter britischem Einfluß stehende Ägypten gestärkt. Für Frankreich bedeuten zudem die seit Jahren andauernden, z. T. blutigen Auseinandersetzungen in der Kolonie Algerien eine politische Schwächung. Die Algerienfrage führte zu mehreren Regierungskrisen und 1958 zur Einführung der V. Republik unter Charles de Gaulle. Algerien wird allerdings erst im Jahr 1962 souverän.

❸ sozial:
- geringe Bildung
- Distanz gegenüber Weißen
- religiöser Fanatismus
- Ungleichheit (des Grundbesitzes)
- Bevölkerungsexplosion

Stundenbild

I. Hinführung

St. Impuls Aussprache	Folie	
	TA	1914: Äthiopien und Liberia unabhängig
LSG		Begriffsklärung: Kolonien, Kolonialmacht
L.vortrag		Ghana wird 1957 als erster schwarzafrikanischer Staat selbständig, 1958 Guinea
	TA	1960: Freiheitsjahr des afrikanischen Kontinents → 17 weitere Staaten werden unabhängig
Zielangabe	TA	**Die europäischen Kolonien Afrikas erkämpfen sich ihre Unabhängigkeit**

II. Erarbeitung

L		L: Gründe, warum das Kolonialsystem nach dem Zweiten Weltkrieg so schnell zusammenbrach?
Aussprache Ergebnis		... Schwächung der Großmächte nach dem Weltkrieg, man kümmerte sich nicht um die Kolonien; Zeit des Umdenkens (Ausbeutung fremder Länder inhuman) ...
	Folie	Resolution der UN vom 14. Dezember 1960: ... Grundsätze der Gleichberechtigung und Selbstbestimmung aller Völker und der allgemeinen Beachtung und Befolgung der Menschenrechte und der Grundfreiheiten für alle Menschen ohne Unterschied der Rasse, des Geschlechts, der Sprache und der Religion zu schaffen ...
Aussprache		
AA zur GA	Folie (S. 7)	① Vergleiche Afrika! Welche Veränderungen kannst du feststellen? ② Finde heraus, welche Länder welche Besitzungen in Afrika hatten! Achte auf die Arten der Schraffur!
GA (20 Min.) Zsf. Gr.berichte		
Impuls		Wie erringt man die Unabhängigkeit?
LSG		... Verhandlungen, Kompromisse, Kampf, Krieg ...

III. Wertung

Impuls		L: Auch heute noch spüren diese Länder die Auswirkungen der Kolonialzeit.
Aussprache		... Entwicklungsländer sind Krisengebiete ...
Zsf.	TA (S. 5)	Probleme: wirtschaftlich/politisch/sozial
Impuls		Die Industrienationen wollen von diesen Ländern Rohstoffe und Energie und versuchen, Einfluss zu nehmen.
u.U. Aussprache	Dias	Leben in Entwicklungsländern

IV. Sicherung/Ausweitung

Zsf.	AB 1/2 (S. 7/9)	
Kontrolle	Folien (S. 8/10)	
u.U.	Film	Afrika wird selbständig
Zsf.	Folien (S. 11/12)	

GESCHICHTE	Name	Klasse	Datum	Nr.

Wie erhielten die afrikanischen Kolonien ihre Unabhängigkeit? (1)

Der Erste Weltkrieg hatte den Europäern als Kolonialherrn schwer geschadet. Trotzdem beherrschten sie 1939 noch fast ein Drittel der Weltbevölkerung. Der Zweite Weltkrieg bewirkte endgültig den Niedergang des europäischen Kolonialismus. So entstanden in Südostasien die ersten unabhängigen Staaten nach dem Krieg:

____

____

____

____

____

In Afrika gab es 1945 nur vier selbständige Staaten. Afrikanische Befreiungsbewegungen erstritten oftmals in blutigen Kämpfen ihre Unabhängigkeit. Im Jahre 1960 wurden ____________________ unabhängig. Die meisten europäischen Kolonien sind heute _________________________ . Sie wurden ausgebeutet, ohne dass sie eine eigene Wirtschaft aufbauen konnten. Kennzeichnend für diese Länder ist vor allem ______________________________. Häufig ist auch das politische System dieser Länder _________________.

Der Bedarf der Industriestaaten an billigen Rohstoffen und Energien hat dazu geführt, dass westliche und östliche Industrienationen die Rohstoffländer an sich zu binden versuchen. Damit entstehen gefährliche Interessenkonflikte und weltweite Krisenherde zwischen Ost und West.

Afrika 1914

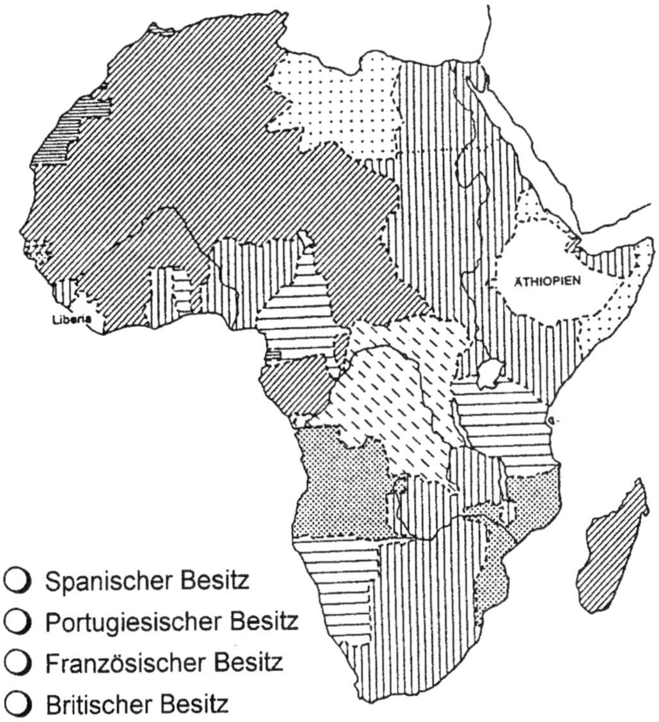

- ○ Spanischer Besitz
- ○ Portugiesischer Besitz
- ○ Französischer Besitz
- ○ Britischer Besitz
- ○ Deutscher Besitz
- ○ Italienischer Besitz
- ○ Belgischer Besitz

Afrika heute

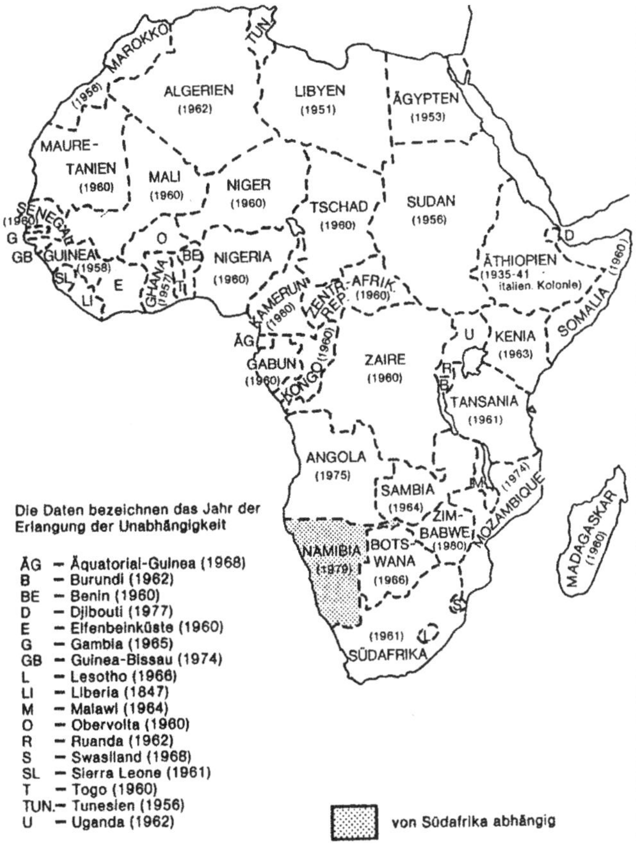

GESCHICHTE	Name	Klasse	Datum	Nr.

Wie erhielten die afrikanischen Kolonien ihre Unabhängigkeit? (1)

Der Erste Weltkrieg hatte den Europäern als Kolonialherrn schwer geschadet. Trotzdem beherrschten sie 1939 noch fast ein Drittel der Weltbevölkerung. Der Zweite Weltkrieg bewirkte endgültig den Niedergang des europäischen Kolonialismus. So entstanden in Südostasien die ersten unabhängigen Staaten nach dem Krieg:

Birma, Ceylon (Sri Lanka), Indien, Indonesien, Kambodscha, Laos, der Malaische Bund, Pakistan, die Philippinen und Vietnam wurden zum Teil nach schweren Kämpfen selbständig. Im arabischen Bereich wurde die britisch-französische Mandatsherrschaft in Syrien, Libanon und Palästina abgelöst, 1948 der Staat Israel geschaffen. In China, Nordkorea und Nordvietnam kam der Kommunismus zur Herrschaft.

In Afrika gab es 1945 nur vier selbständige Staaten. Afrikanische Befreiungsbewegungen erstritten oftmals in blutigen Kämpfen ihre Unabhängigkeit. Im Jahre 1960 wurden *16 Kolonien* unabhängig. Die meisten europäischen Kolonien sind heute *Entwicklungsländer*. Sie wurden ausgebeutet, ohne dass sie eine eigene Wirtschaft aufbauen konnten. Kennzeichnend für diese Länder ist vor allem *die Armut der Bevölkerung*. Häufig ist auch das politische System dieser Länder *instabil*.

Der Bedarf der Industriestaaten an billigen Rohstoffen und Energien hat dazu geführt, dass westliche und östliche Industrienationen die Rohstoffländer an sich zu binden versuchen. Damit entstehen gefährliche Interessenkonflikte und weltweite Krisenherde zwischen Ost und West.

Afrika 1914

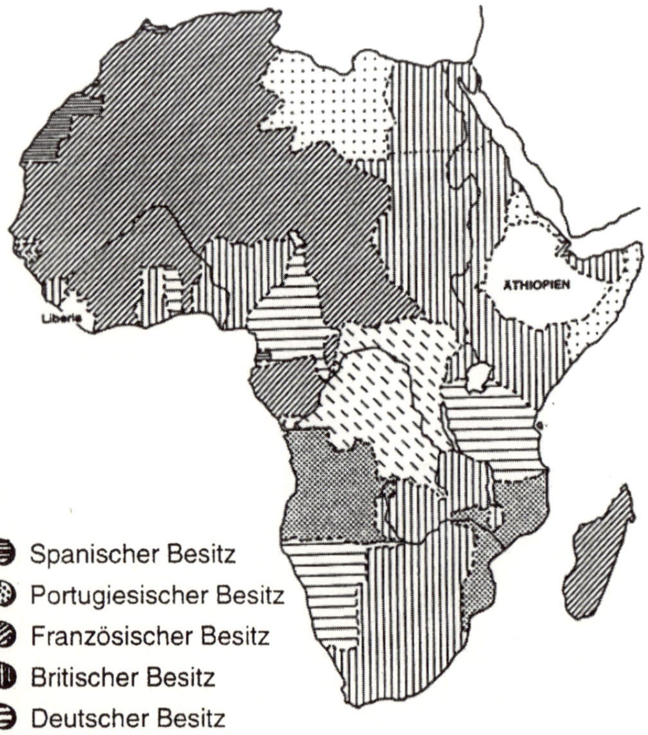

- Spanischer Besitz
- Portugiesischer Besitz
- Französischer Besitz
- Britischer Besitz
- Deutscher Besitz
- Italienischer Besitz
- Belgischer Besitz

Afrika heute

GESCHICHTE	Name	Klasse	Datum	Nr.

Wie erhielten die afrikanischen Kolonien ihre Unabhängigkeit? (2)

❶ Viele Völker in den Kolonien forderten nach dem Zweiten Weltkrieg ihre staatliche Selbständigkeit und Unabhängigkeit von den europäischen Kolonialmächten. Dafür gab es vier Ursachen:

Die Jugend in den Kolonien

Die Alten in den Kolonien

Kolonial-mächte

Vereinte Nationen

❷ Doch bis heute kämpfen die selbständig gewordenen Staaten gegen die Unterentwicklung.

Dafür gibt es Gründe:

wirtschaftliche	**politische**	**soziale**
Rohstoffe	Unabhängigkeit	Bevölkerung
Industrie		Bildung
Monokulturen	Zusammensetzung der Staaten	
		gegenüber Weißen
Landwirtschaft	der eigenen Kultur	
Rückständigkeit		Fanatismus

Die Folgen sind besonders schlimm:

GESCHICHTE	Name	Klasse	Datum	Nr.

Wie erhielten die afrikanischen Kolonien ihre Unabhängigkeit? (2)

❶ Viele Völker in den Kolonien forderten nach dem Zweiten Weltkrieg ihre staatliche Selbständigkeit und Unabhängigkeit von den europäischen Kolonialmächten. Dafür gab es vier Ursachen:

Die Jugend in den Kolonien

Studium in den europäischen Ländern und Amerika; Demokratieverständnis; europä. und amerik. Kulturverständnis

Die Alten in den Kolonien

Kein Respekt vor den Weißen, hervorgerufen durch viele kriegerische Auseinandersetzungen

Kolonialmächte

Reformarbeit, um die Selbständigkeit der Staaten zu fördern

Vereinte Nationen

UN-Charta spricht allen Menschen Freiheit und Gleichberechtigung zu

❷ Doch bis heute kämpfen die selbständig gewordenen Staaten gegen die Unterentwicklung.

Dafür gibt es Gründe:

wirtschaftliche	**politische**	**soziale**
viele Rohstoffe	staatliche Unabhängigkeit	schnell wachsende Bevölkerung
wenig Industrie	ungeschichtliche, willkürliche Zusammensetzung der Staaten	geringe Bildung
krisenanfällige Monokulturen	Zerstörung der eigenen Kultur	kritische Einstellung gegenüber Weißen
primitive Landwirtschaft		religiöser Fanatismus
technische Rückständigkeit		

Die Folgen sind besonders schlimm:

Hohe Sterblichkeitsraten (besonders Kinder), Krankheiten und Seuchen (mangelnde Hygiene), Armut, Arbeitslosigkeit, Hunger, geringe Leistungsfähigkeit und -bereitschaft, sehr niederes Einkommen, Schuldenlast des Staates steigt, hohes Konfliktpotential

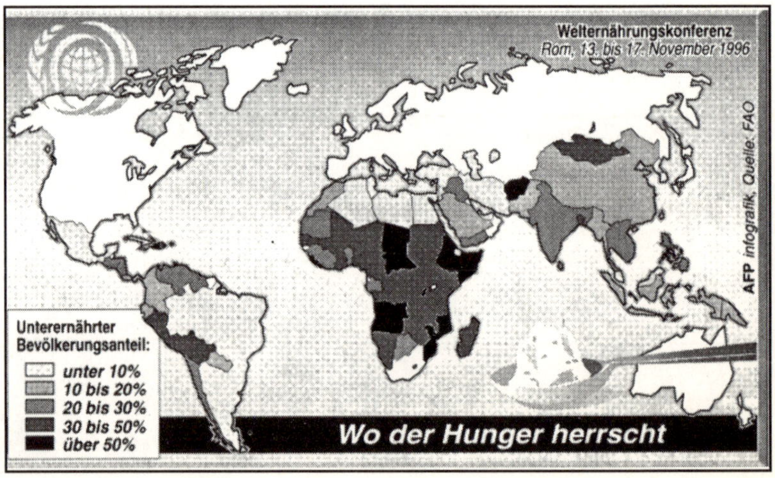

Die Organisation für Afrikanische Einheit

Die Länder Afrikas bemühten sich seit Beginn der Unabhängigkeitsbewegung um die Schaffung überstaatlicher Organisationen, sei es zur Aufrechterhaltung der auf die Kolonialzeit zurückgehenden großräumigen Wirtschaftsbeziehungen, sei es zur Entwicklung einer gemeinsamen Politik auf regionaler oder panafrikanischer Ebene. Als weitaus bedeutendster dieser Zusammenschlüsse entstand 1963 die Organisation für die Afrikanische Einheit (OAU/OUA). Unter dem Eindruck des erbitterten Krieges, der im ehemals belgischen Kongo kurz nach dem Eintritt in die Unabhängigkeit ausgebrochen war, bekannten sich 31 selbständige afrikanische Staaten mit der Unterzeichnung der OAU-Charta zu dem Versuch, ein kontinentales Forum für die Bewältigung der neu aufbrechenden Konflikte zu schaffen.
Tatsächlich war die OAU zu einer aktiven Friedenspolitik aber nur begrenzt in der Lage. Die in Artikel 2 der Charta niedergelegte Programmatik blieb gerade in dieser Hinsicht unbestimmt, und lediglich das Ziel der Befreiung ganz Afrikas vom Kolonialismus wurde seitdem von allen OAU-Mitgliedstaaten als positive Leitlinie für ein gemeinsames Handeln akzeptiert. Die OAU-Organe, denen nur ein vager politischer Auftrag auf den Weg gegeben worden war, fanden ihre wesentliche Bestimmung darin, als Ort für die Darstellung und Diskussion der von den Mitgliedern vertretenen Interessen zu dienen, während Entscheidungen in strittigen Angelegenheiten häufig umgangen oder vertagt wurden.
Die eigentliche Leistung der Organisation für die afrikanische Einheit war es demnach, alle 50 Staaten Afrikas - mit Ausnahme Südafrikas und Namibias - auf die Anerkennung gemeinsamer Grundlagen des staatlichen Zusammenlebens verpflichtet zu haben. Es sind dies nach Artikel 3 der Charta die Prinzipien der Gleichrangigkeit aller Mitgliedstaaten, der Nichteinmischung in innerstaatliche Angelegenheiten und, vor allem, der Souveränität und territorialen Integrität jedes Staates in den aus der kolonialen Vergangenheit überkommenen, oftmals willkürlich gezogenen Grenzen.
Oberstes Organ der OAU ist die Versammlung der Staats- oder Regierungschefs, die in der Regel einmal jährlich zusammentritt und als Entscheidungsgremium den übrigen Organen ihre Richtlinien vorgibt. Als ausführendes Organ fungiert der jährlich zweimal tagende Ministerrat, dessen Mitglieder von den Staatschefs ernannt werden. Die laufenden Geschäfte versieht das Generalsekretariat in Addis Abeba, das dem Ministerrat verantwortlich ist. Besondere Aufgaben werden von der Vermittlungs-, Schlichtungs- und Schiedskommission sowie den weiteren ständigen Kommissionen wahrgenommen.

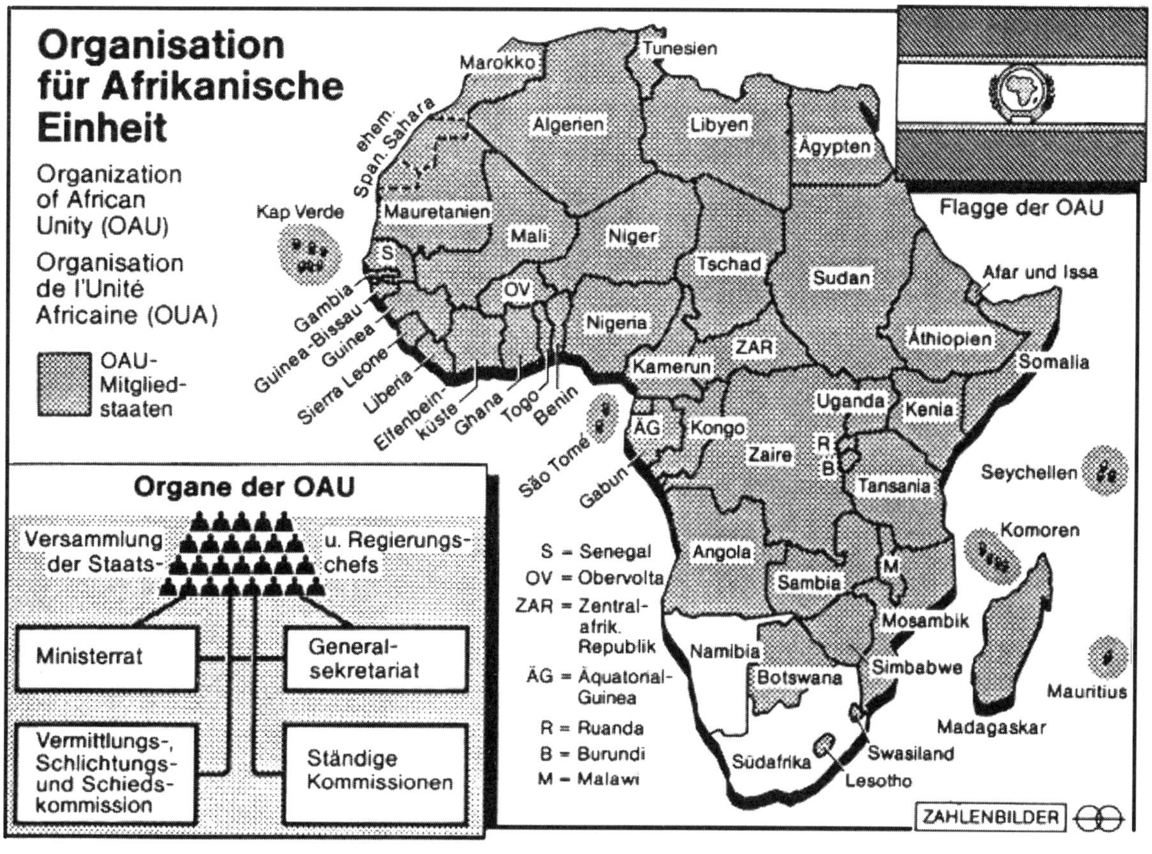

Die Maghreb-Union

Auf einem Gipteltreffen in Marrakesch (Marokko) beschlossen die Staatschefs von Algerien, Libyen, Marokko, Mauretanien und Tunesien am 17. Februar 1989 die Gründung der „Union des Arabischen Maghreb“. Die Idee eines Zusammenschlusses der arabisch-islamischen Länder im westlichen Nordafrika war Jahrzehnte lang propagiert worden, aber letztlich doch stets an den zwischenstaatlichen Interessenunterschieden und Zerwürfnissen gescheitert. Schon 1958 hatten sich Vertreter Marokkos, Tunesiens und der algerischen Befreiungsbewegung auf ein Konzept zur Einigung des Maghreb (arab. = Westen) verständigt, und 1964 wurde das Ständige Beratungskomitee der Maghreb-Staaten mit Sitz in Tunis eingerichtet, das vor allem die wirtschaftliche Zusammenarbeit in der Region vorantreiben sollte. Über punktuelle Erfolge führten diese Kooperationsansätze jedoch nicht hinaus.

Erst 1988 wurde durch die Verständigung zwischen den lange verfeindeten Nachbarn Algerien und Marokko der Weg zum künftigen Groß-Maghreb geebnet. Die Chancen für ein Gelingen dieses neuerlichen Einigungsversuchs stehen nicht schlecht. Neben den Übereinstimmungen in Sprache und Religion, Geschichte und Kultur sprechen vor allem die gemeinsamen wirtschaftlichen Interessen für eine engere Kooperation. Dabei geht es um die Bewältigung der klassischen Probleme der Region (Überbevölkerung, Arbeitslosigkeit, Landflucht, Wohnungsnot, Bodenzerstörung, Mangel an Fach- und Führungskräften, hohe Auslandsverschuldung) und um die Rolle, die der Maghreb mit seinen rund 65 Mio. Menschen z. B. als Wirtschaftspartner Europas spielen kann.

Konzept und Institutionen der „Union des Arabischen Maghreb“ orientieren sich weitgehend am Modell der Europäischen Gemeinschaft. So wird auf wirtschaftlichem Gebiet die Verwirklichung eines Binnenmarkts angestrebt. Gemeinsame Anstrengungen sind darüber hinaus vor allem in Bildung, Wissenschaft und Kultur vorgesehen. Als politisches Element enthält der Unions-Vertrag die Verpflichtung der Mitgliedsländer, auf ihrem Boden keine Aktivitäten zu dulden, die der Sicherheit oder dem politischen System eines Partnerlandes schaden könnten.

Hauptorgan der Maghreb-Union ist der allein (und einstimmig) beschließende Präsidialrat der fünf Staatschefs, dessen Vorsitz alle sechs Monate wechselt. Die Sitzungen des Präsidialrats werden vom Rat der Außenminister vorbereitet, dem eine Kommission der laufenden Angelegenheiten zuarbeitet. Daneben verfügt die Union über ein Generalsekretariat, eine Beratende Versammlung mit je zehn Vertretern der Mitgliedsländer und einen gemeinsamen Gerichtshof.

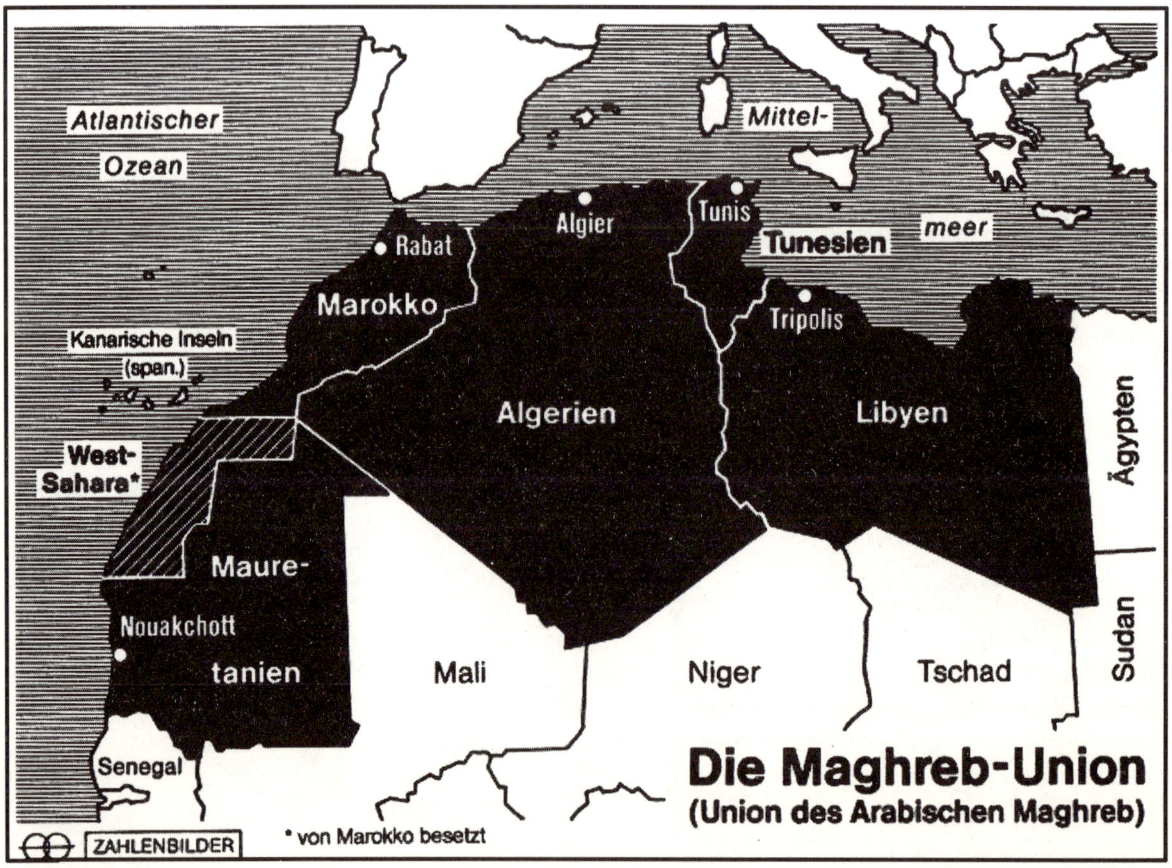

THEMA

Krisenkontinent Afrika

LERNZIELE

- Wissen um die zahlreichen Krisenherde Afrikas
- Fähigkeit zur geographischer Fixierung der einzelnen Länder
- Wissen um die Ursachen der Konfliktsituationen
- Kenntnis der verheerenden Folgen dieser Konflikte für die Zivilbevölkerung
- Diskussion über Lösungsmöglichkeiten

ARBEITSMITTEL/MEDIEN/LITERATURHINWEISE

- Arbeitsblätter (2) mit Lösungen
- Folien (Texte, Zeitungsartikel, Schaubilder)
- Tafelanschrift

TAFELBILD/FOLIEN

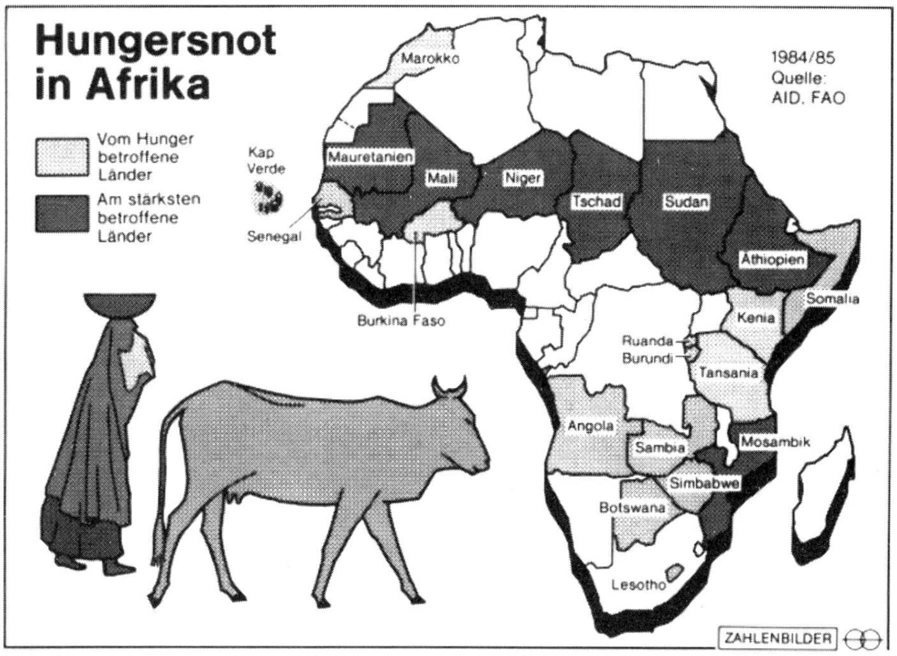

Ursachen der Konflikte:

❶ Geschichtlicher Art:
Folgen der rund 100 Jahre dauernden Ausbeutung durch die Kolonialmächte ⇨ Abhängigkeit von westlichen Märkten ⇨ katastrophale wirtschaftliche Bedingungen

❷ Politischer Art:
Kampf um die Herrschaft im Staat (politische Macht)

❸ Religiöser Art:
Streit zwischen zwei oder mehreren feindlich gesinnten Konfessionen

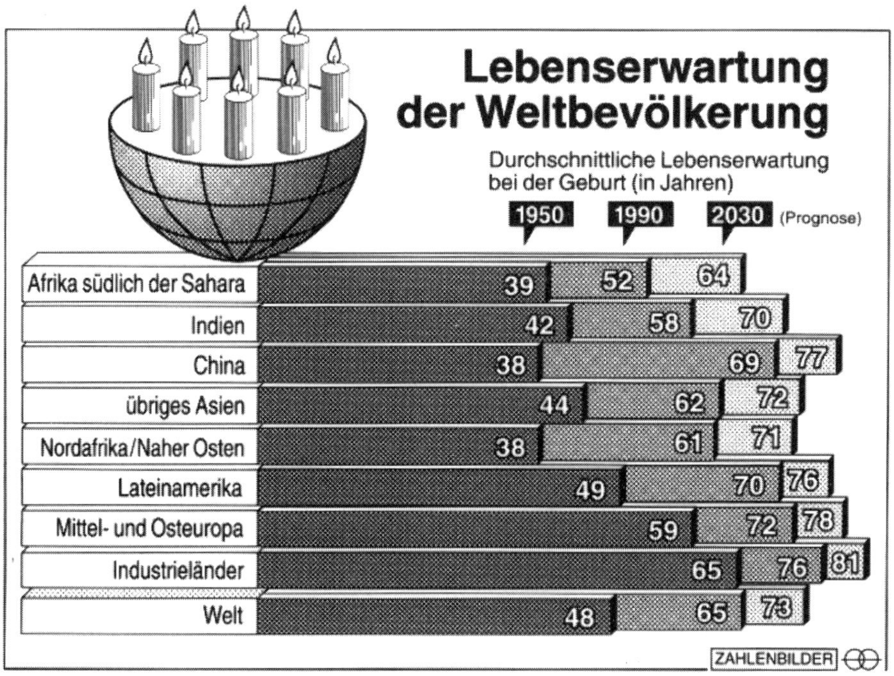

❹ Ethischer Art:
Rassenkonflikte, die oft jahrhundertealt sind

Folgen der Konflikte:

❶ Wirtschaftlicher Niedergang:
Zerstörung der Felder, Bebauung unterbleibt

❷ Hungersnöte

❸ Mangelnde Hygiene:
Wasser fehlt

❹ Seuchen:
Colera, Ruhr, Typhus, Masern

❺ Vertreibung und Massenflucht

❻ Tod

Stundenbild

I. Hinführung

St. Impuls	Folie (S. 13)	Lebenserwartung der Weltbevölkerung
Aussprache		... Afrika südlich der Sahara an der Spitze ...
		L: Ursachen?
Aussprache		
Überleitung		L: Afrika ist ein von Krisen geschüttelter Kontinent. Die Ursachen dieser Konflikte sind vielfältig, die Folgen schwerwiegend.
Zielangabe	TA	**Krisenkontinent Afrika**

II. Erarbeitung

1. Teilziel:		Ursachen der Konflikte
L.vortrag		● **Geschichtliche Ursachen** Imperialismus, Ausbeutung
Zsf.	TA (S. 13)	
	Info.blatt (S. 22)	● **Politische und religiöse Ursachen** Afrikas vergessene Kriege
SSS lesen		
Aussprache	TA (S. 13)	
AA zur GA		Suche nach den Ursachen der einzelnen Konflikte!
	Info (S. 17)	Gr. 1: Kongo versinkt in Anarchie (1961), Amin und Bokassa entmachtet (1979)
	Info (S. 18/19)	Gr. 2: Zaires Weg zur Unabhängigkeit
	Info (S. 20)	Gr. 3: Mobutus Erzrivale nach 36 Jahren am Ziel
	Info (S. 21)	Gr. 4: Konflikt Algerien - Frankreich
GA a.t.		
Zsf. Gr.berichte	TA (S. 13)	
Zsf.	AB 1 (S. 15)	Krisenherde in Afrika seit 1945
SSS lesen		
Aussprache		
2. Teilziel:		Folgen der Konflikte
Aussprache mit Folien	Bilder (S. 16-20)	
St. Impuls	Folie (S. 13)	Hungersnot in Afrika
Aussprache		
Zsf.	TA (S. 13)	

III. Wertung

Diskussion		Lösungsmöglichkeiten in Bezug auf die politischen, wirtschaftlichen und sozialen Probleme Afrikas
	Folie (S. 16)	Reiche Menschen - arme Menschen
Aussprache		

IV. Sicherung

Zsf.	AB 2 (S. 23)	Krisenkontinent Afrika
Kontrolle	Folie (S. 24)	

V. Ausweitung

Diskussion		Einladung eines Entwicklungshelfers (Missionars) aus der näheren Umgebung

GESCHICHTE	Name	Klasse	Datum	Nr.

Kriegsherde in Afrika seit 1945

Zeit	Konflikt	Gegner	Konfliktanlass	Folgen des Konfliktes
1954-62	Algerienkrieg	Algerien, Frankreich	Algerischer Unabhängigkeitskampf gegen Frankreich	Algerier stimmen am 1. Juli 1962 in einem Referendum für die Autonomie; Frankreich erkennt es am 3. Juli an
1961-91	Äthiopisch-Marokkanischer Krieg	Äthiopien, Eritrea	Kampf Eritreas um Autonomie; 1962 wurde Eritrea von Äthiopien annektiert	Massenflucht und Hungerkatastrophen mit Zehntausenden von Toten; Unabhängigkeit geplant (1993 Referendum)
1963-64	Algerisch-Marrokanischer Krieg	Algerien, Marokko	Grenzkonflikte nach Unabhängigkeit von Frankreich	Waffenstillstand; 1976 erfolgte neuer Konflikt; Ursache: Zugehörigkeit der Westsahara
1963-78	Äthiopisch-Somalischer Krieg	Äthiopien, Somalia	Gebietskonflikte nach der Gründung von Somalia 1960	Seit 1978 trotz gelegentlicher militärischer Übergriffe weitgehende Vermeidung von Konflikten
1966-79	Diktatur Bokassas	Zentralafrikanische Republik	Unterdrückung und Ausschaltung der Opposistion	Sturz Bokassas 1979 nach Unruhen; Militärputsch 1981; ab 1992 langsamer Demokratisierungsprozess
1966-90	Namibischer Unabhängigkeitskrieg	Namibia, Südafrika, Angola, Kuba	Die UN entzieht Südafrika das Mandat für die namibische Region 1966	Erst 1990 wird Namibia als letztes afrikanisches Land unabhängig
1967-70	Biafrakrieg	Nigeria	Autonomiebestrebungen des Ibo-Stammes als Republik Biafra	Nach Hungerblockade unterliegt der Ibo-Stamm; Biafra bleibt damit bei Nigeria
1972-81	Tansanisch-Ugandischer Krieg	Uganda, Tansania	Idi Amin, der in Uganda ein Terrorregime führt, greift tansanisches Gebiet an	Uganda wird 1979 von Tansania, besetzt, durch Bürgerkriegstruppen von Uganda unterstützt; Idi Amin flieht ins Ausland
1975-91	Angolanischer Bürgerkrieg	Regierende MPLA, UNITA-Rebellen	Ideologischer Gegensatz von MPLA (links) und UNITA (rechts)	Friebensabkommen 1991, durch UN überwacht; 1992 finden freie Wahlen statt
1976-91	Spanisch-Sahara Krieg	Befreiungsbewegung POLISARIO, Marokko	Kampf von POLISARIO für die Autonomie von Westsahara	Marokko besetzt 1978/79 ganz Westsahara; erst 1991 UN-Waffenstillstand; geplantes Referendum 1993 noch nicht realisiert
1977	Libysch-Ägyptischer Krieg	Libyen, Ägypten	Streitigkeiten um den Verlauf der Grenze	Waffenstillstand nach Vermittlung Algeriens
1977-92	Bürgerkrieg in Mosambique	Frelimo-Regierung, Renamo-Rebellen	Ideologischer Gegensatz zwischen Regierung und Opposition	Die rechtsstehende Renamo bietet Frieden bei Straffreiheit an; einsetzender Demokratisierungsprozess
ab 1990	Bügerkrieg im Tschad	Regierungstruppen, Rebellen	Unruhen durch den Sturz des Diktators Hissen Habré 1990	1992 scheitert ein Gegenputsch, der den Übergang zur Demokratie verzögert
ab 1991	Bürgerkrieg in Somalia	Verschiedene Stämme	Streit um die Nachfolge des 1991 gestürzten Diktators Siad Barre	Trotz UN-Waffenstillstandes gehen 1992 die Kämpfe weiter; UN-Truppen sichern Hilfstransporte

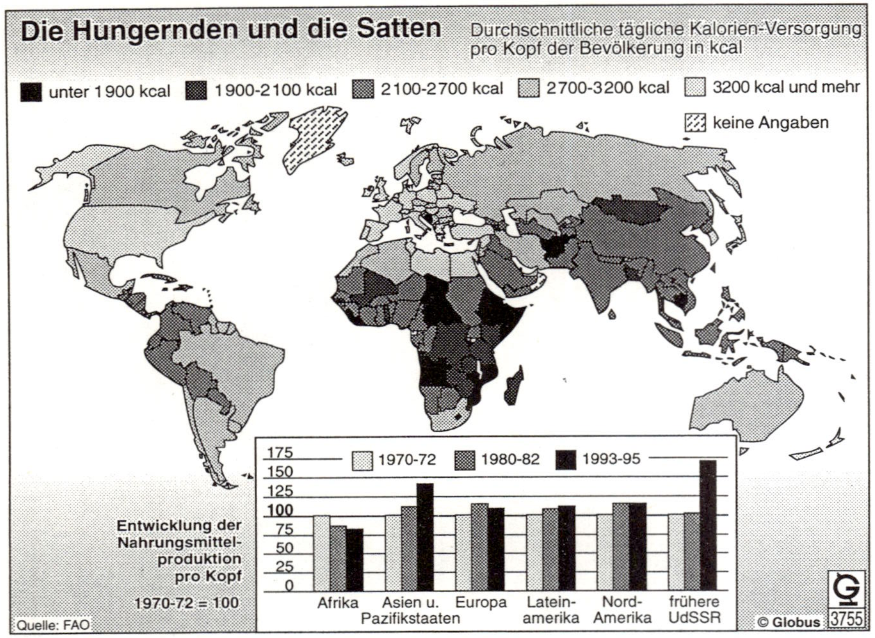
Die Hungernden und die Satten
Durchschnittliche tägliche Kalorien-Versorgung pro Kopf der Bevölkerung in kcal
unter 1900 kcal
1900-2100 kcal
2100-2700 kcal
2700-3200 kcal
3200 kcal und mehr
keine Angaben
Entwicklung der Nahrungsmittel-produktion pro Kopf
1970-72 = 100
1970-72
1980-82
1993-95
175
150
125
100
75
50
25
0
Afrika
Asien u. Pazifikstaaten
Europa
Lateinamerika
Nord-Amerika
frühere UdSSR
Quelle: FAO
© Globus 3755

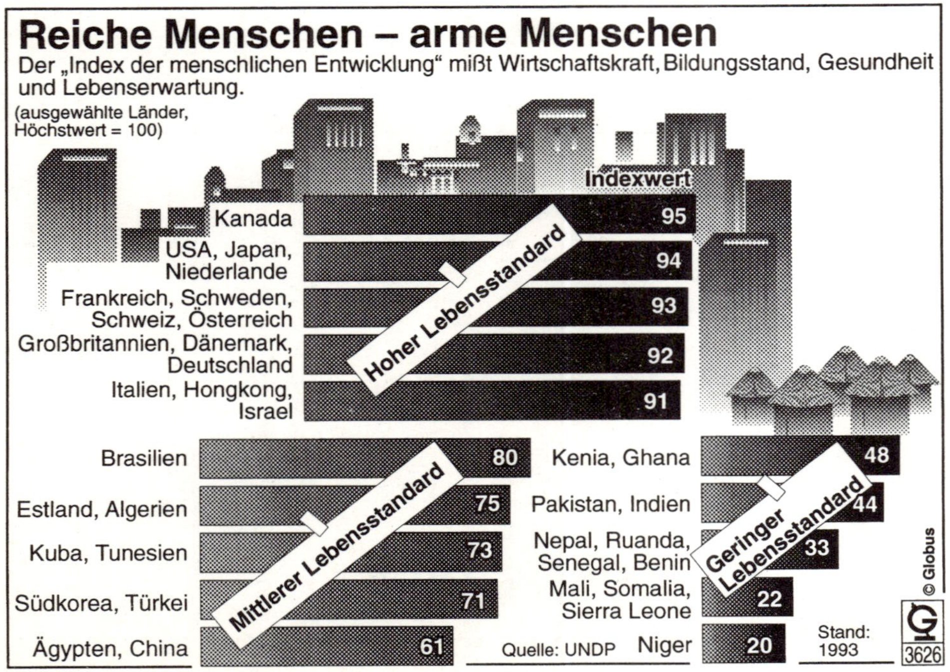
Reiche Menschen – arme Menschen
Der „Index der menschlichen Entwicklung" mißt Wirtschaftskraft, Bildungsstand, Gesundheit und Lebenserwartung.
(ausgewählte Länder, Höchstwert = 100)
Indexwert
Hoher Lebensstandard
Kanada 95
USA, Japan, Niederlande 94
Frankreich, Schweden, Schweiz, Österreich 93
Großbritannien, Dänemark, Deutschland 92
Italien, Hongkong, Israel 91
Mittlerer Lebensstandard
Brasilien 80
Estland, Algerien 75
Kuba, Tunesien 73
Südkorea, Türkei 71
Ägypten, China 61
Geringer Lebensstandard
Kenia, Ghana 48
Pakistan, Indien 44
Nepal, Ruanda, Senegal, Benin 33
Mali, Somalia, Sierra Leone 22
Niger 20
Quelle: UNDP
Stand: 1993
© Globus 3626

1961:

Kongo versinkt in Anarchie

Die Souveränität bedeutet für den Kongo das Chaos: Völlig unvorbereitet hat Belgien seine Kolonie 1960 in die Unabhängigkeit entlassen. Seither tobt ein Bürgerkrieg in der Demokratischen Republik. Der Kampf um Macht und Geld erreicht einen Höhepunkt, als 1961 der Ministerpräsident umgebracht wird und UN-Truppen in den Konflikt eingreifen.

UN-Generalsekretär Dag Hammarskjöld besucht UN-Truppen im Kongo.

Der Kongo galt jahrelang als afrikanische Musterkolonie. Aber die belgische Kolonialverwaltung dachte nicht mehr daran, für die politische Bildung und Entwicklung im Lande Sorge zu tragen. Als 1958 der Ruf nach Unabhängigkeit laut wurde, versprach König Baudouin die Entlassung der Kolonie in mehreren Stufen. Weil die antibelgische Stimmung im Land sich immer mehr aufheizte, gewährte Brüssel schon zum 30. Juni 1960 die Unabhängigkeit. Sofort brachen Chaos und Gewalt aus: Afrikanische Soldaten rebellierten gegen europäische Offiziere. Belgien entsandte Fallschirmjäger zum Schutz der verbliebenen weißen Bevölkerung.

1979:

Amin und Bokassa entmachtet

Im Abstand von fünf Monaten enden in Afrika zwei selbstherrliche Despoten, die durch ihren Pomp und ihr Terror-Regime von sich reden machten. Am 11. April wird Ugandas Diktator Idi Amin Dada gestürzt, ihm folgt am 21. September der zentralafrikanische Kaiser Bokassa.

Amin Dada war 1971 nach einem Putsch gegen Milton Obote in Uganda an die Macht gekommen. Nach Angaben der Gefangenenhilfsorganisation Amnesty International starben etwa 300000 Menschen unter der Herrschaft des diktatorischen Präsidenten. Nach monatelangen Auseinandersetzungen übernehmen im April ugandische Exilgruppen von Tansania unterstützt die Macht in Kampala. Das Land kommt jedoch nicht zur Ruhe.
Jean-Bédel Bokassa kam 1965/66 in der Zentralafrikanischen Republik wie Amin Dada durch einen Putsch an die Macht. Mit Terrormaßnahmen sicherte er sein Regime und ließ sich 1977 zum Kaiser proklamieren.

In voller Ordenspracht: Idi Amin Dada

Mit Krone und Zepter: Kaiser Bokassa

Im Juni 1979 schließen sich die Widerstandsgruppen gegen das Bokassa-Regime zusammen und stürzen den Diktator. Doch auch in der Zentralafrikanischen Republik ändern sich die Verhältnisse nicht grundlegend. Die Lage bleibt instabil.

Zaires Weg zur Unabhängigkeit

Soziale und politische Aufstände hatten dazu geführt, dass Belgien am 30. Juni 1960 seine seit dem 19. Jahrhundert bestehende Kolonie Belgisch-Kongo überstürzt in die Unabhängigkeit entließ. Die Regierung der neuen „Republik Kongo“ hatte mit vielen Problemen gleichzeitig zu kämpfen: Die Rohstoffvorkommen des Landes (vor allem Kupfer und Diamanten) waren von multinationalen Unternehmen ausgebeutet worden, die Bevölkerung schlecht ausgebildet und die kleine politische Führungsschicht zerstritten. Bereits im Juli 1960 trennte sich die reiche Provinz Katanga von dem neuen Staat ab.

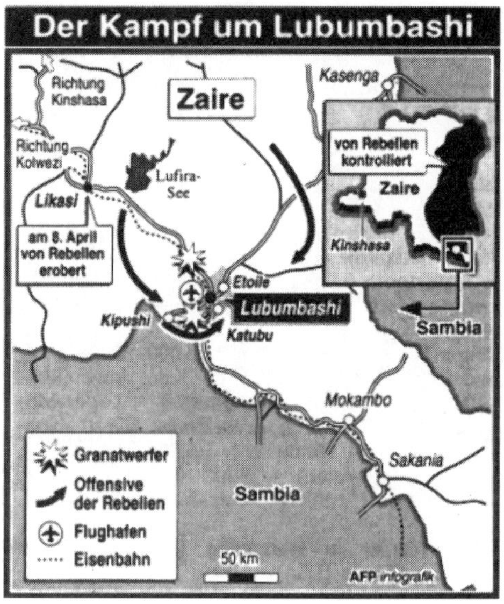

Ein blutiger Bürgerkrieg begann, in den belgische Soldaten, europäische Söldner und Truppen der Vereinten Nationen unter Führung der USA eingriffen. Mit offensichtlicher Unterstützung der Vereinigten Staaten wurde im September des Jahres der als linksradikal geltende Ministerpräsident Patrice Lumumba von der Armee unter Oberst Joseph Mobutu gestürzt und Anfang 1961 ermordet. Dies war der erste Militärputsch in Schwarzafrika. UN-Truppen verhinderten in den beiden folgenden Jahren die Zersplitterung des jungen Staates. 1965 putschte sich dann Mobutu an die Macht, die er erst 1997 verlor. Er begann mit dem Neuaufbau des Landes, das seit 1971 den Namen „Republik Zaire“ trägt, führte eine Einparteienherrschaft ein und verstaatlichte die Kupferbergwerke. Oppositionspolitiker ließ er hinrichten. Während das Volk weiter verarmte (drei Viertel der Bevölkerung leben in absoluter Armut), machte er sich und einen kleinen Kreis seiner Günstlinge zu den reichsten Menschen der Welt.
Trotz der diktatorischen Politik Mobutus hielt die USA an ihm fest. Ende 1986 bezeichnete der amerikanische Präsident Ronald Reagan ihn gar als „einen der ältesten und besten Freunde“ der USA in Afrika. Erst Anfang der 90er Jahre begann in Zaire ein Demokratisierungsprozess: die Einparteienherrschaft wurde durch ein Mehrparteiensystem (mit wenig Mitspracherecht) abgelöst und mit der Ausarbeitung einer neuen Verfassung begonnen. Doch nach wie vor ist die Entwicklung in dem Land mit etwa 45 Millionen Einwohnern, einer Arbeitslosigkeit von 20-30 Prozent und einer Inflation von 250 Prozent (1996) geprägt von blutigen Unruhen.

Die Führer lassen kämpfen, das Volk darbt. Vom Bürgerkrieg sichtlich gezeichnet sind die Einwohner im zentralafrikanischen Staat Zaire. Während Mobuto offensichtlich seine Koffer packt, setzen die Rebellen zum Sturm auf die Hauptstadt an. Bild: ap

Die tödlichen Gefahren der Flucht ins Nichts

500000 Menschen sind in Zaire in akuter Lebensgefahr

Hamburg/Goma (dpa). Eine halbe Million Menschen befindet sich im Osten Zaires auf der Flucht ins Nichts. Die meisten sind Angehörige des Hutu-Volkes aus dem benachbarten Ruanda, die vor gut zwei Jahren über die Grenze kamen - auf der Flucht vor Tutsi, die seit April 1994 Opfer der Hutu-Massaker wurden und nach der Machtergreifung in Ruanda auf Rache sannen.

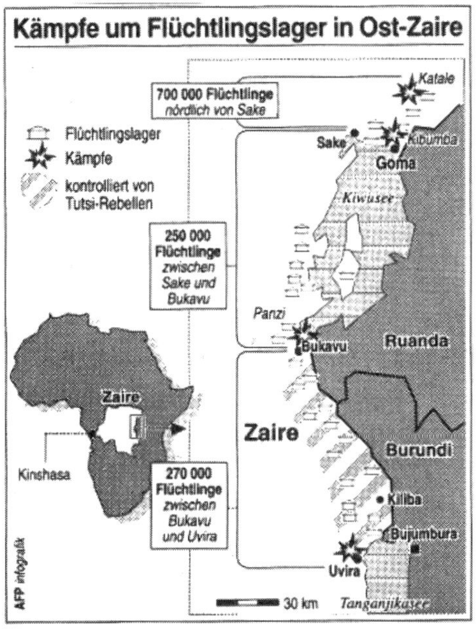

Jene, die nun aus den Flüchtlingslagern nördlich der zairischen Kleinstadt Goma entweder in Richtung Goma oder auch in die Wälder fliehen, sind in akuter Lebensgefahr. Denn entlang der 35 Kilometer langen Teerstraße zwischen Goma und Kibumba erstreckt sich schon seit Mitte 1994 eine besonders unwirtliche Landschaft Afrikas. Seit rund 1,2 Millionen Menschen aus Goma, seinerzeit auch als "Stadt des Todes" apostrophiert, in Richtung Norden zogen, gibt es im gesamten Landstrich kaum noch Vegetation. In ihrer Verzweiflung aßen die Menschen damals nicht nur das spärliche Gras, sie schälten auch - so hoch die Arme reichten - die Rinde von den Bäumen. Folge: Selbst die dickleibigen Affenbrotbäume, die zunächst nicht dem Kahlschlag auf der Suche nach Feuerholz zum Opfer fielen, starben ab.

Fehlendes Wasser, keine Hygiene

Am wichtigsten ist die Versorgung mit Trinkwasser. Vor allem in einer Landschaft, in der es nur wenig Erde, dafür aber um so mehr Lavagestein gibt, das sich unter der heißen Sonne und wegen fehlenden Schattens stark aufheizt. Als im Mai und Juni 1994 Goma von den Hutu-Flüchtlingen geradezu überrannt wurde, starben zunächst bis zu 2000 Menschen pro Tag wegen Mangels an Wasser. Insgesamt gab es nach zuverlässigen Schätzungen mindestens 35000 Tote. Die meisten, die nicht verdursten wollten und in ihrer Not das Wasser des Kivu-Sees tranken, bekamen Durchfall und andere Krankheiten, die wegen der fehlenden ärztlichen Versorgung rasch zum Tode führten.

Die internationale Hilfsaktion, an der sich neben fast allen Hilfsorganisationen vor allem die amerikanische und französische Armee sowie die Bundeswehr beteiligten, zielte deswegen zunächst darauf ab, Wasseraufbereitungsanlagen an den Kivu-See zu schaffen. Doch noch im August 1994 gab es für die 1,2 Millionen Flüchtlinge täglich nur 400000 Liter sauberen Trinkwassers - statistisch also nur ein Drittel Liter pro Kopf und Tag, viel zu wenig. Das zweitgrößte Problem nach dem Wasser heißt nach den Erfahrungen der Experten nicht Nahrung, sondern Hygiene. Vor gut zwei Jahren kämpften die internationalen Helfer auch gegen Todesursachen wie Durchfall, Ruhr, Cholera, Hirnhautentzündung und Masern. Vor allem in den ersten Monaten lebten Hunderttausende notgedrungen inmitten ihrer eigenen Exkremente. Der vulkanische Boden machte das Ausheben von Latrinen fast unmöglich.

Mobutus Erzrivale nach 36 Jahren vor dem Ziel

Zaire: Ehemalige Verbündete wurden erbitterte Feinde

Augsburg. Der "mächtige Krieger, der von Sieg zu Sieg stürmt", wie der Mann mit der Leopardenmütze sich selbst benannt hat, ist am Ende seines Weges angekommen. Zaires Diktator Mobutu Sese Seko Kuku Ngebedu wa Za Banga hat die Kontrolle über das von ihm und seiner Clique ausgesogene Land verloren. Der größte Teil der Bevölkerung, auch viele seiner bisherigen Günstlinge sind von dem krebskranken Mann abgefallen. Sie bekennen sich mehr oder minder offen zu Rebellenführer Laurent Kabila, dessen Truppen jetzt kurz vor Kinshasa stehen.

Mit 2.34 Millionen Quadratkilometer Fläche ist Zaire das drittgrößte Land Afrikas. Aufgrund seiner Bodenschätze, aber auch wegen seiner strategischen Lage ist es einer der Schlüsselstaaten des ganzen Kontinents. Die 42 Millionen Einwohner entstammen über 250 verschieden Ethnien aus zwölf Hauptgruppen.

Mobutu und Kabila sind alte Bekannte. Sie waren, soweit man bei den beiden Hauptdarstellern des Dramas in Zaire über das persönliche Machtstreben hinweg überhaupt von einer politischen Überzeugung sprechen kann, Verbündete: Beide entstammen dem Umfeld von Patrice Lumumba, dem unter mysteriösen Umständen ermordeten ersten Ministerpräsidenten der 1960 in die Unabhängigkeit entlassenen Ex-Kolonie Belgisch-Kongo.
Damals, in den dramatischen, vom Ost-West-Gegensatz und dem Abspaltungsversuch der Bergbauprovinz Katanga (heute Shaba) überschatteten Anfängen der Republik Kongo, hatte Mobutu schneller geschaltet als sein heutiger Rivale. Zum Wohlgefallen der Belgier, der Franzosen und insbesondere des US-Geheimdienstes CIA streift er über Nacht die von Lumumba vertretene Ideologie eines "Afrikanischen Sozialismus" ab. Mit dem Segen der CIA putscht er gegen die Regierung, nimmt Lumumba gefangen und liefert diesen dem Führer der Katanga-Separatisten, Moise Tschombe, und damit dem Tod aus. Fünf Jahre später, er ist längst der "starke Mann"' in der Republik, sorgt Mobutu mit einem zweiten Putsch für klare Verhältnisse und stellt sich auch offiziell an die Staatsspitze.

Seite an Seite mit Guevara

Kabilas Weg verläuft weniger glänzend. Nach dem Tod Lumumbas geht er in den Untergrund, versucht - trotz Hilfe aus dem damaligen Ostblock mit nur geringem Erfolg - eine Widerstandsbewegung zu formen. Er wird dabei - allerdings nur kurzfristig - vom kubanischen Revolutionsheroen Che Guevara unterstützt. Doch der Kubaner wendet sich bald von Kabila, dem er allenfalls Talent als Redner attestiert, ab.

Mobutu erreicht bereits 1971 den Zenit seiner - von den USA, Frankreich und Belgien - immer wieder abgesicherten Macht. Er stülpt der ab jetzt "Zaire" heißenden Ex-Kolonie eine pseudoafrikanische "Authentizität" über, alle Bürger müssen ihre christlich-europäischen Vornamen afrikanisieren. Und sein Griff nach den Schätzen des Landes wird immer unverschämter. Politischen Widerstand, so er sich rührt, bricht er dadurch, dass er die rivalisierende Opposition gegeneinander ausspielt und mit Geldgeschenken ruhig stellt.
Kabila macht in dieser Zeit kaum von sich reden. Zwar heißt es, der heutige Chef der Rebellenarmee - auch er preist inzwischen die Marktwirtschaft - habe in den letzten Jahren weite Regionen des Landes mit Hilfe eine Guerilla-Truppe kontrolliert. Doch seine Stunde kommt erst, als Mobutus Armee sich in der Folge des Ruanda-Massakers von 1994 auf die Seite der nach Zaire geflohenen Hutu-Milizen und gegen die Tutsi stellt. Als Reaktion darauf, dass die zairische Soldateska in einem Aufwasch auch gegen die seit Jahrhunderten im Osten des Landes siedelnden Banyamulenge-Tutsi vorgeht, bilden die Krieger dieses Stammes eine Union mit Kabilas Allianz der Demokratischen Kräfte für die Befreiung Kongo-Zaires (AFDL). Doch noch entscheidender als die Kampf-Koalition mit den Kriegern der Banyamulenge ist wohl, dass die Tutsi-Regierung Ruandas und der mit Mobutu seit langem verfeindete Staatschef Ugandas, Yoweri Museveni, den Rebellenchef mit der immer offeneren Billigung Washingtons und dem Zähne knirschenden Einverständnis aus Paris mit Geld und Waffen unterstützen.

Der Konflikt zwischen Algerien und Frankreich

1930	Gründung der Fédération des Elus Musulmans: Moslems formulieren den Anspruch nach Gleichberechtigung ihres Landes mit Frankreich
1938	Beginn der algerischen Autonomiebewegung (Frankreich gesteht Algeriern keine Bürgerrechte zu)
1943	Manifest des algerischen Volkes fordert autonomes Algerien nach Besetzung des Landes durch die Aliierten
1947	Algerien-Statut: Französische Staatsbürgerschaft für Algerier; militante Nationalisten formieren sich im Untergrund
1954	Algerienfranzosen wollen keine Rechte an einheimische Moslems abtreten; Geheimbund OS bereitet Aufstand vor Gründung der Nationalen Befreiungsfront (FLN) und ihrer milit. Organisation, der Nationalen Befreiungsarmee (ALN); Beginn des Aufstands und des Guerillakriegs der zahlenmäßig unterlegenen Algerier gegen französische Besatzer
1956	Französische Truppen antworten mit Folter und Umsiedlung der Bevölkerung, die zu großen Teilen aus Algerien flieht
1957	Führende FLN-Vertreter, unter anderem ihr Vorsitzender Ben Bella werden gefangen genommen und nach Frankreich gebracht
Mai 1958	Nach dem Putsch in Algier erhöht de Gaulle die Zahl der Truppen in Algerien, die Terroraktionen verstärken sich
Sept. 1958	In Kairo entsteht eine Exilregierung der FLN, in die auch die in Frankreich inhaftierten Führer integriert werden
Jan. 1960	"Barrikaden-Aufstand" französischer Bewohner Algiers gegen die Selbstbestimmung des Landes niedergeschlagen; erneuter gewaltsamer Protest der französischen Bewohner Algiers gegen de Gaulles Ankündigung einer algerischen Selbstbestimmung; keine Änderung der französischen Haltung
Dez. 1960	Während einer Reise de Gaulles nach Algerien demonstrieren Algerienfranzosen gegen die Autonomie; Folge: massive moslemische Proteste
Jan. 1961	Nach einer Volksabstimmung wird das Selbstbestimmungsgesetz für Algerien verkündet; französische Siedler und Soldaten gründen den Geheimbund OAS
April 1961	Putschversuch ehemaliger Algerien-Offiziere scheitert
Mai 1961	Trotz Gewaltaktionen der OAS gegen die mögliche Unabhängigkeit Algeriens nimmt Frankreich erste Verhandlungen mit der Exilregierung auf
März 1962	Vertrag von Evian: Waffenstillstand; französische Truppen und Algerienfranzosen verlassen Nordafrika
Juli 1962	De Gaulle entlässt Algerien in die Unabhängigkeit
Sept. 1962	Verfassunggebende Versammlung proklamiert die Republik

Algerien wird unabhängig

3. Juli 1962: Nach 132 Jahren entlässt Frankreichs Staatspräsident Charles de Gaulle Algerien in die Unabhängigkeit.

1954 hatte die algerische Unabhängigkeitsbewegung FLN ihren Kampf gegen die Kolonialmacht begonnen. Die siebenjährigen Auseinandersetzungen beendete das Abkommen von Evian vom 18. März 1962, dessen Vereinbarungen in Frankreich und Algerien durch Volksabstimmungen mit großen Mehrheiten bestätigt wurden. Die 1961 von Algerienfranzosen und Mitgliedern der französischen Algerienarmee gegründete OAS, deren Anführer Raoul Salan im Mai zu lebenslanger Haft verurteilt wurde, setzt ihre Terroranschläge zunächst fort. Tausende Franzosen verlassen das Land.
Erster Staatspräsident Algeriens wird Mohammed Ahmed Ben Bella, der die FLN zu einer Einheits- und Kaderpartei nach marxistischem Muster ausbaut.

Auseinandersetzungen oft ohne politischen oder weltanschaulichen Hintergrund

Afrikas vergessene Kriege

Elf Kriege und mehrere kriegsähnliche Auseinandersetzungen gibt es derzeit in Afrika - zum Teil seit Jahrzehnten. Millionen von Menschen sind dabei ums Leben gekommen, noch mehr verletzt, verstümmelt oder vertrieben worden. Als „vergessen" gelten diese Kriege nur den westlichen Industriestaaten, deren Aufmerksamkeit ohne spektakuläre Ereignisse wie jetzt in Liberia nur selten Afrika gilt. Häufig handelt es sich in Afrika nicht um „klassische" Kriege zwischen zwei Staaten. Eine Reihe besonders verheerender Konflikte sind Unabhängigkeitskriege oder Kriege ganz ohne politischen oder weltanschaulichen Hintergrund zwischen rivalisierenden Gruppen, die einen Staat als Beute nehmen wollen.

Algerien: Seit die Islamische Heilsfront (Fis) im Dezember 1991 die Parlamentswahlen zu gewinnen schien und das Militär die Macht an sich riss, sind mehr als 50000 Menschen ums Leben gekommen. Anschläge der Bewaffneten Islamischen Gruppen (GIA) und der Islamischen Armee des Heils (AIS) werden vom Militär und dessen Machtapparat mit massivem Eingreifen beantwortet.

Angola: Nach der Unabhängigkeit von Portugal 1975 fand zunächst ein Stellvertreterkrieg zwischen Ost und West statt. Die marxistische Regierung wurde von der Sowjetunion und Kuba unterstützt, die Rebellen der Unita von Jonas Savimbi von den Vereinigten Staaten und Südafrika. Mehr als eine Million Menschen starben, 70000 wurden kriegsversehrt, 200000 Kinder wurden zu Waisen, ein Viertel der elf Millionen Angolaner musste die Heimat verlassen. In Angola wurden Tausende von Kindern zur Armee rekrutiert. Ein im November 1994 geschlossenes Friedensabkommen wird von der Unita nur zögerlich umgesetzt.

Burundi: Die von der Minderheit des Tutsi-Volkes (13 % der Bevölkerung) beherrschte Armee kämpft hauptsächlich gegen Milizen des Hutu-Volkes (85 % der Bevölk.). Der erste Hutu-Präsident Melchior Ndadaye wurde im Oktober 1993 nach nur 100 Tagen im Amt gestürzt. Seither sind etwa 100000 Menschen getötet worden, monatlich sterben nach Schätzungen 1000 Menschen bei den Auseinandersetzungen. Die UN fürchtet in Burundi ein ähnliches Blutbad wie in Ruanda.

Liberia: Zunächst herrschte in dem westafrikanischen Staat jahrzehntelang der Konflikt zwischen den afrikanischen Ureinwohnern und den befreiten amerikanischen Sklaven, die Liberia 1847 gründeten und sich als neue Oberschicht aufführte. Seit Rebellenführer Charles Taylor 1989 einen Privatkrieg begann, bekämpfen sich inzwischen sieben unterschiedliche Rebellengruppen. Bei den Kriegen mit wechselnden Allianzen geht es vor allem darum, die Zivilbevölkerung immer wieder neu auszuplündern und den Staat als Beute zu nehmen. Seit 1989 gab es schätzungsweise 150000 Tote, die Hälfte der Bevölkerung (2,5 Millionen) ist auf der Flucht.

Mali: Die Regierung kämpft seit 1990 gegen die Tuareg, die sich zwischenzeitlich mit Arabern und Mauren in der "Bewegung der Vereinigten Fronten von Azawad" zusammengeschlossen haben. Im Hintergrund stehen nicht nur ein ethnischer Konflikt zwischen Afrikanern und Tuareg, sondern auch wirtschaftliche Interessen. Die Regierung hat Hunderte von Zivilisten hinrichten lassen, eine Million Menschen flüchtete. Ende März wurde in Timbuktu ein neues Friedensabkommen besiegelt, nachdem die Kampftätigkeit in den vorherigen Monaten bereits abgeflaut war.

Niger: Ebenso wie in Mali stehen in diesem Krieg die Tuareg-Nomaden gegen die Soldaten der Zentralregierung. Sie fordern mehr Autonomie für ihren Lebensraum am Rande der Wüste. Auch verlangen sie die Anerkennung ihrer Sprache Tamaschek und Beteiligung an Erlösen aus dem Uranbergbau. Im Hintergrund des Tuareg-Konfliktes steht die verschlechterte ökologische Situation im Sahel. Im Januar 1996 übernahm in Niger das Militär die Macht.

Ruanda: Der jahrzehntelange Konflikt zwischen Hutu und Tutsi explodierte zuletzt im April 1994, nachdem Präsident Juvenal Habyalimana bei einem Flugzeugabsturz vermutlich Opfer eines Attentats wurde. Soldaten und Milizen der herrschenden Hutu-Mehrheit begannen, die Tutsi-Minderheit systematisch umzubringen. Daraufhin übernahmen die von Uganda unterstützten Tutsi-Rebellen die Macht. Die Zahl der Todesopfer wird auf zwischen 500000 und einer Million geschätzt, drei Millionen Menschen flüchteten.

Somalia: Nach dem Sturz von Diktator Mohamed Siad Barre im Januar 1991 kämpften verschiedene Clanchefs um die Macht. Heute beherrscht Mohammed Farah Aidid vom Habar-Gedir-Clan den Süden der Hauptstadt und des Landes. Dabei erzwingt er Abgaben von Bauern und Viehzüchtern des Rawaheyn-Clans und ordnet auch Sklavenarbeit auf Bananenplantagen an. Das Gebiet nördlich der Hauptstadt, in der alleine 200000 Flüchtlinge leben, wird von Ali Mahdi Mohammed kontrolliert. Der Norden des Landes hingegen wurde 1991 von Mahemmed Egal einseitig zur Republik Somaliland erklärt. Sie ist international nicht anerkannt. Auch dort herrscht immer wieder Bürgerkrieg. Die Ausplünderung des Landes in Verbindung mit Dürre führte 1992 zu rund 350000 Hungertoten und dem Beginn einer internationalen Hilfsaktion.

Sierra Leone: Der Krieg gilt als der blutigste in Westafrika. Ursprünglich gegen den aus Liberia eindringenden Charles Taylor gerichtet, kämpft die von Nigeria und Guinea unterstützte Regierung jetzt gegen die Revolutionäre Vereinigte Front (Ruf) von Foday Sankoh. Beide Seiten terrorisieren und plündern die Zivilbevölkerung unter dem Vorwand, sie unterstütze die jeweils feindliche Seite. Mindestens 10000 Menschen wurden getötet, Hunderttausende flüchteten. Die Rebellen haben im März nach der Wahl eines neuen Präsidenten einen Waffenstillstand erklärt.

Sudan: Die Kämpfe zwischen den Soldaten der islamischen Regierung und den Rebellen, die für Autonomie des weitgehend christlich und animistisch geprägten Süden des Landes kämpfen, flammten 1983 wieder auf und halten seither an. Bis zu zwei Millionen Menschen sollen seither umgekommen sein, Zehntausende leben nach Angaben von Menschenrechtsorganisationen in Gefangenschaft. Der Süden ist wirtschaftlich völlig verwüstet: 4,5 Millionen Menschen sind nach UN-Angaben auf Hilfe angewiesen.

Tschad: Im zentralafrikanischen Tschad bekämpfen sich seit Jahren zahlreiche Rebellengruppen. Im Januar scheiterten Friedensverhandlungen in Gabun. Die Regierung wird beschuldigt, ganze Bevölkerungsgruppen ausgelöscht zu haben.

Uganda: Im Norden des ostafrikanischen Landes, das sich seit 1986 vom Terror der Präsidenten Idi Amin und Milton Obote erholt hat, kämpft seit 1987 die christlich-extremistische Widerstandsarmee Gottes (LRA). Vor allem in den vergangenen Monaten hat sie mit schweren Angriffen auf zivile Ziele für erheblichen Militäreinsatz gesorgt. Die LRA wird angeblich vom benachbarten Sudan aus unterstützt, um Uganda zu destabilisieren.

Westsahara: Die Demokratische Arabische Sahara-Republik (DARS) wurde 1976 ausgerufen, als Marokko diesen Teil der ehemals spanischen Westsahara besetzte. Inzwischen ist die DARS von mehr als 70 Staaten anerkannt. Ein von der UN gefordertes Referendum über die Unabhängigkeit ist bisher wegen der Streitigkeiten um den Kreis der Wahlberechtigten nicht zustande gekommen. Im September 1991 erklärte die Unabhängigkeitsbewegung Polisario einseitig einen Waffenstillstand, droht jedoch mit Wiederaufnahme der Kämpfe.

In einer Reihe afrikanischer Länder herrschen innere Konflikte, die immer wieder auch gewaltsam ausgetragen werden. Dies sind vor allem: Äthiopien, Dschibuti, Kenia, Nigeria, Senegal und Zaire. *(dpa)*

GESCHICHTE	Name	Klasse	Datum	Nr.

Krisenkontinent Afrika

1960 - das Freiheitsjahr für Afrika

Ende des Zweiten Weltkrieges gab es in Afrika nur vier selbständige Staaten: ________________, ________________ (seit 1947), ________________ (seit 1922) und die ________________________ (seit 1910/31). Der übrige Kontinent war ____________________________ europäischer Mächte. Der Weltkrieg hatte die alten Kolonialmächte aber geschwächt und den Widerstand gegen die europäischen Herrscher stärker werden lassen: Als erstes schwarzafrikanisches Land erlangte Ghana 1957 seine Unabhängigkeit auf friedlichem Weg. Andere Kolonien ________________ sie sich. 1960 gilt als das ________________________ Afrikas. In diesem Jahr wurden allein 17 afrikanische Staaten von Frankreich, Belgien, Italien und Großbritannien in die Unabhängigkeit entlassen. 1990 wurde als letztes afrikanisches Land Namibia selbständig.

Am schwierigsten gestaltete sich die Entkolonialisierung in den Gebieten, in denen sich Europäer fest angesiedelt hatten, z.B. Algerien, Angola, Mocambique. Sie weigerten sich, ihre wirtschaftliche und politische Macht abzugeben, die noch dazu auf der Herabsetzung der nichtweißen Bevölkerung beruhte, was man ____________________________________ nennt.

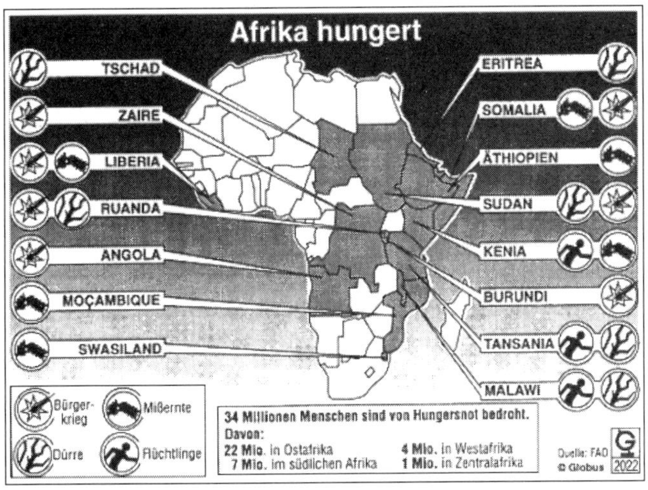

Die Bilanz nach vier Jahrzehnten Unabhängigkeit fällt für Schwarzafrika äußerst negativ aus: Blutige ________________________ erschüttern bis heute den Kontinent. ________________ und Seuchen vergrößern noch das Elend. Millionen Menschen sind ständig auf der ______________. In Afrika gibt es die weltweit höchste __________-________________________. Fast ein Viertel der Bevölkerung ist ____________________. Die durchschnittliche ____________________-________________ beträgt nur 51 Jahre.

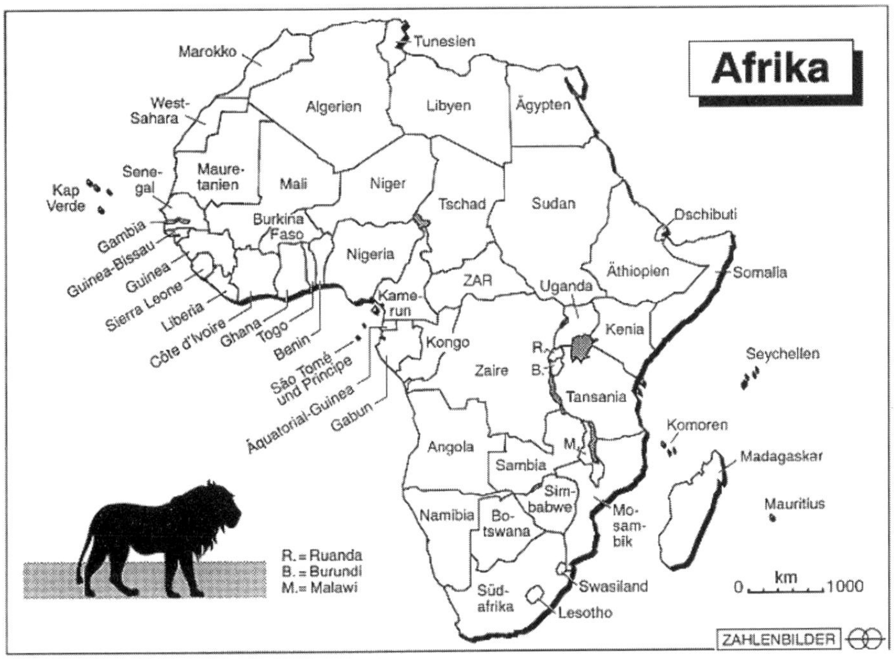

Afrikas Krisengebiete

Arbeitsaufgaben:

❶ ***Schraffiere in der Karte links die Länder grau, in denen Hunger herrscht. Nimm dazu die Grafik oben zu Hilfe!***

❷ ***Trage ebenfalls in die Karte ein, wo zur Zeit Unruhen oder Bürgerkriege herrschen! Beachte dabei aktuelle Meldungen aus den Massenmedien!***

Unruhen

Bürgerkrieg

GESCHICHTE	Name	Klasse	Datum	Nr.

Krisenkontinent Afrika

1960 - das Freiheitsjahr für Afrika

Ende des Zweiten Weltkrieges gab es in Afrika nur vier selbständige Staaten: Abessinien, Liberia (seit 1947), Ägypten (seit 1922) und die Südafrikanische Union (seit 1910/31). Der übrige Kontinent war Kolonialbesitz europäischer Mächte. Der Weltkrieg hatte die alten Kolonialmächte aber geschwächt und den Widerstand gegen die europäischen Herrscher stärker werden lassen: Als erstes schwarzafrikanisches Land erlangte Ghana 1957 seine Unabhängigkeit auf friedlichem Weg. Andere Kolonien erkämpften sie sich. 1960 gilt als das Freiheitsjahr Afrikas. In diesem Jahr wurden allein 17 afrikanische Staaten von Frankreich, Belgien, Italien und Großbritannien in die Unabhängigkeit entlassen. 1990 wurde als letztes afrikanisches Land Namibia selbständig.

Am schwierigsten gestaltete sich die Entkolonialisierung in den Gebieten, in denen sich Europäer fest angesiedelt hatten, z.B. Algerien, Angola, Mocambique. Sie weigerten sich, ihre wirtschaftliche und politische Macht abzugeben, die noch dazu auf der Herabsetzung der nichtweißen Bevölkerung beruhte, was man Rassendiskriminierung nennt.

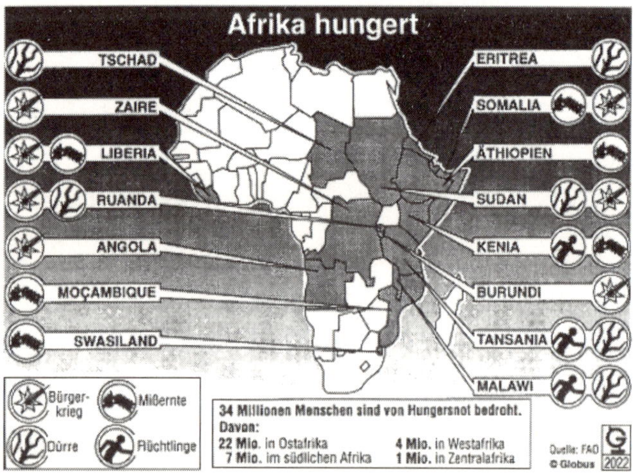

Die Bilanz nach vier Jahrzehnten Unabhängigkeit fällt für Schwarzafrika äußerst negativ aus: Blutige Bürgerkriege erschüttern bis heute den Kontinent. Dürren und Seuchen vergrößern noch das Elend. Millionen Menschen sind ständig auf der Flucht. In Afrika gibt es die weltweit höchste Kindersterblichkeit. Fast ein Viertel der Bevölkerung ist unterernährt. Die durchschnittliche Lebenserwartung beträgt nur 51 Jahre.

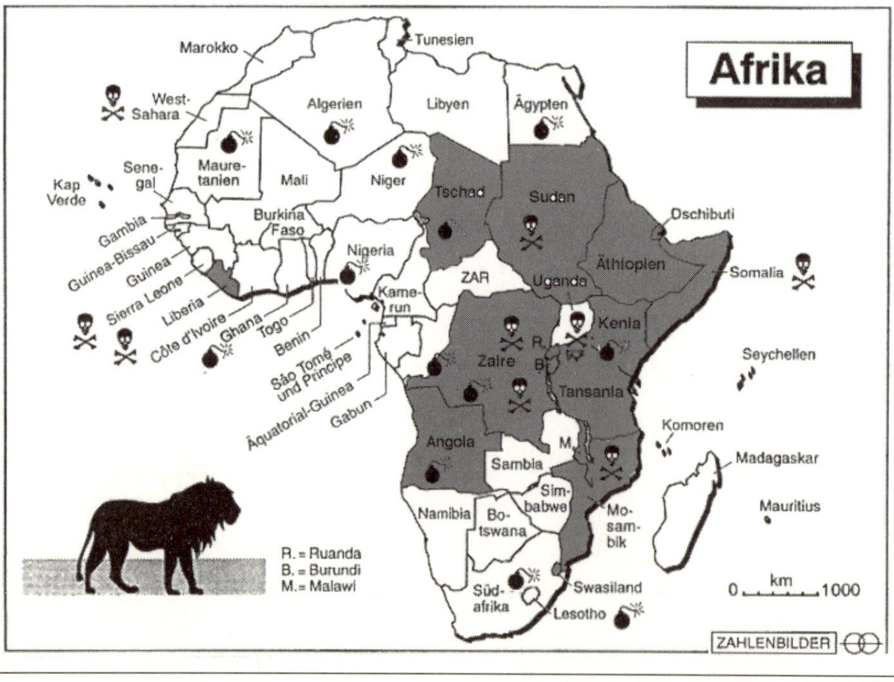

Afrikas Krisengebiete

Arbeitsaufgaben:

❶ ***Schraffiere in der Karte links die Länder grau, in denen Hunger herrscht. Nimm dazu die Grafik oben zu Hilfe!***

❷ ***Trage ebenfalls in die Karte ein, wo zur Zeit Unruhen oder Bürgerkriege herrschen! Beachte dabei aktuelle Meldungen aus den Massenmedien!***

Unruhen

Bürgerkrieg

THEMA

Südafrika: Unabhängigkeit - aber nur für die Weißen

LERNZIELE

- Einblick in die politische Entwicklung von Südafrika
- Wissen, was der Begriff Apartheid bedeutet
- Kenntnis der jüngsten Geschichte Südafrikas mit der Abschaffung der Apartheid
- Wissen, dass mit der Geschichte Südafrikas der Name Mandela verbunden ist

ARBEITSMITTEL/MEDIEN/LITERATURHINWEISE

- Arbeitsblatt mit Lösung
- Folien (Zeitungsartikel, Chronologie, Bilder)
- Tafelanschrift

TAFELBILD/FOLIEN

Unabhängigkeit - aber nur für die Weißen

Südafrikas Apartheidpolitik

Der Begriff „Apartheid“ bedeutete die von der südafrikanischen Nationalpartei vertretene strikte Rassentrennung von Weißen und Farbigen (Schwarze, Inder) auf allen Lebensgebieten zugunsten der Führungsstellung der Weißen. Die Apartheid wird 1948 gesetzlich verankerte Regierungspolitik. Weiße wurden in allen wesentlichen Bereichen wie Arbeit, Bildung, soziales Leben u.a. privilegiert. Für die diskriminierten Schwarzen und Asiaten richtete man getrennte Wohngebiete (ab 1950) sowie autonome Reservate, die sogenannten Homelands (ab 1970) ein. Farbige hatten kein Wahlrecht. Erst nach der Wiederzulassung der Oppositionsbewegung ANC (African National Congress) im Jahre 1990 führten Verhandlungen zur schrittweisen Abschaffung der Apartheid, von der weißen Minderheit in einer Volksabstimmung 1992 gebilligt. Die Homelands wurden im Januar 1994 aufgelöst.

Die Folgen der Apartheid für die Schwarzen wie Arbeitslosigkeit, Armut, menschenunwürdige Wohnungen und mangelhafte Ausbildung können nur langsam beseitigt werden. Zur Zeit leben rd. 10 Mio. Schwarze, ein Viertel der Gesamtbevölkerung Südafrikas, in Slums ohne Wasser und Strom. Die Regierung plant bis 1999 den Bau von einer Million neuer Häuser, bis 2004 die Schaffung von 2,5 Mio. Arbeitsplätzen und die Verbesserung im Bildungs- und Gesundheitswesen für Schwarze. Zusätzlich hat Südafrika mit Problemen wie wachsende Kriminalität, Rassengegensätze und zunehmende Gewalt unter schwarzen Volksgruppen zu kämpfen.

Staatspräsident Nelson Rolihlahla Mandela

Am 18. Juli 1918 in Umtata (Transkei) geboren. Mandela trat 1944 dem Afrikanischen Nationalkongress (ANC) bei. 1964 wurde er zu lebenslanger Haft verurteilt, 1990 entlassen und 1991 zum ANC-Präsidenten gewählt. Nach dem Wahlsieg des ANC 1994 wurde der Friedensnobelpreisträger Staatspräsident.

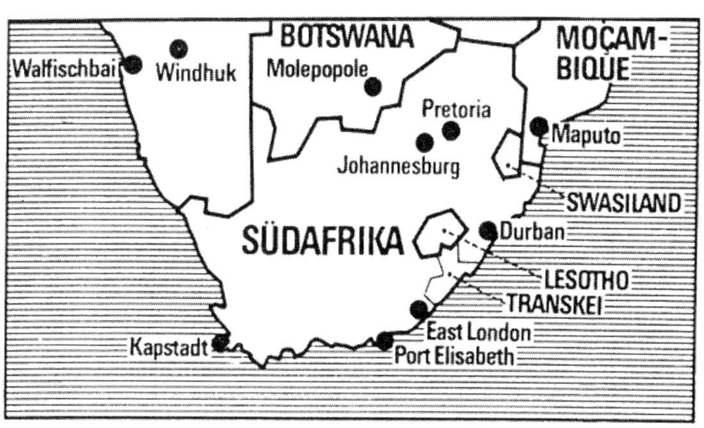

Stundenbild

I. Hinführung

St. Impuls	Folie (S. 25 u.)	Bild/Text: Mandela
Aussprache		... Gründe für den langen Gefängnisaufenthalt? ...
St. Impuls	Folie (S. 29)	Bild: Schild am Strand
Aussprache		... Bevorzugung der Weißen ...
	Folie (S. 25 u.)	Karte: Südafrika
Aussprache		
Zielangabe	TA	**Südafrika: Unabhängigkeit - aber nur für die Weißen**

II. Erarbeitung

AA zur GA		Stelle die wichtigsten Ereignisse mit ihren Daten heraus!
	Info. (S. 27)	Südafrika: Geschichte der Apartheid
GA a.g.		
Zsf. Gr.berichte	TA	1911 - 1912 - 1950 - 1960 - 1961 - 1991 - 1994
	TA	Apartheid
Aussprache	TA	Strikte Rassentrennung von Schwarzen und Weißen
		L: Wo überall ist das realisierbar?
Aussprache		... Kindergarten, Schule, Bahn, Bus, Lokale, Badeanstalten ...
		L: Reaktion der Schwarzen?
Aussprache		... Widerstand, Protest, Aufstände ...
	TA	Nelson Mandela
	Folie (S. 28)	Zeitungsartikel: Mandela zum ersten schwarzen Präsidenten gewählt
SSS lesen		
Aussprache		
Zsf.	Folie (S. 25)	
SSS lesen		
Aussprache		

III. Wertung

L.vortrag/Diskussion		Findet Rassentrennung heute noch statt? Wo?
		Rassenhass: Antisemitismus - ein dunkles Kapitel unserer Geschichte!
		Rassenvorurteile - auch heute noch bei uns?

IV. Sicherung

Zsf.	AB (S. 29)	Apartheidpolitik in Südafrika
Kontrolle	Folie (S. 30)	

Südafrika: Geschichte der Apartheid

1911 Erste rassendiskriminierenden Bestimmungen: "Mines-and-Works" Gesetz beschränkt Nicht-Weiße auf ungelernte Arbeiten; "Natives Land"-Gesetz verbietet Afrikanern den Bodenerwerb außerhalb der Reservate (erste Maßnahme zur territorialen Rassentrennung)

1912 Gründung des African National Congress (ANC); Einführung von Wohngebieten, die nach Rassen getrennt sind; Unterbindung des Zuzugs von Afrikanern in städtischen Gebieten

1936 Rassentrennungspolitik von Premier Hertzog auf Kapland ausgedehnt: Weiße Farmer dürfen afrikanische Pächter in Tageslohn nehmen oder in Reservate abschieben

1948 Wahlsieg der Nationalistischen Partei unter Daniel Malan: Rassentrennung wird offizieller Bestandteil der Politik

1950 Group Areas Act: Jeder Südafrikaner wird einer Rasse und einem bestimmten Wohngebiet zugeordnet

1954 Gesetzliche Legitimierung von Zwangsumsiedlungen Nichtweißer in sog. Homelands, die rund 13 % der Fläche Südafrikas ausmachen

1958 Hendrik Frensch Verwoerd ("Vater der Apartheid") wird zum südafrikanischen Premierminister gewählt

1960 Polizei verübt nach Demonstration in Sharpeville Massaker an schwarzen Teilnehmern: 71 Tote; Verbot des ANC; Verhaftung des ANC-Präsidenten Albert Luthuli; Resolution des UN-Sicherheitsrats verurteilt Apartheidpolitik; Attentat eines weißen Apartheidgegners auf Verwoerd; Friedensnobelpreis für inhaftierten ANC-Führer Luthuli

1961 Austritt Südafrikas aus dem Commonwealth wegen Differenzen über Apartheidpolitik; Südafrika wird Republik; schwarzer Bürgerrechtler Nelson Mandela verhaftet (1964 in umstrittenem Verfahren zu lebenslanger Haft verurteilt)

1966 Vereinte Nationen heben Mandatshoheit Südafrikas über Namibia auf; Beginn des südafrikanischen Kampfes gegen die schwarze Unabhängigkeitsbewegung SWAPO; Premier Verwoerd bei Attentat von einem Parlamentsdiener getötet; Nachfolger: B. J. Vorster, bisher Justizminister

1974 Begrenzter Ausschluss Südafrikas aus Plenum und Gremien der UN-Vollversammlung für die Dauer der 29. Secession

1976 Transkei als erstes Homeland unabhängig von Südafrika; es folgen: Bophuthatswana (1977), Venda (1979) und Ciskei (1981)

1981 Angriff der südafrikanischen Armee auf Stützpunkte der namibischen Befreiungsbewegung SWAPO im Süden Angolas

1991 Nelson Mandela (seit März 1990 Vizepräsident des ANC) löst Oliver Tambo als ANC-Präsident ab; Gewaltverzichtsabkommen zwischen Präsident Frederik Willem de Klerk, ANC-Führer Mandela, Inkathavorsitzendem Mangosuthu Buthelezi sowie Vertretern von 26 weiteren Organisationen; Konvent für ein demokratisches Südafrika beginnt: Gespräche über eine neue Landesverfassung inklusive der Homelands

1992 Volksbefragung: 68,7 % der weißen Wähler unterstützen Anti-Apartheidpolitik von Präsident de Klerk; Massaker in Boipatong, bei dem Sicherheitskräfte die mit dem ANC konkurrierende Inkatha Freiheitspartei (IFP) unterstützen

1993 Mandela und de Klerk erhalten den Friedensnobelpreis; Verfassung wird verabschiedet

1994 Mandela wird in freien demokratischen Wahlen zum ersten schwarzen Präsideten Südafrikas gewählt

1996 Überarbeitete Verfassung wird verabschiedet

Machtwechsel nach drei Jahrhunderten Vorherrschaft der weißen Minderheit

Mandela zum ersten schwarzen Präsidenten gewählt

ANC-Chef: Dies ist ein Sieg für alle Südafrikaner

Umarmung des Rivalen und Zulu-Führers Buthelezi als Versöhnungsgeste/Parlament konstituiert sich in Kapstadt/Heute feierliche Vereidigung in Pretoria/Nationale Partei des künftigen Vize-Präsidenten de Klerk benennt sechs Minister

gb. Kapstadt. Der Führer des Afrikanischen Nationalkongresses (ANC), Nelson Mandela, ist am Montag in Kapstadt zum ersten schwarzen Staatspräsidenten Südafrikas gewählt worden. Er hatte keinen Gegenkandidaten. Die Eröffnung des ersten demokratisch gewählten Parlaments war von versöhnlichen Gesten geprägt. Nach der Sitzung sprach Mandela vom Balkon des Kapstädter Rathauses zu rund 100000 Anhängern. Er betonte, seine Wahl bedeute nicht den Sieg einer bestimmten Partei, sondern "einen Sieg für alle Südafrikaner". Mandela wird am heutigen Dienstag in Pretoria im Beisein vieler ausländischer Politiker vereidigt. Nach drei Jahrhunderten findet die Ära weißer Vorherrschaft in Südafrika damit ihr Ende.

Als erstes Zeichen der Kooperationsbereitschaft mit der seit 1948 ununterbrochen regierenden Nationalen Partei (NP) des scheidenden Präsidenten Frederik Willem de Klerk unterstützte der ANC, der beim ersten nichtrassischen Votum Südfrikas 62,6 Prozent der Stimmen gewonnen hatte, die Wahl des indischstämmigen NP-Abgeordneten Bhadra Rnachod zum Vizepräsidenten des Parlaments. Zur Parlamentspräsidentin wurde die indischstämmige ANC-Anwältin und Frauenrechtlerin Frene Ginwala gewählt. Stellvertreter Mandelas wurden de Klerk und der ANC-Vorsitzende Thabo Mbeki. Beim Eintreffen im Parlamentsgebäude hatte Mandela als Zeichen der Versöhnung auch seinen Erzrivalen, Inkatha Chef Mangosuthu Buthelezi, herzlich umarmt.

Unter den insgesamt 400 Abgeordneten befindet sich eine Vielzahl früherer politischer Gefangener. Entsprechend des in Südafrika erstmals angewandten Verhältniswahlrechts stellt der ANC 252, die NP 82 und die hauptsächlich von Zulus unterstützte Inkatha-Freiheitspartei (IFP) 43 Abgeordnete. Daneben schafften vier kleinere Parteien den Sprung über die 0,25-Prozent-Hürde: Die Freiheitsfront (neun Abgeordnete), die die Schaffung eines halbautonomen burischen Volksstaats anstrebt, die liberale Demokratie Partei (sieben Sitze), der linksaußen angesiedelte Pan-Afrikanische Kongress (fünf Sitze) und die erst kurz vor den Wahlen gegründete Afrikanische Christdemokratische Partei (zwei Sitze).

Seine Kabinettsliste wird Mandela nach seiner Vereidigung vorlegen. Entgegen vor der Wahl gemachten Aussagen wird die IFP voraussichtlich doch mit drei Ministern in die Regierung eintreten. Die NP, der sechs Kabinettsposten zustehen, legte unterdessen nach Angaben der Nachrichtenagentur AFP die endgültige Liste ihrer Regierungsmitglieder vor. Neben de Klerk und Finanzminister Derek Keys, der bereits am Freitag benannt worden war, werden dem neuen Kabinett noch der langjährige Außenminister Pik Botha als Minister für Energiefragen, Roelf Meyer als Minister für Verfassungsfragen, Kraai van Niekerk als Landwirtschaftsminister, Dawie de Villiers als Umweltminister und Abe Williams als Minister für Wohlfahrt und Öffentliche Entwicklung angehören. Der ANC wird achtzehn Minister stellen. An der Regierung werden gemäß der Verfassung alle Parteien beteiligt, die über fünf Prozent bei der Parlamentswahl Ende April erhielten.

In seiner Rede erklärte Mandela das "Wiederaufbau- und Entwicklungsprogramm" des ANC, das den Lebensstandard der schwarzen Südafrikaner verbessern soll, zum unantastbaren Eckpfeiler seiner zukünftigen Politik. Trotzdem werde er seine Regierung nicht als "Eroberer", sondern im Geiste nationaler Versöhnung führen. Die "Wunden der Vergangenheit" müssten nun heilen, eine "neue Ordnung auf der Basis von Gerechtigkeit für alle" geschaffen werden. Der Staatschef versprach, dass die Verfassung künftig allen Bürgerinnen und Bürgern gleichen Schutz gewährleisten werde, "unabhängig von Hautfarbe, Geschlecht, Glauben, politischer Einstellung oder sexueller Orientierung". Mandela sprach vom Balkon eines Hotelgebäudes aus, von dem aus er 1990 bereits seine erste Ansprache nach der Entlassung aus der Haft gehalten hatte.

Zur feierlichen Vereidigung Mandelas werden 42 Staatschefs, zahlreiche Außenminister sowie rund 5000 Amts- und Würdenträger aus aller Welt erwartet. Für die Bundesrepublik wollte Außenminister Klaus Kinkel nach Südafrika reisen. Die USA werden durch Vize-Präsident Al Gore und die First Lady, Hillary Clinton, vertreten sein. Auch der Chef der Palästinensischen Befreiungsorganisation (PLO), Yassir Arafat, traf am Montag an der Spitze einer großen Delegation in Johannesburg ein. Er wollte dort auch mit Israels Staatspräsident Ezer Weizman sprechen, der sich bereits seit Sonntag in Südafrika aufhält.

GESCHICHTE	Name	Klasse	Datum	Nr.

Apartheidpolitik in Südafrika

① Geschichte Südafrikas

Als man im 17. Jahrhundert auf dem Seeweg nach Indien reiste, gründeten die ____________ im Jahre 1652 am Kap der Guten Hoffnung einen Stützpunkt, ____________. Als Nachkommen der holländischen und deutschen Siedler ließen sich die ____________ dort nieder. 1795 eroberten die ____________ Südafrika. Unzufrieden mit der ____________ Herrschaft (seit 1806) zogen größere Teile der burischen Bevölkerung im 'Großen Treck' nach Norden und gründeten 1835-38 einige Freistaaten. 1899-1902 kam es zum Krieg zwischen Briten und Buren.

Briten sperren Buren in Lager

Der Burenkrieg wird im Mai 1900 entschieden, aber noch nicht beendet. 1899 haben die Briten den Krieg gegen die kleinen Burenrepubliken Oranjefreistaat und Transvaal angezettelt. Ein Kolonialreich "vom Kap bis Kairo" wollen sie schaffen und die südafrikanischen Gold- und Diamantenminen unter ihre Kontrolle bringen. Gegen die Übermacht haben die Buren, Nachkommen niederländischer und deutscher Einwanderer, keine Chance. Der berühmte Burengeneral Cronje muss sich im Februar ergeben. Im März marschieren die Briten in Bloemfontein ein, der Hauptstadt des Oranjefreistaats. Im Mai Kommando nehmen sie Johannesburg und bedrohen Pretoria, die Hauptstadt von Transvaal. Burenführer Paulus "Ohm" Krüger bemüht sich in Europa und den USA um Unterstützung gegen die Briten - vergeblich. Doch die Buren geben nicht auf. Sie leisten blutigen Widerstand. Die Briten antworten mit großer Brutalität: Erstmals in der Kriegsgeschichte werden Lager eingerichtet, in denen die Bevölkerung zusammengetrieben wird. 250000 Menschen werden verschleppt, 20000 sterben in den Lagern. Bald stehen den 45000 Guerillakämpfern 450000 britische Soldaten gegenüber. Sie verbrennen Farmen, vernichten Ernten, versuchen das Land zu erobern, indem sie es verwüsten. Erst 1902 wird Frieden geschlossen. Die Burenrepubliken werden Kolonien.

Auch als Südafrika 1910 größtenteils ____________ wurde, waren die Gegensätze zwischen Schwarzen und Weißen nicht ausgeräumt. Die Politik der ____________ (= ____________-____________) aus. Aus diesem Grund schied Südafrika 1961 aus dem ____________-____________ aus. Der Staat nannte sich daraufhin Republik Südafrika. Aber die politischen Probleme waren damit nicht aus der Welt geschafft. Immer wieder kam es wegen der sozial und wirtschaftlich ungerechten Behandlung der Schwarzen zu Zusammenstößen.

Ab 1990 wird die Apartheid schrittweise ____________-____________. Südafrikas erster Staatspräsident heißt ____________, der 1994 den Friedensnobelpreis verliehen bekommt.

② Apartheid - Politik von Weißen für Weiße

Ziele	Gesetze	Folgen

GESCHICHTE	Name	Klasse	Datum	Nr.

Apartheidpolitik in Südafrika

① Geschichte Südafrikas

Als man im 17. Jahrhundert auf dem Seeweg nach Indien reiste, gründeten die Niederländer im Jahre 1652 am Kap der Guten Hoffnung einen Stützpunkt, Kapstadt. Als Nachkommen der holländischen und deutschen Siedler ließen sich die Buren dort nieder. 1795 eroberten die Engländer Südafrika. Unzufrieden mit der britischen Herrschaft (seit 1806) zogen größere Teile der burischen Bevölkerung im 'Großen Treck' nach Norden und gründeten 1835-38 einige Freistaaten. 1899-1902 kam es zum Krieg zwischen Briten und Buren.

Briten sperren Buren in Lager
Der Burenkrieg wird im Mai 1900 entschieden, aber noch nicht beendet. 1899 haben die Briten den Krieg gegen die kleinen Burenrepubliken Oranjefreistaat und Transvaal angezettelt. Ein Kolonialreich "vom Kap bis Kairo" wollen sie schaffen und die südafrikanischen Gold- und Diamantenminen unter ihre Kontrolle bringen. Gegen die Übermacht haben die Buren, Nachkommen niederländischer und deutscher Einwanderer, keine Chance. Der berühmte Burengeneral Cronje muss sich im Februar ergeben. Im März marschieren die Briten in Bloemfontein ein, der Hauptstadt des Oranjefreistaats. Im Mai Kommando nehmen sie Johannesburg und bedrohen Pretoria, die Hauptstadt von Transvaal. Burenführer Paulus "Ohm" Krüger bemüht sich in Europa und den USA um Unterstützung gegen die Briten - vergeblich. Doch die Buren geben nicht auf. Sie leisten blutigen Widerstand. Die Briten antworten mit großer Brutalität: Erstmals in der Kriegsgeschichte werden Lager eingerichtet, in denen die Bevölkerung zusammengetrieben wird. 250000 Menschen werden verschleppt, 20000 sterben in den Lagern. Bald stehen den 45000 Guerillakämpfern 450000 britische Soldaten gegenüber. Sie verbrennen Farmen, vernichten Ernten, versuchen das Land zu erobern, indem sie es verwüsten. Erst 1902 wird Frieden geschlossen. Die Burenrepubliken werden Kolonien.

Auch als Südafrika 1910 größtenteils selbständig wurde, waren die Gegensätze zwischen Schwarzen und Weißen nicht ausgeräumt. Die Politik der Apartheid (= Rassen-trennung) aus. Aus diesem Grund schied Südafrika 1961 aus dem Common-wealth aus. Der Staat nannte sich daraufhin Republik Südafrika. Aber die politischen Probleme waren damit nicht aus der Welt geschafft. Immer wieder kam es wegen der sozial und wirtschaftlich ungerechten Behandlung der Schwarzen zu Zusammenstößen.

Ab 1990 wird die Apartheid schrittweise abge-schafft. Südafrikas erster Staatspräsident heißt Nelson Mandela, der 1994 den Friedensnobelpreis verliehen bekommt.

② Apartheid - Politik von Weißen für Weiße

Ziele	Gesetze	Folgen
Erhaltung der Herrschaft der Weißen (ca. 17 Prozent) über die Schwarzen (rund 71 Prozent). Zugleich steht die Sicherung und Ausweitung des wirtschaftlichen Wohlstandes der weißen Minderheit im Vordergrund.	- Verbot der Ehe zwischen Schwarz und Weiß - Eigene Wohnsiedlungen für Schwarze ('homelands') - Benachteiligung im Bildungswesen - Geringere Löhne für Schw. bei gleicher Arbeitsleistung - Getrennte öffentl. Einricht.	- Rassenunruhen - Radikales Vorgehen der Polizei gegen Demonstranten - Radikalisierung der Schwarzen - ständige Konfliktzone - Sanktionen der UNO gegen die weiße Regierung

THEMA

Indien erzwingt seine Unabhängigkeit

LERNZIELE

- Wissen um die Geschichte Indiens bis zur Unabhängigkeit
- Wissen, dass der Freiheitskampf Indiens untrennbar mit dem Namen Mahatma Gandhi verknüpft ist
- Kennenlernen eines kurzen Lebenslaufs Gandhis
- Kennenlernen der Folgen der Unabhängigkeit Indiens (Indien/Pakistan; Kämpfe zwischen den religiösen Gruppen)

ARBEITSMITTEL/MEDIEN/LITERATURHINWEISE

- Arbeitsblatt mit Lösung
- Folien (Bilder, Informationstexte, Karten)
- Atlas/Landkarte
- Film: 3205388 „Indiens demokratischer Weg“ (20 Min.; f)
- Videofilm: „Gandhi“
- Karte S. 31 aus: Geschichte entdecken 9 © C. C. Buchners Verlag, Bamberg 1988

TAFELBILD/FOLIEN

Indien erzwingt seine Unabhängigkeit

Indien 1876 - 1946

- englisches Kolonialgebiet
- Kastenwesen
- Gegensatz Hindus - Moslems
- wirtschaftliche Ausbeutung

Indien 1947

- Unabhängigkeit

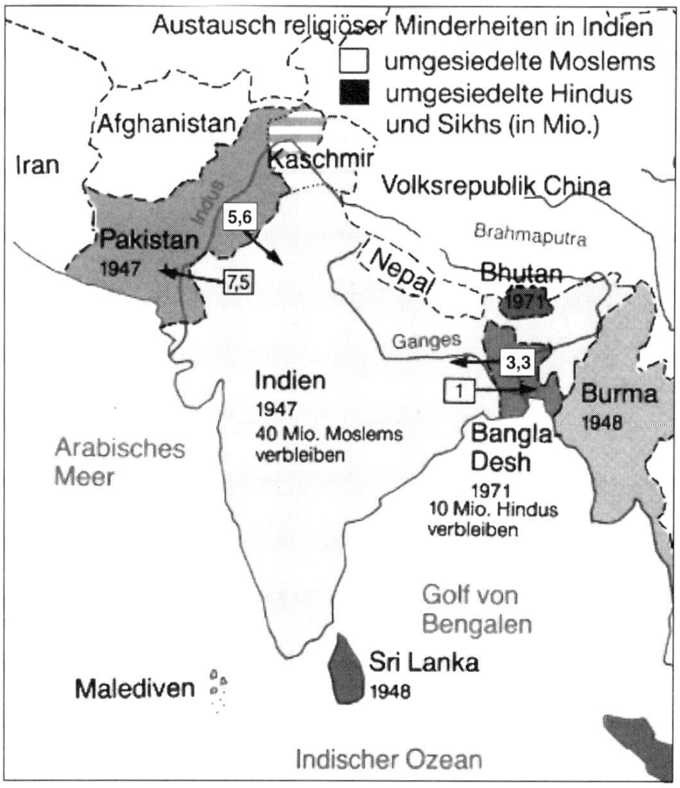

Fünfmal „Goldener Globus“ für

Er war der außergewöhnlichste Vorkämpfer für den Frieden. Doch es gibt noch mehr Gründe dafür, dass der Film über diesen überragenden Mann mit acht „Oscars“ ausgezeichnet wurde.

Mohandas Karamtschand Gandhi, genannt Mahatma („Große Seele“), einer der Führer der indischen Unabhängigkeitsbewegung. 1869 geboren, entstammte er einer wohlhabenden Hindufamilie, studierte in London, kämpfte für die Gleichberechtigung der Inder in Südafrika und seit 1914 für die Unabhängigkeit Indiens. Sein hohes Ansehen und seine Erfolge resultierten aus seinen Methoden des politischen Kampfes („gewaltloser Widerstand“). Gandhi wurde 1948 von einem fanatischen Hindu erschossen.

Stundenbild

I. Hinführung

St. Impuls	Folie (S. 31)	Bild: Gandhi
Aussprache		
		L: Einer der berühmtesten Männer der Weltgeschichte! Über sein Leben wurde auch ein Spielfilm gedreht.
Vermutungen		
	Folie (S. 31 u.)	Fünfmal „Goldener Globus" für Gandhi
Aussprache		
	TA	Mahatma Gandhi
	Folie (S. 31 o.)	Karte: Indien
Aussprache		
Zielangabe	TA	
		Indien erzwingt seine Unabhängigkeit

II. Erarbeitung

Vermutungen		... erzwingen ⇨ Kampf, Blutvergießen ... ... Anführer: Gandhi ...
AA zur GA		❶ Beschreibe die Geschichte Indiens bis 1947! ❷ Welche Bedeutung hat der Name Mahatma Gandhi für die indische Geschichte? Seine Leistung? ❸ Welche Folgen brachte die Unabhängigkeitserklärung mit sich?
	Info (S. 35)	
GA		
Zsf. Gr.berichte		
	TA	zu ❶ Indien 1876-1946 ▪ englisches Kolonialgebiet (Königin von England wird 1876 Kaiserin von Indien) ▪ Kastenwesen ▪ Gegensatz Hindus - Moslems ▪ Aufstände gegen die englische Verwaltung ▪ Verarmung durch Ausbeutung zu ❷ Indien 1947 Unabhängigkeit durch M. Gandhi, der den passiven Widerstand predigt. Diese Gewaltlosigkeit trägt zur Erlangung der Unabhängigkeit bei. zu ❸ Streit zwischen Hindus und Moslems ⇨ Aufteilung in zwei Staaten: Indien (Hindus) und Pakistan (Moslems)
Zsf.	Film (20 Min.)	„Indiens demokratischer Weg"
Aussprache		

III. Wertung

Zsf.	Folie (S. 31 u.)	Lebenslauf Gandhi
	Folie (S. 36)	Zeitungsartikel: Mahatma Gandhi ermordet
SSS lesen		
Aussprache		Gandhi - ein außergewöhnlicher Mensch!

IV. Sicherung/Ausweitung

Zsf.	AB (S. 33)	Indien erzwingt seine Unabhängigkeit
Kontrolle	Folie (S. 34)	
	Videofilm	„Gandhi"

GESCHICHTE	Name	Klasse	Datum	Nr.

Indien erzwingt seine Unabhängigkeit

Indien unterschied sich grundsätzlich von anderen europäischen Kolonialgebieten. Hier gab es gewachsene gesellschaftliche und politische Traditionen, die trotz der Eroberung durch die Europäer erhalten blieben. Deshalb nahm Indien im britischen Weltreich eine gewisse ______________________ ein; die Königin von England wurde im Jahr ______ ________________ von ______________. Trotz der gesellschaftlichen und religiösen Gegensätze (__________________, ______________ und ______________) kam es zu Aufständen gegen die englische Verwaltung. Die Kolonialherren kontrollierten das gesamte öffentliche Leben, die Verarmung des Landes nahm durch die ________________ ________________ ständig zu.

Der Zweite Weltkrieg brachte auch für Indien eine Wende. Unter dem Zwang der politischen Veränderungen in Asien und dem Druck der Weltmeinung zogen die Engländer im Jahr ______ aus Indien ab. Damit hatte das Land seine ______________________ gewonnen.

Der Freiheitskampf Indiens ist eng verbunden mit dem Namen eines Mannes: ________________ __________ (______-______). Er rief seine Landsleute zum Protest auf, ermahnte sie aber gleichzeitig zur ______________________. Diese Methode der „Nicht-Zusammenarbeit“ (______________ ______________) hatte zu dieser Entwicklung beigetragen. Gandhi hatte sie jahrelang mit wachsender Unterstützung der Bevölkerung betrieben. Die Freiheit erlangte Indien jedoch nur durch die Preisgabe der Einheit: Da sich ______________ und ______________ nicht einigen konnten, teilte man das riesige Land in zwei Staaten: ______________ und ________________. Millionen Flüchtlinge und blutige Kämpfe zwischen den verfeindeten religiösen Gruppen waren die Folge.

> Mahatma Gandhi über seine politischen Vorstellungen zur Befreiung Indiens von britischer Kolonialherrschaft:
> *„Passiver Widerstand ist eine Methode zur Erringung von Rechten durch persönliches Leiden: Es ist das Gegenteil von bewaffnetem Widerstand. Wenn ich mich weigere, etwas zu tun, das gegen mein Gewissen geht, dann setze ich meine Seelenstärke ein ...*
> *Wir arbeiten mit unseren Herrschern nicht zusammen, wenn sie uns zuwider sind. Das ist passiver Widerstand.“*

Arbeitsaufgabe:
Informiere dich in Lexika über die Person Gandhis! Schreibe wichtige Daten heraus!

____

____

GESCHICHTE	Name	Klasse	Datum	Nr.

Indien erzwingt seine Unabhängigkeit

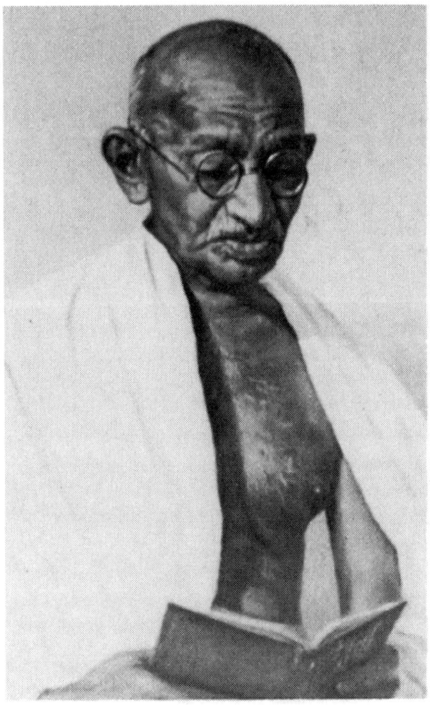

Indien unterschied sich grundsätzlich von anderen europäischen Kolonialgebieten. Hier gab es gewachsene gesellschaftliche und politische Traditionen, die trotz der Eroberung durch die Europäer erhalten blieben. Deshalb nahm Indien im britischen Weltreich eine gewisse Sonderstellung ein; die Königin von England wurde im Jahr 1876 Kaiserin von Indien. Trotz der gesellschaftlichen und religiösen Gegensätze (Kastenwesen, Hindus und Moslems) kam es zu Aufständen gegen die englische Verwaltung. Die Kolonialherren kontrollierten das gesamte öffentliche Leben, die Verarmung des Landes nahm durch die wirtschaftliche Ausbeutung ständig zu.
Der Zweite Weltkrieg brachte auch für Indien eine Wende. Unter dem Zwang der politischen Veränderungen in Asien und dem Druck der Weltmeinung zogen die Engländer im Jahr 1947 aus Indien ab. Damit hatte das Land seine Unabhängigkeit gewonnen.
Der Freiheitskampf Indiens ist eng verbunden mit dem Namen eines Mannes: Mahatma Gandhi (1869 - 1948). Er rief seine Landsleute zum Protest auf, ermahnte sie aber gleichzeitig zur Gewaltlosigkeit. Diese Methode der „Nicht-Zusammenarbeit" (passiver Widerstand) hatte zu dieser Entwicklung beigetragen. Gandhi hatte sie jahrelang mit wachsender Unterstützung der Bevölkerung betrieben. Die Freiheit erlangte Indien jedoch nur durch die Preisgabe der Einheit: Da sich Hindus und Moslems nicht einigen konnten, teilte man das riesige Land in zwei Staaten: Indien und Pakistan. Millionen Flüchtlinge und blutige Kämpfe zwischen den verfeindeten religiösen Gruppen waren die Folge.

> Mahatma Gandhi über seine politischen Vorstellungen zur Befreiung Indiens von britischer Kolonialherrschaft:
> *„Passiver Widerstand ist eine Methode zur Erringung von Rechten durch persönliches Leiden: Es ist das Gegenteil von bewaffnetem Widerstand. Wenn ich mich weigere, etwas zu tun, das gegen mein Gewissen geht, dann setze ich meine Seelenstärke ein ...*
> *Wir arbeiten mit unseren Herrschern nicht zusammen, wenn sie uns zuwider sind. Das ist passiver Widerstand."*

Arbeitsaufgabe:
Informiere dich in Lexika über die Person Gandhis! Schreibe wichtige Daten heraus!
Entstammte einer wohlhabenden Hindufamilie; Studium in London (Jura); bis 1914 Anwalt in Südafrika; 1922-24 Haft in Indien; Kampagne gegen das Salzmonopol; 1942-44 Haft

Mahatma Gandhi (1869-1948)

Mohandas Karamchand Gandhis Denken und Handeln bestimmte den Verlauf der Geschichte für wenigstens zwei Nationen nachhaltig. Dieser kleine, zarte, sanfte Mann begeisterte das indische Volk für den Kampf um seine Unabhängigkeit mit einer Waffe, die er selbst vorbildlich zu führen verstand - den gewaltlosen Widerstand.
Gandhis Ideen wurzelten in seiner Religion, dem Hinduismus. Er wuchs auf im Glauben an Gewaltlosigkeit, Toleranz und Achtung aller lebenden Kreaturen. Wie die meisten Hindus suchte er die Wahrheit, aber - anders als sie - im sozialen und politischen Handeln.
Gandhi hielt die Selbstbestimmung des indischen Volkes für die Voraussetzung jeder sozialen Gerechtigkeit, aber seit über 300 Jahren waren die Briten in Indien und nicht zum Verzicht auf ihre reiche Kolonie bereit. Seinen Kampf begann Gandhi 1919 mit dem Satyagraha *(Festhalten an der Wahrheit)*-Feldzug. Tausende von Indern folgten seinem Aufruf, den Kauf britischer Waren, den Besuch britischer Schulen oder die Anrufung britischer Gerichte zu verweigern. Sie unternahmen Protestmärsche gegen britische Gesetze und legten sich vor britische Fahrzeuge. Die Briten verhängten Gefängnisstrafen gegen Gandhi und seine Anhänger, aber die Inder betrachteten einen Gefängnisaufenthalt als Bestandteil des zivilen Ungehorsams. Stolz stellten sie sich an, um inhaftiert zu werden. Gandhi und seine Anhänger brauchten 28 Jahre, ehe sich Großbritannien endgültig zurückzog und Indien 1947 seine Unabhängigkeit erlangte.
Gandhi hatte Satyagraha vorher schon anderweitig eingesetzt. Nach Abschluss seines Jurastudiums in London ging er 1893 nach Südafrika und erfuhr dort schon unmittelbar nach seiner Ankunft, dass die Inder demütigender Diskriminierung ausgesetzt waren. Auf der Reise von Durban nach Pretoria wurde er von einem Postkutscher verprügelt, aus einem Erster-Klasse-Abteil der Eisenbahn hinausgeworfen und in ein Hotel nicht hineingelassen, weil er ein Inder war. Gandhis Gerechtigkeitssinn war zutiefst getroffen. Er entschloss sich zu kämpfen. Länger als 20 Jahre blieb er in Südafrika und führte die indische Gemeinde in ihrem Kampf um Gleichberechtigung.
Zunächst verbreitete Gandhi Petitionen und legte sie dem einheimischen Gesetzgeber von Natal und der britischen Kolonialregierung vor. Er gab eine Wochenzeitung, die Indian Opinion, heraus und organisierte den "Natal Indian Congress", der die Interessen der Inder vertrat. 1909 ordnete die Transvaal-Regierung an, dass alle Inder sich registrieren und ihre Fingerabdrücke abnehmen lassen müssten, doch Gandhis Anhänger missachteten diesen Befehl. Damit begann seine erste Kampagne des zivilen Ungehorsams. Der südafrikanische Führer Jan Christian Smuts sah sich schließlich gezwungen, den Indern in Südafrika mehr menschliche Rechte zuzugestehen.
Während des Ersten Weltkriegs kehrte Gandhi als Held nach Indien zurück. Auf vielen Kriegsschauplätzen kämpften und starben indische Soldaten Seite an Seite mit englischen. Die Inder erwarteten nach dem Kriege mehr Selbstbestimmung, aber statt dessen wurden in Großbritannien 1919 die Rowlatt-Gesetze verabschiedet, die Inder wegen politischer Agitation jederzeit ohne Prozess ins Gefängnis bringen konnten. Im selben Jahr befahl ein britischer Kommandant in Amritsar seinen Soldaten, in eine große Versammlung unbewaffneter indischer Zivilisten zu feuern. Bei diesem Massaker wurden 400 Inder getötet und weitere 1200 verletzt. Gandhi antwortete darauf mit einer ganzen Reihe von Kampagnen des gewaltlosen Widerstandes. Er führte Protestmärsche an und fastete. Tausende von Indern, unter ihnen auch Gandhi selbst, wurden verhaftet und eingesperrt.
Anfang der zwanziger Jahre wurde Gandhi Führer des Indischen Nationalkongresses, der 1885 gegründet worden war, um den politischen Unmut zu kanalisieren, aber inzwischen zum Forum für die Forderung nach Selbstbestimmung geworden war. Gandhi verwandelte den Nationalkongress in ein wirksames politisches Instrument, das in nahezu jedem indischen Dorf Unterstützung fand. Später ging daraus die Kongresspartei hervor.

Gandhi strebte mehr an als ein unabhängiges Indien. Ihm schwebte ein geeintes Land vor, in dem alle religiösen, kulturellen und Sprachgruppen in Frieden und Toleranz miteinander leben könnten, auch die "Unberührbaren", die Angehörigen der niedrigsten Kaste. Er hatte eigene soziale Pläne für den neuen Staat. Als Gegner der komplexen, technisierten modernen Gesellschaften wollte er für das indische Volk eine einfache, strenge Lebensführung. Das handgesponnene weiße Baumwollzeug, dessen Herstellung er 1921 zur Unterstützung des wirtschaftlichen Boykotts gefördert hatte, sollte auch weiterhin Grundlage der indischen Heimindustrie bleiben. Andere indische Patrioten waren mit Gandhis Zielsetzung nicht in allen Punkten einverstanden.
1945 übernahm in Großbritannien die Labour Party unter Clement Attlee die Macht und drängte unverzüglich auf Indiens Unabhängigkeit. Dem stand jedoch eine Auseinandersetzung zwischen dem Indischen Nationalkongress und der Moslemliga im Wege, die einen Separatstaat für die indischen Moslems anstrebte. Schließlich gewannen die Moslems die Oberhand und Indien erlangte im August 1947 die Unabhängigkeit für zwei getrennte Staaten: Indien und Pakistan. Diese Teilung war eine bittere Enttäuschung für Gandhi.
Als Millionen Moslems von Indien nach Pakistan und Millionen von Hindus in die entgegengesetzte Richtung zogen, kam es zu Gewalttätigkeiten. Gandhi bereiste die Gebiete, wo Aufruhr herrschte, und konnte den Gewalttätigkeiten in Kalkutta und Delhi schließlich ein Ende bereiten. Einige Tage später wurde er auf dem Weg zum Gebet von einem fanatischen Hindu, der ihm seine Toleranz gegenüber den Moslems verübelte, erschossen. Fassungslos erklärte sein Nachfolger Jawaharlal Nehru: "Aus unserem Leben ist das Licht gewichen und um uns herrscht Finsternis."

Männer der Geschichte, S. 258 f. © Neuer Kaiser Verlag, Klagenfurt 1980

Mahatma Gandhi ermordet

30. Januar. Mohandas Karamchand Gandhi, der den Beinamen Mahatma trägt (Sanskrit: „Dessen Seele groß ist"), wird im Alter von 78 Jahren in Delhi bei einem Attentat getötet. Erschüttert über die Kämpfe zwischen Hindus, Mohammedanern und Sikhs, hatte Mahatma Gandhi, geistiger Führer der Indischen Union, eine neue Fastendemonstration begonnen, die die indische Regierung wiederholt veranlasste, ihre Gegner zum Waffenstillstand aufzurufen, der schließlich am 15. Januar abgeschlossen wurde. Die Bereitschaft Gandhis, auch mit Moslems zu leben und zu verhandeln, führte am 20. Januar zum Bombenanschlag eines jungen Hindu auf das Haus des Politikers. Zehn Tage später wird Gandhi in seinem Garten von einem nationalistischen Hindu erschossen. Am folgenden Tag wird der Leichnam vor einer Menschenmenge aus vielen Hunderttausenden in Neu-Delhi verbrannt und die Asche am 12. Februar über den Ganges verstreut.

Gandhi stammte aus einer der führenden Familien Indiens. Nach dem Rechtsstudium in London ging er nach Südafrika und nahm dort den Kampf gegen Rassendiskriminierung auf; er propagierte den Weg des passiven Widerstands und bürgerlichen Ungehorsams, was zu häufigen Verhaftungen führte. 1914 kehrte Gandhi nach Indien zurück, wo er sich in den folgenden Jahren mit den gleichen Mitteln wie in Südafrika für die Unabhängigkeit des Subkontinents einsetzte, wobei er wiederholt inhaftiert wurde. Die Unabhänggkeit Indiens konnte Gandhis Erwartungen nicht erfüllen, da sie mit der staatlichen Teilung verbunden war. In der Zeit der Kämpfe und Konflikte während der vergangenen Monate setzte sich Mahatma Gandhi immer wieder bei den Moslems für Frieden und Brüderlichkeit zwischen den Menschen ein.

Zehntausende seiner Anhänger geben Mahatma Gandhi bei der Leichenverbrennung in Rajghat das letzte Geleit

Gandhi und Nehru 1946 bei einer Versammlung kurz vor der Erlangung der Unabhängigkeit Indiens

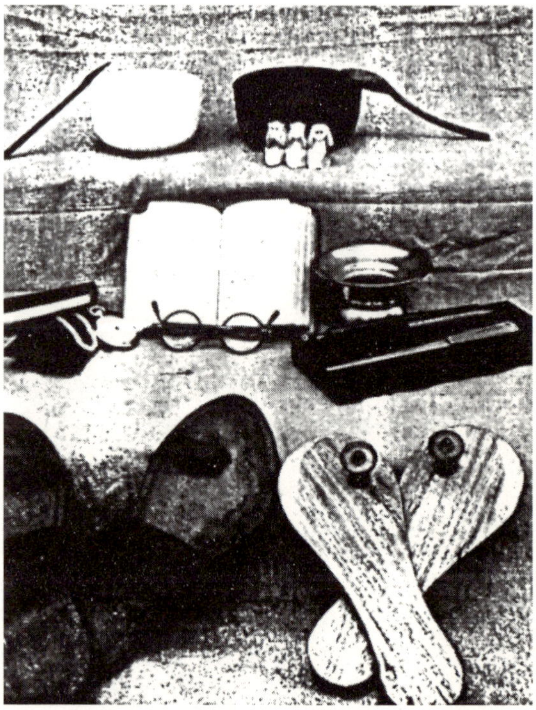

Gandhis persönlicher Besitz bei seinem Tod

THEMA

Indien heute - ein Land mit zahlreichen Problemen

LERNZIELE

- Kenntnis der geographischen Lage Indiens
- Wissen um die gegenwärtige Lage Indiens in politischer, wirtschaftlicher und gesellschaftlicher Hinsicht
- Kenntnis aktueller Daten über Indien
- Wissen um die Religionen in Indien und die daraus entstehenden Probleme

ARBEITSMITTEL/MEDIEN/LITERATURHINWEISE

- Arbeitsblatt mit Lösung
- Folien (Bilder, Texte)
- Filme: 3205390 „Indien zwischen Gestern und Morgen" (22 Min.; f)
- 3200707 „Glaube und Leben der Hindus" (20 Min.; f)
  3204128 „Kalkutta - Armut und Religion" (15 Min.; f)

TAFELBILD/FOLIEN

Hauptkasten:

1. Brahmanen
(Priester, Gelehrte)
2. Kshyatriyas
(Fürsten, Beamte, Soldaten)
3. Vaishyas
(Kaufleute, Handwerker, Bauern)
4. Shudras
(Arbeiter, Diener, Kleinbauern)

Harijans (bis 1955 Parias) ***(Unberührbare, "Kinder Gottes")***

Der Alltag trennt sie in Klassen. Nur vor den Göttern sind alle gleich.

Die zwei Gesichter Indiens
Indien ist heute die neuntgrößte Industriemacht der Welt. Es stellt eigene Computer her, es baut eigene Atomkraftwerke. Das mit deutscher Hilfe erbaute Stahlwerk Rourkela gab den Anstoß für die Entwicklung einer Schwerindustrie. Während die Hälfte der Bevölkerung unter Ernährungsmängeln leidet, kreisen indische Satelliten auf einer Erdumlaufbahn, entwickeln Indiens Techniker Sonnenenergie-Anlagen und Atombomben. Vier von fünf Kindern in Kalkutta haben weniger als 900 Kalorien pro Tag zu essen. Zwei Drittel aller Haushalte verfügen nach offiziellen Ziffern über weniger als 200 Rupien - etwa 60 Mark - im Monat. Sie stellen das Heer der Slumbewohner: Rikscha-Kulis, Gebäude-Reiniger, Bettler, Leute, die davon leben, dass sie den Müll auf verwertbare Materialien durchwühlen. Über den Hütten der Bustees, wie die Slums hier heißen, ziehen Geier ihre Kreise.

Fläche: 3,29 Mio. km^2
Einwohner: 936 Mio.
Hauptstadt: Neu-Delhi (301 000 Einwohner)
Wichtigste Religionen: Hindus (80,3 %), Moslems (11 %), Christen (2,4 %)
Sprachen: Hindi, Englisch, weitere etwa 1500 Sprachen und Dialekte
Städte: Bombay (10 Mio.); Delhi (7,2 Mio.); Kalkutta (4,4 Mio.)

Stundenbild

I. Hinführung

Wiederholung Aussprache	TA	Indien 1947 ... Gandhi - Unabhängigkeit - Trennung in Indien und Pakistan ...
St. Impuls Aussprache	Folie (S. 41 o.)	Bild: Familie ohne Wohnsitz
Zielangabe	TA	**Indien heute - ein Land mit zahlreichen Problemen**

II. Erarbeitung

Vermutungen		
AA zur GA		Kennzeichne die gegenwärtige Lage Indiens in politischer, wirtschaftlicher und gesellschaftlicher Hinsicht! (Lexika: Stichwort „Indien")
GA	Lexika, Info (S. 41)	
Zsf. Gr.berichte		
Zsf. LSG	TA	❶ Politische Aspekte: Parlamentarische Demokratie; Bundesstaat; Mitglied im Commonwealth; Neutralitätspolitik; führendes Land der blockfreien Staaten ❷ Wirtschaftliche Aspekte: Reich an Bodenschätzen und fruchtbaren Gebieten; industriell zum Teil hoch entwickelt; hohe Staatsverschuldung; 40% der Bevölkerung unterhalb der absoluten Armutsgrenze; Bevölkerungswachstum ❸ Gesellschaftliche Aspekte:
	Folien (S. 37)	Krasse Gegensätze arm-reich; Kastenwesen; religiöser Fanatismus (Ermordung führender Politiker: Indira Gandhi/Rajiv Gandhi); Racheakte zwischen Hindus und Sikhs; mangelhaftes Bildungswesen (50% Analphabeten); Fehlen einer gemeinsamen Sprache
Zsf.	Folie (S. 41/42)	
Eintrag	AB (S. 39)	
Kontrolle	Folie (S. 40)	

III. Wertung

	Folie (S. 37)	Text: Die zwei Gesichter Indiens
Aussprache		
		L: Lösungsmöglichkeiten?
Diskussion		

IV. Sicherung

Zsf.	Film(e)	① „Indien zwischen Gestern und Morgen" (22 Min.) ② „Glaube und Leben der Hindus" (20 Min.) ③ „Kalkutta - Armut und Religion" (15 Min.)
Aussprache		

GESCHICHTE	Name	Klasse	Datum	Nr.

Indien heute - ein Land mit zahlreichen Problemen

❶ Politische Aspekte:

① ______

② ______

③ ______

④ ______

⑤ ______

⑥ ______

❷ Wirtschaftliche Aspekte:

① ______

② ______

③ ______

④ ______

⑤ ______

⑥ ______

❸ Gesellschaftliche Aspekte:

① ______

② ______

③ ______

④ ______

⑤ ______

⑥ ______

Religionen in Indien

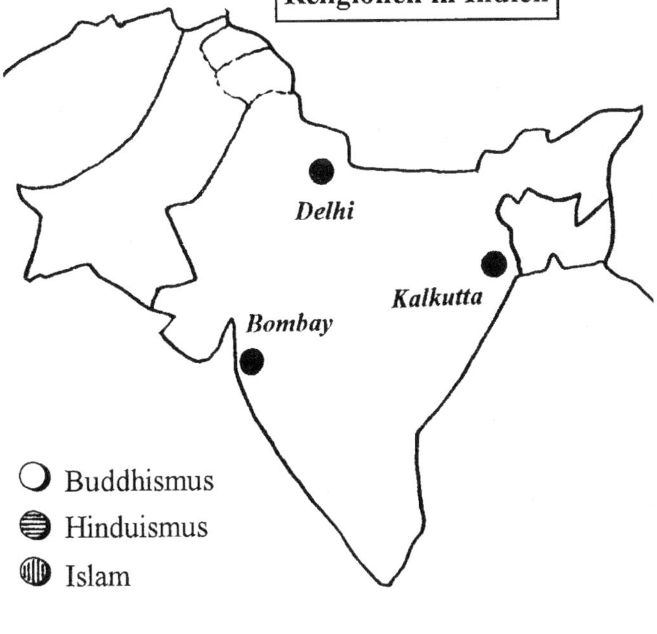

Teilung Indiens

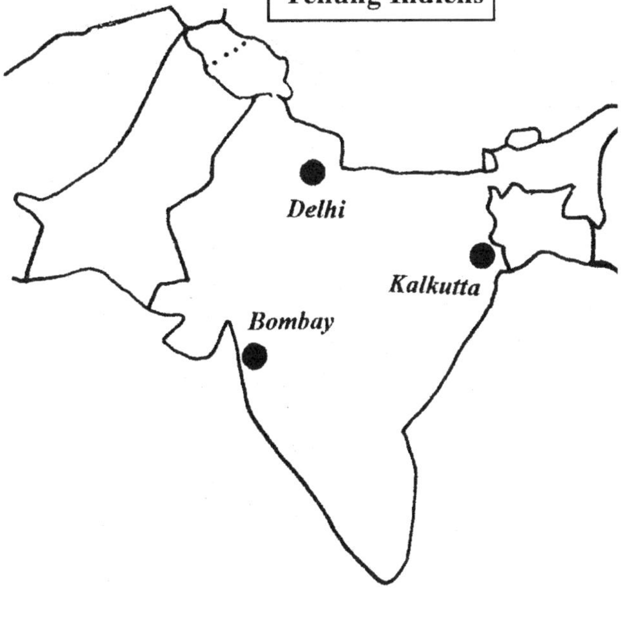

GESCHICHTE	Name	Klasse	Datum	Nr.

Indien heute - ein Land mit zahlreichen Problemen

❶ Politische Aspekte:

① Indien hat eine parlamentarische, demokratische Verfassung

② Bundesstaatliche Gliederung (25 Bundesstaaten, 7 Territorien)

③ Indiens Mitgliedschaften: Commonwealth, UNO, SAARC

④ Neutralitätspolitik zwischen den Weltmächten USA und Russland

⑤ Indien ist führendes Land unter den blockfreien Staaten

⑥ Immer wieder aufflammende Konflikte mit Pakistan

❷ Wirtschaftliche Aspekte:

① Indien gehört zu den am stärksten industrialisierten Staaten der Erde

② Reichtum an Bodenschätzen und fruchtbaren Gebieten (drittgrößter Getreideerzeuger)

③ Stetiges Wirtschaftswachstum (1996: ca. 6%), geringe Inflationsrate (5%)

④ Hohe Verschuldung vor allem der Staatsbetriebe (zentralistisch geführt)

⑤ Über 40% der Einwohner leben unterhalb der absoluten Armutsgrenze

⑥ Bevölkerungswachstum bereitet wirtschaftliche Probleme (z. Z. 935 Mio. Einwohner)

❸ Gesellschaftliche Aspekte:

① Großes Konfliktpotential zwischen Ober-, Mittelschicht und der Unterschicht

② Soziale Vorteile durch Kastenwesen festgelegt (Brahmanen-Kshyatriyas-Vaishyas-Shudras)

③ Religiöse Spannungen zwischen Hindus und Moslems

④ Absolut mangelhaftes Bildungswesen (knapp 50% sind Analphabeten)

⑤ Keine gemeinsame Sprache (ca. 80 Hauptsprachen, insgesamt ca. 1500 Sprachen)

⑥ Armut, Hunger und Arbeitslosigkeit gerade in der untersten Schicht (Kastenlose)

Religionen in Indien

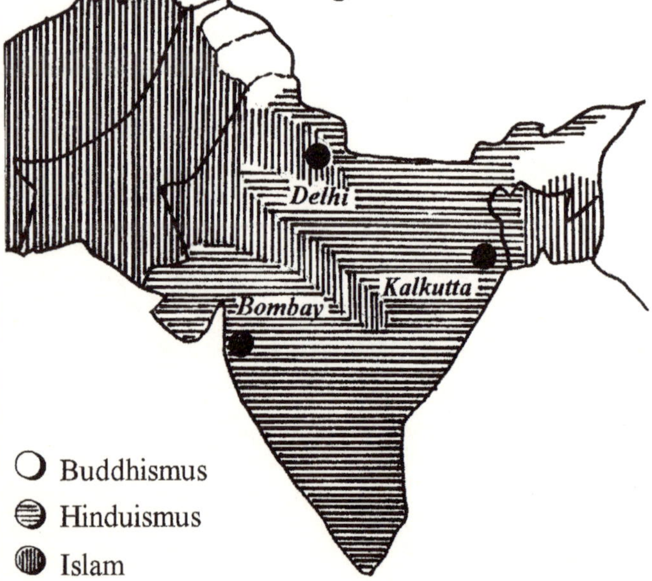

Teilung Indiens

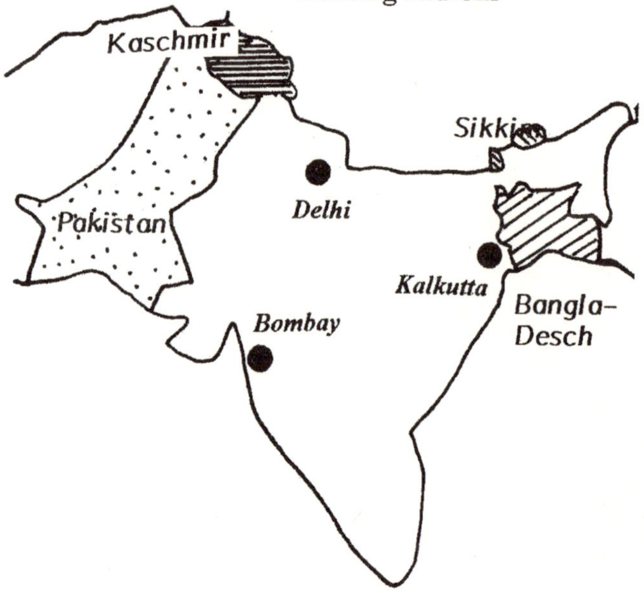

Eine Familie, die ihren Wohnsitz auf einem Trottoir der Millionenstadt Kalkutta aufgeschlagen hat. In Teilen des städtischen Proletariats potenziert sich mit Analphabetentum, Obdachlosigkeit, Arbeitslosigkeit und unhygienischen Lebensbedingungen das Elend der indischen Bevölkerung.(Foto Thomas Fury)

Bangladesch - souverän, aber bettelarm

Der östliche Teil Pakistans erklärt am 26. März 1971 unter dem Namen Bangladesch seine Unabhängigkeit. 1947 war die britische Kolonie Indien unabhängig geworden. Wegen der religiösen Konflikte wurden der Hindustaat Indien und der Moslemstaat Pakistan mit einem westlichen und östlichen Teil gebildet. Ostpakistan wurde von der Zentralregierung in Islamabad jedoch jahrelang benachteiligt. Darauf reagiert Mujib Rahman, Führer der ostpakistanischen Awami Liga, die bei den letzten Wahlen stärkste Partei geworden ist, nun mit der Unabhängigkeitserklärung. Der folgende blutige Bürgerkrieg zwischen West- und Ostpakistan treibt bis Ende des Jahres 10 Millionen Bengalen zur Flucht nach Indien. Indien greift deshalb Anfang Dezember in den Bürgerkrieg ein und zwingt Westpakistan zum Nachgeben. Bangladesch wird 1972 u. a. von der UdSSR, Großbritannien und der Bundesrepublik anerkannt.

Bürgerkrieg: Zehn Millionen Menschen verlassen ihre Heimat Bangladesch.

Hunger

Nach Angaben der UNO-Organisation für Ernährung und Landwirtschaft (FAO) waren 1996 weltweit über 800 Mio. Menschen ständig unterernährt, darunter rd. 200 Mio. Kinder. Hunger bedrohte die Menschen in 44 Staaten. Jeder fünfte Erdenbürger (rd. 1,1 Mrd. Menschen) litt zeitweilig unter Hunger. Etwa 100 Mio. Hunger-Flüchtlinge waren auf der Suche nach besseren Lebens- und Arbeitsverhältnissen. Der Anstieg der Weltbevölkerung von 5,75 Mrd. (1995) auf geschätzte 8,3 Mrd. (2025) erfordert nach FAO-Angaben eine Steigerung der Lebensmittelproduktion um 75 %.

Hunger: Ernährungslage in ausgewählten Ländern

Land	Kinder mit Untergewicht (%)[1)]	Lebenserwartung (Jahre)[2)]	Kindersterblichkeitsrate[3)]
Bangladesch	68	56	106
Indien	63	61	80
Nepal	50	54	96
Niger	49	47	122
Äthiopien	47	48	117
Indonesien	46	63	56
Burkina Faso	46	47	129
Nigeria	43	51	83
Vietnam	42	65	41
Laos	41	51	95
Pakistan	40	62	88
Madagaskar	39	57	93
Sri Lanka	37	72	17
Ghana	36	56	79
Benin	35	48	85
Tschad	35	48	120
Myanmar	32	58	82
Burundi	31	50	101

1) Anteil an allen Kindern, Durchschnittswert 1985–1993; 2) bei der Geburt 1993; 3) pro 1000 Geburten 1993; Quelle: Weltbank

Überfluss bei uns: Die Farmer in Europa und Amerika ernten so viel Getreide, dass sie ganze Waggonladungen davon verbrennen oder ins Meer kippen müssen.

Not bei den Anderen: Verdorrte Erde, hier wächst nichts mehr. Millionen Menschen in den anderen Erdteilen leiden Hunger.

Brunnen aus Urväter Tagen sind auch heute noch in vielen Ländern in Betrieb.

THEMA

Der Koreakrieg - ein Wendepunkt der Weltpolitik

LERNZIELE

- Wissen um die Ursachen, die zum Koreakrieg geführt haben
- Erfahren, warum die Vereinigten Staaten sich in Korea militärisch engagiert haben
- Kenntnis des Kriegsausbruches, des Kriegsverlaufs und des Kriegsendes
- Kenntnis des Waffenstillstandabkommens
- Südkorea heute und sein Bezug zum Koreakrieg

ARBEITSMITTEL/MEDIEN/LITERATURHINWEISE

- Arbeitsblatt
- Informationsblätter (2)
- Folien (Bilder, Chronologie)
- Tafelanschrift

TAFELBILD/FOLIEN

Nach zweijährigen Verhandlungen unterzeichneten am 26. Juli 1953 der amerikanische General Harrison für die Truppen der Vereinigten Staaten und General Nam Il für Nordkorea einen Waffenstillstandsvertrag. In dem Holzgehäuse der „Friedenspagode“ hatten sich die Unterhändler monatelang schweigend gegenübergesessen

Waffenstillstand: Neben der US-Flagge flattern die koreanische und die UN-Flagge.

Einkaufsstraße in Seoul

Stundenbild

I. Hinführung

St. Impuls	Folien (S. 49/50)	Bilder aus dem Koreakrieg
Aussprache		
		L: Wo liegt Korea?
Aussprache	Wandkarte/	
	Folie (S. 47)	Karte: Korea
Aussprache		
Zielangabe	TA	

Der Koreakrieg - ein Wendepunkt der Weltpolitik

II. Erarbeitung

Vermutungen		
	Info (S. 45/46)	Vom Zweiten Weltkrieg zum Koreakrieg
SSS lesen		
Aussprache		
Zsf.	TA	Stationen des Koreakrieges
LSG	TA	**Juni 1950:** Beginn durch Nordkorea; Eroberung von Seoul; US-Truppen nach Korea **August 1950:** Nordkoreas Invasion wird gestoppt **September 1950:** Gegenoffensive; Rückeroberung von Seoul **Oktober 1950:** Vorstoß Südkoreas bis zum 38. Breitengrad; Eroberung von Pjongyang **November 1950:** Gegenoffensive Nordkoreas mit chinesischer Hilfe; erneute Eroberung von Seoul **März 1951:** Rückeroberung Seouls durch US-Truppen **Juli 1951:** Beginn von Friedenverhandlungen **Juli 1953:** Unterzeichnung eines Waffenstillstandsvertrages
	Folien (S. 45)	
Aussprache		

III. Wertung

LSG/Diskussion		Warum war der Koreakrieg ein Wendepunkt der Weltpolitik? ... Verteidigungspflichten der USA zur Eindämmung des Kommunismus, jetzt auch in Asien („Acheson-Doktrin") ... Das Trauma des Koreakrieges prägt noch heute die Politik Südkoreas. Begründe! ... Verteidigungsbereitschaft bis heute ... gerüstet für einen neuen Krieg ...

IV. Sicherung

Zsf.	AB (S. 47)	Der Koreakrieg - ein Wendepunkt der Weltpolitik
Kontrolle	Folie (S. 48)	

Vom Zweiten Weltkrieg bis zum Koreakrieg

Der durch Japans Angriff auf Pearl Harbor letztlich ausgelöste Krieg im Pazifik ließ die Vereinigten Staaten, China und Großbritannien zu Verbündeten werden. Ihre Staatsführer F. D. Roosevelt, Chiang Kai-shek und Churchill berieten im Dezember 1943 auf einer gemeinsamen Konferenz in Kairo die Frage der Friedensgestaltung in Ostasien.
Bei dieser Konferenz konnte Roosevelt die Annahme seiner eigentümlichen Vorstellung durchsetzen, dass die Koreaner - eines der ältesten Kulturvölker der Erde - zunächst nicht in der Lage sein würden, sich selbst zu regieren und dass sie daher einer etwa vierzigjährigen selbstlosen Treuhandschaftsverwaltung durch fremde Großmächte bedürften, um ein verantwortliches und demokratisches Staatssystem zu entwickeln. So stellte die Drei-Mächte-Resolution von Kairo den Koreanern nur in Aussicht, dass sie in angemessener Zeit ihre Unabhängigkeit erhalten würden. Die Möglichkeit, eine der beiden bestehenden koreanischen Exilregierungen für eine Übergangsphase mit der Verwaltung Koreas zu betrauen, wurde nicht in Erwägung gezogen.

Bildung von Besatzungszonen

Erst am 11. August 1945 - drei Tage nach dem Eintritt der Sowjetunion in den pazifischen Krieg und drei Tage vor der Kapitulation Japans am 14. August entwarf ein Komitee, gebildet aus dem Kriegs-, dem Marine- und dem Außenministerium der USA, einen Plan zur Teilung Koreas in eine nördliche sowjetische und eine südliche amerikanische Besatzungszone, wobei der schon früher als Trennlinie zwischen Einflusssphären dienende 38. Breitengrad die Demarkationslinie bilden sollte. Dieser Plan wurde von Moskau akzeptiert. Am 8. September 1945 landeten die ersten amerikanischen Besatzungstruppen in Inch'on, Südkorea. Zuvor schon hatten sowjetische Streitkräfte Nordkorea besetzt.

Vorgeschichte des Korea-Konflikts

Am 28. Dezember 1945 wurden folgenschwere Beschlüsse einer in Moskau tagenden Konferenz der Außenminister der Vereinigten Staaten, der Sowjetunion und Großbritanniens über Korea bekannt gegeben. Die sowjetische Militärregierung in Nordkorea und die amerikanische Militärregierung in Südkorea errichteten danach eine "Gemeinsame Kommission", die den Koreanern bei der Entwicklung demokratischer Regierungsformen und einer provisorischen Regierung behilflich sein sollte. In ganz Korea kam es zu leidenschaftlichen Protestdemonstrationen gegen die als entwürdigend empfundene Konzeption einer Treuhänderschaft fremder Mächte.
Angesichts weltweit wachsender Konflikte zwischen den Interessen der USA und der UdSSR und der vollkommen unterschiedlichen Auslegung des Begriffes der "Demokratisierung" in West und Ost führte die Tätigkeit der amerikanisch-sowjetischen Kommission zu keinerlei Ergebnissen. Angesichts dieses wohl voraussehbaren Scheiterns beschloss Washington, die Lösung des Koreaproblems den Vereinten Nationen anheimzustellen.
Aus Wahlen, die im Mai 1948 unter der Aufsicht einer UN-Kommission stattfanden und von dieser als "freie Wahl" anerkannt wurden, ging eine Nationalversammlung hervor. Diese verabschiedete im Juli 1948 die erste Verfassung der Republik Korea. Am 4. August gleichen Jahres wurde eine Regierung unter dem Präsidenten Dr. Syngman Rhee gebildet und am 12. August 1948 die Republik Korea offiziell proklamiert.
Ende Dezember zog die Sowjetunion ihre Streitkräfte aus Nordkorea zurück, wo unter der Leitung des früheren Partisanenführers Kim Il Sung eine Volksrepublik unter Führung der Kommunistischen Partei Koreas entstanden war. Beide koreanischen Regierungen beanspruchten zu dieser Zeit die Alleinvertretung Koreas.

Der Koreakrieg - ein Wendepunkt der Weltpolitik

Dem Ausbruch des Koreakrieges am 25. Juni 1950 waren vier bedeutsame Ereignisse vorangegangen. Ende Juni 1949 hatten die Vereinigten Staaten ihre Streitkräfte aus Südkorea abgezogen, ohne zuvor mit diesem Land einen Verteidigungsvertrag zu schließen. Im Oktober gleichen Jahres war das nationalchinesische Regime (1929-1949) zusammengebrochen, hatte Mao Tse-tung die Volksrepublik China proklamiert, und Chiang Kai-shek hatte sich mit der nationalchinesischen Regierung und Teilen seiner Streitkräfte auf die chinesische Inselprovinz Taiwan (Formosa) zurückgezogen.
Unter dem Eindruck dieser Entwicklungen hatten die Vereinigten Staaten eine neue Doktrin für ihre Ostasienpolitik ("Acheson-Doktrin") verkündet. Demnach würden künftig Verteidigungsverpflichtungen der USA im ostasiatisch-pazifischen Raum nur auf eine Inselkette, beginnend mit Japan, den Ryukyu-Inseln, den Philippinen und Australien sowie Neuseeland begrenzt sein. Es liege außerhalb realistischer Möglichkeiten der USA, jenseits dieser Inseln liegenden Staaten oder Regierungen, insbesondere auf dem ostasiatischen Festland, irgendwelche Schutzgarantien zu gewähren. Damit waren Südkorea, Taiwan und Indochina aus dem ostasiatischen Schutzbereich der USA ausgeklammert. Die gleichzeitig in Moskau eingeleiteten Verhandlungen zwischen Mao Tse-tung und Stalin führten am 14. Februar 1950 zur Unterzeichnung eines sowjetisch-chinesischen Freundschafts- und Bündnisvertrages und somit zur Schaffung eines kommunistischen Staatenblocks. Dieser reichte von der Elbe im Westen bis zu den Küsten des Pazifiks in Ostasien.
In seinen Erinnerungen berichtet Nikita Chruschtschow, nach dem Sieg der Maoisten in China habe der nordkoreanische Staats- und Parteichef Kim Il Sung Stalin und Mao Tse-tung von seinem Plan in Kenntnis gesetzt, eine bewaffnete Wiedervereinigung des geteilten Korea zu bewirken. Südkorea war durch kein Bündnis mit einer auswärtigen Macht geschützt, noch verfügte es bei Abzug der amerikanischen Besatzungstruppen über ausreichende Streitkräfte, sondern nur über eine Art erweiterter Gendarmerie (constabulary force) ohne Kampfflugzeuge, ohne Panzerwagen und fast ohne Artillerie. Diese Einheiten sollten mit Hilfe einer amerikanischen Beratergruppe erst im Laufe kommender Jahre zu einer Armee entwickelt werden.
Da die USA nicht direkt zur Rettung des stürzenden nationalchinesischen Regimes Chiang Kai-sheks in China eingegriffen hatten, schien es unwahrscheinlich, dass sie im Falle eines Bürgerkrieges in Korea zur Rettung Südkoreas eingreifen würden. Hinzu kam die erwähnte neue "Acheson-Doktrin", die die amerikanischen Schutzverpflichtungen im Westpazifik auf Gebiete begrenzte, zu denen Südkorea nicht gehörte. Nordkoreanischen Darstellungen zufolge sollen die Südkoreaner in heimlicher Übereinstimmung mit Washington den Konflikt provoziert haben, um den USA einen Anlass zu einem größeren militärischen Eingreifen in Ostasien zu geben.

Kriegsbeginn und Kampfhandlungen

Der Koreakrieg begann am Morgen des 25. Juni 1950 mit Blitzoperationen nordkoreanischer Streitkräfte, die die innerkoreanische Trennlinie des 38. Breitengrades überschritten und drei Tage danach die südkoreanische Hauptstadt Seoul eroberten. Noch am Tag des Kriegsbeginns trat in New York der Weltsicherheitsrat der Vereinten Nationen zusammen und forderte von Nordkorea eine Einstellung der Feindseligkeiten sowie einen Rückzug seiner Truppen bis zum 38. Breitengrad. Am 27. Juni 1950 verurteilte der Weltsicherheitsrat der Vereinten Nationen (in Abwesenheit der Sowjetunion)

Nordkorea als Aggressor und forderte alle Mitglieder der Weltorganisation auf, Südkorea militärisch zu unterstützen. Gleichzeitig verfügte der Präsident der USA Harry S. Truman drei Maßnahmen von weltpolitischer Tragweite:

① ein Eingreifen amerikanischer Streitkräfte in den Krieg zwischen Nord- und Südkorea formal unter der Flagge der Vereinten Nationen
② die Neutralisierung der Straße von Taiwan durch die Entsendung der VII. amerikanischen Flotte
③ die Erteilung verstärkter Militärhilfe für den französischen Kolonialkrieg in Indochina gegen die national-kommunistischen Kräfte der Viet Minh unter Führung von Ho Chi Minh.

Die bisher auf Europa sowie den Nahen und Mittleren Osten beschränkte "Politik der Eindämmung" war somit auf den Fernen Osten ausgedehnt worden. Bei ihren Maßnahmen ging die Truman-Regierung von der Annahme aus, dass dem Koreakrieg weitere Versuche zur gewaltsamen Veränderung der bestehenden Zustände in Ostasien folgen würden, wenn es nicht gelänge, die in Korea beginnende Machtexpansion einzudämmen. Mit dieser sogenannten "Domino-Theorie" ging die Befürchtung einher, dass Amerikas bündnispolitische Glaubwürdigkeit bei anderen Staaten gefährdet wäre, wenn es Südkorea keinen Beistand leisten würde.
Auch betrachtete die amerikanische Regierung eine Eroberung ganz Koreas durch die Kommunisten als eine Gefährdung des gegenüberliegenden und von den Amerikanern besetzten Japan. Hinter Nordkoreas Aktion wurde ein gemeinsamer Aktionsplan Moskaus, Pekings und Pyöngyangs vermutet, dessen erfolgreiche Durchführung aus den genannten Motiven zu verhindern sei.
Am 15. August 1950 verlegten die Nordkoreaner ihre Hauptstadt von Pyöngyang nach Seoul und eroberten anschließend ganz Südkorea mit der einzigen Ausnahme eines letzten Brückenkopfes der Südkoreaner und Amerikaner (die von Japan aus schnell einsatzbereit waren) in der Hafenstadt Pusan an der Südküste des Landes. Eine mit einer Landung bei Inchon und Angriffen von Pusan aus beginnende Gegenoffensive der Amerikaner führte elf Tage später zur Wiedereroberung von Seoul. Ein Beschluss der Generalversammlung der Vereinten Nationen vom 7. Oktober 1950 autorisierte die UN-Truppen, Frieden und Stabilität in ganz Korea wiederherzustellen. Nach Überschreitung des 38. Breitengrades eroberten die UN-Truppen Nordkoreas Hauptstadt Pyöngyang sowie fast das gesamte Territorium der Demokratischen Volksrepublik Korea (Nordkorea).
Nach vorherigen vergeblichen Warnungen Pekings, die UN solle von einer militärischen Besetzung Nordkoreas Abstand nehmen, trat die Volksrepublik China unter plötzlichem Einsatz gewaltiger Heeresmassen in den Krieg ein. So verwandelte sich dieser zugleich auch in einen ersten Krieg zwischen den Vereinigten Staaten und China in und um Korea, aber auch um Taiwan, das Peking erobern und Washington gegen eine solche Eroberung abschirmen wollte. Nach Zerschlagung der UN-Streitkräfte in Nordkorea gelang den Chinesen und Nordkoreanern am 4. Dezember 1950 die Rückeroberung der nordkoreanischen Hauptstadt Pyöngyang. Anschließend drängten sie die UN-Truppen über den 38. Breitengrad hinaus, besetzten erneut Seoul und konnten danach nur mit Mühe zum Stehen gebracht werden.
Am 1. Februar 1951 erklärte die Generalversammlung der Vereinten Nationen die Volksrepublik China zum Aggressor gegen Korea und der Weltsicherheitsrat forderte zu Waffenstillstandsverhandlungen auf.

Friedensverhandlungen

Am 26. Juli 1951 begannen nach Kontakten zwischen Moskau und Washington Friedensverhandlungen zwischen Amerikanern, Chinesen und Nordkoreanern. Nach mehr als zweijährigen Verhandlungen und 765 Konferenzen konnte am 26. Juli 1953 zwischen den USA, der VR China und Nordkorea ein Waffenstillstandsabkommen unterzeichnet werden. Das Abkommen, das den vor dem Krieg bestehenden territorialen Statusquo ungefähr entlang des 38. Breitengrades wiederherstellte, ist bis zur Gegenwart die völkerrechtliche Grundlage des bestehenden Friedens in Korea geblieben. Eine aus den drei genannten Staaten gebildete Waffenstillstandskommission tritt seither in Abständen immer wieder in Panmunjom am 38. Breitengrad zusammen.
So endete der Krieg nach drei Jahren mit insgesamt zweieinhalb Millionen Toten. Der territoriale Status quo wurde wiederhergestellt, jedoch zur tiefen Enttäuschung der südkoreanischen Regierung ohne eine Wiedervereinigung des Landes. Die Regierung in Seoul lehnte es daher ab, sich an der Unterzeichnung dieses für ihr Land so bedeutsamen Waffenstillstandsabkommens zu beteiligen. Sie ist folglich auch nicht Mitglied der internationalen Waffenstillstandskommission.

Trauma des Koreakrieges

Zweimal wälzten sich die Kampfhandlungen des Koreakrieges über Südkorea hinweg. Sie hinterließen eine blutige Spur des Todes, der Zerstörung, der Trennung. Heute ist davon auf den ersten Blick nicht mehr allzu viel zu sehen: Die äußeren Narben des Krieges sind beseitigt. Doch dieser erste Eindruck trügt: Das Trauma des Koreakrieges, die Schatten der Bedrohung aus dem Norden prägen noch immer Politik und Gesellschaft Südkoreas. Auf Schritt und Tritt begegnen dem aufmerksamen Besucher die Spuren der militärischen Konfrontation, zeigen sich hinter der Fassade des geschäftigen Alltagslebens die kalten Realitäten einer Gesellschaft, die stets für einen neuen Krieg gerüstet sein muss. Seoul liegt nur wenige Kilometer südlich der Waffenstillstandslinie, die Nord- und Südkorea voneinander trennt, und die Bedrohung aus dem Norden ist hier allgegenwärtig. Die auffällig breiten, trichterförmigen U-Bahn-Eingänge und die kilometerlangen, weit verzweigten unterirdischen Einkaufspassagen würden im Ernstfall von Luftangriffen zu Schutzräumen für Millionen: die obersten Stockwerke der Luxushotels von Seoul, in denen anderswo Dachrestaurants und "Skylounges" eingerichtet sind, beherbergen hier Luftabwehrgeschütze.
Wie groß die Bedrohung durch Nordkorea tatsächlich ist, lässt sich schwer beurteilen. Nordkoreas Regime ist selbst für Südkoreaner kaum zu durchschauen. Sicherlich diente der Hinweis auf die Gefahr aus dem Norden immer wieder als bequeme Rechtfertigung für politische Übergriffe und Unterdrückung zur eigenen Machterhaltung. Fraglich ist auch, ob die Politik der Militärs, Südkorea wie eine Kaserne unter eiserne Disziplin zu nehmen, auf die Dauer wirkliche Stabilität schaffen kann. Dennoch ist die Gefahr eines Angriffs aus dem Norden nicht völlig von der Hand zu weisen.

© Hans W. und Ivo M. Maull: Korea. Beck'sche Reihe: Aktuelle Länderkunde, München 1987, Seite 48 f.

GESCHICHTE	Name	Klasse	Datum	Nr.

Der Koreakrieg - ein Wendepunkt der Weltpolitik

❶ Ausbruch des Koreakriegs

Nordkoreanische Truppen marschieren am 25. Juni 1950 in Südkorea ein; wenige Stunden später erfolgt die offizielle Kriegserklärung. Am 15. August 1948 erklärte das zur US-amerikanischen Einflusssphäre gehörende Südkorea seine Unabhängigkeit. Am 9. September 1948 erfolgte die Proklamation der kommunistischen Volksrepublik Korea (Nordkorea). Beide Landesteile betonten unter Beibehaltung ihres Führungsanspruchs immer wieder den Willen zur Wiedervereinigung.
Am Tag des Einmarsches billigt der UN Sicherheitsrat eine von den USA eingebrachte Entschließung, Nordkorea zum sofortigen Truppenabzug aufzufordern. Da Nordkorea der Aufforderung nicht nachkommt, erteilen die USA am 27. Juni 1950 den in Südostasien stationierten Luft- und Seestreitkräften den Befehl, Südkorea "Schutz und Unterstützung zu gewähren".
Mit dem Waffenstillstandsabkommen am 27. Juli 1953 von Panmunjom wird die alte Grenze (38. Breitengrad) mit nur geringen Verschiebungen wiederhergestellt.

❷ Stationen des Koreakrieges

Juni 1950

August 1950

September 1950

Oktober 1950

November 1950

März 1951

April 1951

Juli 1951

Juli 1953

❸ In Korea schweigen die Waffen

Mit der Unterzeichnung des Waffenstillstands endet der im Juni 1950 begonnene Koreakrieg nach drei Jahren, ohne dass es zu einer wesentlichen Veränderung des Statusquo gekommen ist. Das von Japan besetzte Land war nach dem Zweiten Weltkrieg am 38. Breitengrad geteilt worden. 1950 versuchte der kommunistische Norden mit Waffengewalt die Wiedervereinigung mit dem prowestlichen Süden durchzusetzen. Mit einem Mandat der UNO versehen, griffen die USA (und Truppen aus weiteren 14 Staaten) Ende Juni unter dem Oberbefehl von General Douglas MacArthur in die Kämpfe ein. Dies führte dazu, dass sich die Volksrepublik China an der Seite Nordkoreas an der Auseinandersetzung beteiligte, die zum Weltkrieg zu eskalieren drohte. Im Gegensatz zu US-Präsident Harry S. Truman befürwortete MacArthur eine Ausweitung des Kriegs und wurde deshalb im April 1951 abgelöst. Drei Monate später begannen die zweijährigen Waffenstillstandsverhandlungen. Eine endgültige Friedensregelung wird jedoch nicht gefunden.

GESCHICHTE	Name	Klasse	Datum	Nr.

Der Koreakrieg - ein Wendepunkt der Weltpolitik

❶ Ausbruch des Koreakriegs

Nordkoreanische Truppen marschieren am 25. Juni 1950 in Südkorea ein; wenige Stunden später erfolgt die offizielle Kriegserklärung. Am 15. August 1948 erklärte das zur US-amerikanischen Einflusssphäre gehörende Südkorea seine Unabhängigkeit. Am 9. September 1948 erfolgte die Proklamation der kommunistischen Volksrepublik Korea (Nordkorea). Beide Landesteile betonten unter Beibehaltung ihres Führungsanspruchs immer wieder den Willen zur Wiedervereinigung.
Am Tag des Einmarsches billigt der UN Sicherheitsrat eine von den USA eingebrachte Entschließung, Nordkorea zum sofortigen Truppenabzug aufzufordern. Da Nordkorea der Aufforderung nicht nachkommt, erteilen die USA am 27. Juni 1950 den in Südostasien stationierten Luft- und Seestreitkräften den Befehl, Südkorea "Schutz und Unterstützung zu gewähren".
Mit dem Waffenstillstandsabkommen am 27. Juli 1953 von Panmunjom wird die alte Grenze (38. Breitengrad) mit nur geringen Verschiebungen wiederhergestellt.

❷ Stationen des Koreakrieges

Juni 1950 — *Eröffnung des Koreakrieges durch nordkoreanische Invasion; Forderung des UN-Sicherheitsrats, die Truppen abzuziehen (25. Juni 1950); Eroberung von Seoul; US-TRuppen nach Korea*

August 1950 — *US- und UNO-Truppen unter dem Oberbefehl von General MacArthur stoppen Nordkoreas Invasion und erobern den Hafen von Pusan*

September 1950 — *Gegenoffensive südkoreanischer Truppen mit Unterstützung der USA; Rückeroberung der südkoreanischen Hauptstadt Seoul (26. September)*

Oktober 1950 — *Vorstoß der US- und UNO-Truppen bis zum 38. Breitengrad; Eroberung der nordkoreanischen Hauptstadt Pjongyang (20. Oktober)*

November 1950 — *Eingriff chinesischer Truppen; Gegenoffensive Nordkoreas mit Hilfe Chinas; zweite Einnahme von Seoul (Januar 1951)*

März 1951 — *Beginn der Operation "Ripper" durch Amerikas Truppenverbände; zweite Rückeroberung Seouls (14. März)*

April 1951 — *Absetzung von General MacArthur (Grund: Öffentliche Kritik an der Begrenzung des Krieges auf Korea); Nachfolger: M. B. Ridgway)*

Juli 1951 — *Beginn langwieriger Friedensverhandlungen in Panmunjom; Abbruch im Oktober 1952, Wiederaufnahme im März 1953*

Juli 1953 — *Unterzeichnung eines Waffenstillstandsvertrages (Demarkationslinie nördlich des 38. Breitengrades); Vergrößerung von Südkorea um ca. 3800 km²*

❸ In Korea schweigen die Waffen

Mit der Unterzeichnung des Waffenstillstands endet der im Juni 1950 begonnene Koreakrieg nach drei Jahren, ohne dass es zu einer wesentlichen Veränderung des Statusquo gekommen ist. Das von Japan besetzte Land war nach dem Zweiten Weltkrieg am 38. Breitengrad geteilt worden. 1950 versuchte der kommunistische Norden mit Waffengewalt die Wiedervereinigung mit dem prowestlichen Süden durchzusetzen. Mit einem Mandat der UNO versehen, griffen die USA (und Truppen aus weiteren 14 Staaten) Ende Juni unter dem Oberbefehl von General Douglas MacArthur in die Kämpfe ein. Dies führte dazu, dass sich die Volksrepublik China an der Seite Nordkoreas an der Auseinandersetzung beteiligte, die zum Weltkrieg zu eskalieren drohte. Im Gegensatz zu US-Präsident Harry S. Truman befürwortete MacArthur eine Ausweitung des Kriegs und wurde deshalb im April 1951 abgelöst. Drei Monate später begannen die zweijährigen Waffenstillstandsverhandlungen. Eine endgültige Friedensregelung wird jedoch nicht gefunden.

Für das Foto koreanischer Flüchtlinge, die in der Nähe von Pyongyang auf einer zerstörten Brücke den Taedong-Fluss überqueren, erhielt der AP-Fotograf Max Desfor 1950 den Pulitzer-Preis.

Korea 1950. Einige der ersten nordkoreanischen Kriegsgefangenen bei den blutigen Auseinandersetzungen zwischen dem kommunistischen Nordkorea und dem westlich beeinflussten Südkorea in der Nähe des 38. Breitengrades. Es beginnt der dreijährige Korea-Krieg, bei dem Chinesen und Sowjets die kommunistische Seite und die Amerikaner Südkorea unterstützten.

Foto: Bert Hardy

THEMA

Indochina - ein ständiger Krisenherd

LERNZIELE

- Wissen, dass Indochina die Staaten Laos, Kambodscha und Vietnam umfasst
- Kennenlernen der Geschichte Indochinas bis zum Jahr 1964
- Beurteilung der Interessen Frankreichs und Amerikas an Indochina
- Wissen um die Geschichte Vietnams seit 1964
- Kennenlernen der Gründe für den Kriegseintritt der Amerikaner
- Kennenlernen der Folgen des Vernichtungskrieges für die Zivilbevölkerung
- Wissen, dass es heute noch eine Fluchtbewegung in Vietnam gibt

ARBEITSMITTEL/MEDIEN/LITERATURHINWEISE

- Arbeitsblätter (3) mit Lösungen
- Folien (Karten, Informationstexte, Bilder)
- Atlas bzw. Landkarte
- Karte S. 55 aus: P. Gödecke: Kriege im Frieden © Westermann Verlag, Braunschweig 1983
- Texte S. 59 aus: Beilner: Geschichte für die Hauptschule 9 © Auer Verlag, Donauwörth 1982
- Bilder S. 60 aus: STERN-Bilder © Gruner + Jahr, Hamburg 1988
- Chronik S. 62 aus: Harenberg Kompaktlexikon in 3 Bd. © Harenberg Verlag, Dortmund 1996

TAFELBILD/FOLIEN

Die drei Phasen des Vietnam-Krieges

Krieg in Indochina - das heißt zunächst und vor allem Krieg in Vietnam. Aber das ruft auch Erinnerungen wach an Auseinandersetzungen in Laos; das weckt Bilder von bis in die Gegenwart reichenden Kämpfen in Kambodscha und an den kurzen Grenzkrieg zwischen den Volksrepubliken China und Vietnam. Gerade der eigentliche Krieg in Vietnam mit seinen drei Phasen - ① französisch-vietnamesischer oder "schmutziger" Krieg bis 1954, ② "amerikanische" (bis 1973) und ③ "vietnamesische" Phase (bis 1975) - hat nach anfänglicher Gleichgültigkeit zu heftigen Reaktionen in aller Welt geführt, die sich gegen die Form der Kriegführung, die Einmischung des Westens in die vietnamesische Auseinandersetzung und die amerikanische Unterstützung für ein autoritäres Regime gewendet haben. Gerade weil eine nach dem Zweiten Weltkrieg heranwachsende Generation sich kritisch in Europa und den USA gegen die Inhumanität der Kampfesführung auflehnte und eher mit den Guerillas und den Nordvietnamesen als mit den Verbänden, die für sich in Anspruch nahmen, "Freiheit" zu verteidigen, sympathisierten, wurde der Indochina-Krieg auch zum hier nicht zu erörternden Gegenstand der Innenpolitik zahlreicher westlicher Staaten. Das Erschreckende bleibt jedoch, dass Indochina - und wieder besonders Vietnam - seit dem Zweiten Weltkrieg nicht zur Ruhe gelangt ist. Seit 1945 schlug das Streben nach Souveränität für viele Einwohner in einen Kampf um die Wahrung ihrer nackten Existenz um. Der Sieg der Vietnamesen über die Franzosen und dann auch über die amerikanischen Truppen hat allerdings das traditionelle Streben nach Kontrolle aller Staaten Hinterindiens verstärkt und dem kommunistischen Vietnam den Vorwurf des Imperialismus eingetragen.

Gödeke, P.: Kriege im Frieden, S. 172 © Westermann Verlag, Braunschweig 1983

USA greifen in Vietnam ein

30. Juli 1964: Golf von Tongking. Nach US-amerikanischen Angaben werden zwei US-Zerstörer im Golf von Tongking von nordvietnamesischen Kriegsschiffen angegriffen. Der nie ganz aufgeklärte "Tonking-Zwischenfall" ist Anlass für erste Bombardements der USA gegen Ziele im kommunistischen Nordvietnam. Am 7. August erteilt der Kongress US-Präsident Lyndon B. Johnson eine Ermächtigung, die ihm freie Hand zum Einsatz von Streitkräften gibt.

Nach der Niederlage der Franzosen in Dien Bien Phu wurde Vietnam in der Nähe des 17. Breitengrads provisorisch geteilt (1954). Während sich im Norden unter Ho Tschi Minh ein kommunistischer Staat bildete, herrschte im Süden ein US-gestütztes Regime.

Mit ihrem schon länger geplanten militärischen Eingriff wollen die USA verhindern, dass der von Nordvietnam unterstützte Vietcong in Südvietnam weiter an Macht gewinnt. Seit 1960 waren Kader des Vietcong nach Südvietnam vorgedrungen, worauf die USA ihre militärische Präsenz verstärkt hatten.

Schon 1968, vier Jahre später zeigt sich mit der Tet-Offensive, dass die USA den Krieg nicht gewinnen können. Am 27. Januar 1973 endet die von Flächenbombardements und von einem brutalen Guerilla-Krieg gekennzeichnete "amerikanische Phase" des Vietnamkriegs mit einem Waffenstillstand.

Stundenbild

I. Hinführung

St. Impuls	Folie (S. 60)	Bilder (2)
Aussprache		
		L: Ein Krieg, der neun Jahre dauerte, für die USA der bitterste Krieg
Aussprache		
	TA	Vietnamkrieg (1964-1973)
		L: In dieser Region, die Indochina heißt, gab es schon vorher Konflikte
Zielangabe	TA	**Indochina - ein ständiger Krisenherd**

II. Erarbeitung

L.vortrag	AB 1 (S. 53)	Indochina - ein ständiger Krisenherd
Eintrag	AB	
Kontrolle	Folie (S. 54)	
		L: Ursachen des Eingreifens der USA in Vietnam?
Aussprache		
Zsf.	TA	▪ Erhaltung der Unabhängigkeit Südvietnams ▪ Eindämmung des Kommunismus in Südostasien ▪ Positionsstärkung der amerikanischen Verbündeten (Taiwan, Philippinen, Thailand) ▪ Kontrolle wichtiger Schifffahrtsstraßen
		L: Der Vietnamkrieg verlief in drei Phasen.
	Folie (S. 51)	
SSS lesen		
Aussprache		
Zsf.	AB 2 (S. 57)	
Kontrolle	Folie (S. 58)	
L.vortrag		Vietnam heute

III. Wertung

LSG		Sinn und Widersinn des Vietnamkrieges: Rechtfertigungen der beteiligten Politiker
	Folie (S. 59)	▪ US-Präsident L. B. Johnson (1965) ▪ Nordvietnams Staatschef Ho Tschi Minh (1967) ▪ A. Schlesinger, Berater des US-Präsidenten (1968)
Diskussion		
	Folien (S. 61)	Bilder: Leid der Bevölkerung
Aussprache		

IV. Vertiefung/Zusammenfassung

	Folie (S. 61)	Zeitungsartikel zum Vietnamkrieg
Aussprache		
Zsf.	Folie (S. 62)	Chronik des Vietnamkrieges
Aussprache		
Zsf.	AB 3 (S. 55)	Krisenherd Vietnam
Kontrolle	Folie (S. 56)	

GESCHICHTE	Name	Klasse	Datum	Nr.

Indochina, ein ständiger Krisenherd

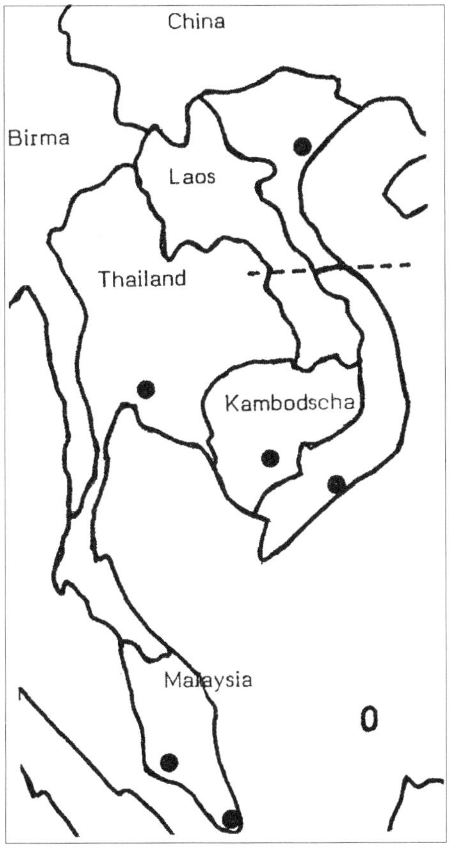

Im 19. Jahrhundert eroberten die ____________________ Indochina (________________________________) und errichteten dort eine Kolonialherrschaft. Bald schon regte sich der erste Widerstand. Bereits im Jahr 1919 forderte der spätere Präsident Ho Tschi Minh die Selbständigkeit seines Landes.

Im Zweiten Weltkrieg wurde Indochina von 1940 bis 1945 von ________________ besetzt. 1941 gründete Ho Tschi Minh die „____ ________" (Viet Minh). Die Liga wurde von den __________ finanziell unterstützt. Unmittelbar nach dem Zusammenbruch Japans rief ______________________ 1945 die unabhängige Republik Vietnam aus.

Die Franzosen versuchten, ihre ehemalige Kolonie zurückzuerobern. Der nun ausbrechende Krieg erfasste auch Laos und Kambodscha. Im Jahr 1954 wurden die Franzosen vernichtend geschlagen.

Die Internationale Indochina-Konferenz im Jahr _______ in Genf beendete die französische Kolonialherrschaft in Indochina. Vietnam wurde längs des __________________________ in ein kommunistisches __________________ und ein westlich orientiertes __________________________ geteilt. Wahlen sollten innerhalb von zwei Jahren eine gemeinsame Regierung ermöglichen.

Ho Tschi Minh

Während Ho Tschi Minh in Nordvietnam mit Hilfe von ______-__________ und ________________ rasch ein __________-__________ System errichtete, regierte in Südvietnam Ngo Dinh Diem, der die Unterstützung der ___________ genoss, sich aber bald als Diktator zeigte. Ein großer Teil der Bevölkerung stellte sich deshalb gegen Ngo Diem.

Die Nordvietnamesen gründeten die „Nationale Befreiungsfront Südvietnam", die allmählich große Teile des Landes unter Kontrolle bekam. Die Amerikaner konnten Ngo Diem nicht länger stützen. Die Einigung Nord- und Südvietnams unter einer kommunistischen Regierung schien bevorzustehen. Ngo Diem wurde 1963 von Mitlitärs gestürzt und ermordet. Sein Nachfolger erhielt sein 1964 von den USA große finanzielle und materielle Hilfe.

GESCHICHTE	Name	Klasse	Datum	Nr.

Indochina, ein ständiger Krisenherd

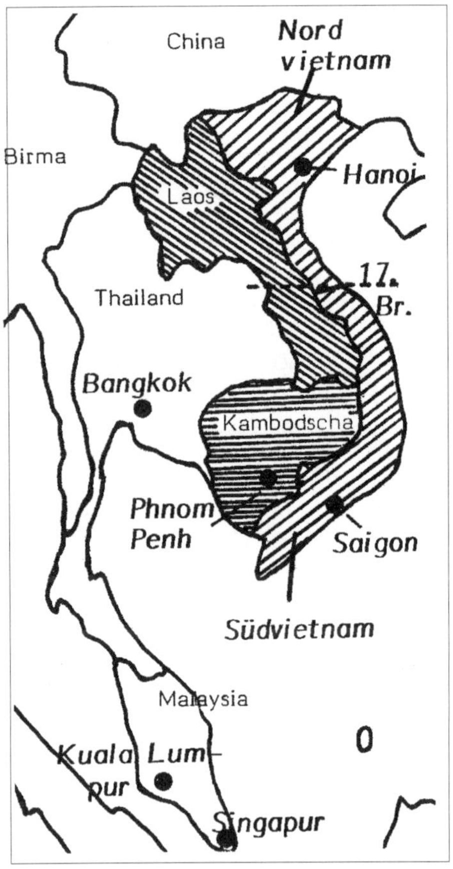

Im 19. Jahrhundert eroberten die *Franzosen* Indochina (*Laos, Kambodscha, Vietnam*) und errichteten dort eine Kolonialherrschaft. Bald schon regte sich der erste Widerstand. Bereits im Jahr 1919 forderte der spätere Präsident Ho Tschi Minh die Selbständigkeit seines Landes.

Im Zweiten Weltkrieg wurde Indochina von 1940 bis 1945 von *Japan* besetzt. 1941 gründete Ho Tschi Minh die „*Liga für die Unabhängigkeit Vietnams*“ (Viet Minh). Die Liga wurde von den *USA* finanziell unterstützt. Unmittelbar nach dem Zusammenbruch Japans rief *Ho Tschi Minh* 1945 die unabhängige Republik Vietnam aus.

Die Franzosen versuchten, ihre ehemalige Kolonie zurückzuerobern. Der nun ausbrechende Krieg erfasste auch Laos und Kambodscha. Im Jahr 1954 wurden die Franzosen vernichtend geschlagen.

Die Internationale Indochina-Konferenz im Jahr *1954* in Genf beendete die französische Kolonialherrschaft in Indochina. Vietnam wurde längs des *17. Breitengrades* in ein kommunistisches *Nordvietnam* und ein westlich orientiertes *Südvietnam* geteilt. Wahlen sollten innerhalb von zwei Jahren eine gemeinsame Regierung ermöglichen.

Ho Tschi Minh

Während Ho Tschi Minh in Nordvietnam mit Hilfe von *Moskau* und *Peking* rasch ein *kommunistisches* System errichtete, regierte in Südvietnam Ngo Dinh Diem, der die Unterstützung der *USA* genoss, sich aber bald als Diktator zeigte. Ein großer Teil der Bevölkerung stellte sich deshalb gegen Ngo Diem.

Die Nordvietnamesen gründeten die „Nationale Befreiungsfront Südvietnam“, die allmählich große Teile des Landes unter Kontrolle bekam. Die Amerikaner konnten Ngo Diem nicht länger stützen. Die Einigung Nord- und Südvietnams unter einer kommunistischen Regierung schien bevorzustehen. Ngo Diem wurde 1963 von Mitlitärs gestürzt und ermordet. Sein Nachfolger erhielt sein 1964 von den USA große finanzielle und materielle Hilfe.

GESCHICHTE	Name	Klasse	Datum	Nr.

Krisenherd Vietnam

1887

____

1940

Ho Tschi Minh gründet eine Widerstandsbewegung gegen die Japaner

1945

Nach Sieg: Demokratische Republik Vietnam

Freiheitskampf gegen zurückkehrende Franzosen: Kolonialtruppen und Fremdenlegionäre verlieren bei Dien Bien Phu

1954

____

____

____

1954

____

Südvietnam ← → **Nordvietnam**

____

____

Erbitterter Kampf gegen ←

____

____

1964 -1975

____

____

____

____

GESCHICHTE	Name	Klasse	Datum	Nr.

Krisenherd Vietnam

1887 – **1940**: *Französische Kolonie Indochina*

Ho Tschi Minh gründet eine Widerstandsbewegung gegen die Japaner

1945: Nach Sieg: Demokratische Republik Vietnam

Freiheitskampf gegen zurückkehrende Franzosen: Kolonialtruppen und Fremdenlegionäre verlieren bei Dien Bien Phu

1954

Genfer Indochina-Konferenz beendet den Krieg -> 17. Breitengrad ist Trennungslinie

1954: *Laos und Kambodscha unabhängig*

Südvietnam ← → **Nordvietnam**

Südvietnam: *Prowestlicher Staat unter Präsident Ngo Dinh Diem*

Nordvietnam: *Kommunistische Volksrepublik unter Ho Tschi Minh*

Erbitterter Kampf gegen ← *Vietcong*

Militärberater und Waffenhilfe durch die USA

Unterstützung durch China und die Sowjetunion

1964 -1975

grausamer Kleinkrieg

↓

Niederlage → *Anschluss an den Norden (kommunistische Machtübernahme)*

GESCHICHTE	Name	Klasse	Datum	Nr.

Die Geschichte Vietnams seit dem Jahr 1964

Im Jahr 1964 griffen die Amerikaner offen in den Krieg zwischen __________- und ____________________ ein. Gründe waren:

① ____
____

② ____
____

③ ____
____

④ ____
____

Hinter den Vietcong und Nordvietnam standen ____________-
____.

Der Krieg wurde auf beiden Seiten erbarmungslos geführt. Die Vietcong wandten die sogenannte „______________________________" an. Sie ermordeten politische Gegner, überfielen Städte mit Granatwerfern und zogen sich rasch in den Dschungel zurück. Die Amerikaner versuchten hingegen mit modernen Vernichtungswaffen und allen Mitteln chemischer Kampfführung den Gegner zu vernichten. Vor allem die ___________________________ hatte unter diesem Vernichtungskrieg furchtbar zu leiden.

Der Krieg war trotz der Stärke der USA nicht zu gewinnen. Im Jahr _______ begannen dann in Paris Friedensverhandlungen. Bis zum Abschluss des Waffenstillstandes im Jahr _______ vergingen jedoch noch vier Jahre. Die Amerikaner zogen ab, die Kriegsgefangenen wurden entlassen, Südvietnam sollte freie Wahlen vorbereiten. Aber 150 000 Mann nordvietnamesischer Truppen blieben in Südvietnam. Im Jahr _______ wurde die Hauptstadt Südvietnams, __________________, erobert. Nord- und Südvietnam wurden miteinander vereinigt und von der Hauptstadt ____________________ regiert. Ganz Vietnam kam unter ______________________ Herrschaft.

Nach der Machtübernahme durch die Kommunisten flüchteten Hunderttausende aus Vietnam. Eine zweite große Fluchtbewegung setzte 1978 ein, als Tausende auf überfüllten Booten auf das Meer hinaus flohen, in der Hoffnung, dass sie von einem Schiff aufgenommen würden. Auch in die ____________________ ____________________________ wurden Vietnam-Flüchtlinge gebracht.

GESCHICHTE	Name	Klasse	Datum	Nr.

Die Geschichte Vietnams seit dem Jahr 1964

Im Jahr 1964 griffen die Amerikaner offen in den Krieg zwischen Nord - und Südvietnam ein. Gründe waren:

① Amerika wollte die Unabhängigkeit Südvietnams erhalten.

② Eindämmung des kommunistischen Einflusses in Südostasien

③ Positionsstärkung der amerikanischen Verbündeten (Taiwan, Philippinen, Thailand)

④ Kontrolle strategisch wichtiger Schifffahrtsstraßen (Südchinesisches Meer)

Hinter den Vietcong und Nordvietnam standen China, Sowjetunion, Ostblockstaaten (DDR, Rumänien, Bulgarien...)

Der Krieg wurde auf beiden Seiten erbarmungslos geführt. Die Vietcong wandten die sogenannte „Guerilla-Taktik" an. Sie ermordeten politische Gegner, überfielen Städte mit Granatwerfern und zogen sich rasch in den Dschungel zurück. Die Amerikaner versuchten hingegen mit modernen Vernichtungswaffen und allen Mitteln chemischer Kampfführung den Gegner zu vernichten. Vor allem die Zivilbevölkerung hatte unter diesem Vernichtungskrieg furchtbar zu leiden.

Der Krieg war trotz der Stärke der USA nicht zu gewinnen. Im Jahr 1969 begannen dann in Paris Friedensverhandlungen. Bis zum Abschluss des Waffenstillstandes im Jahr 1973 vergingen jedoch noch vier Jahre. Die Amerikaner zogen ab, die Kriegsgefangenen wurden entlassen, Südvietnam sollte freie Wahlen vorbereiten. Aber 150 000 Mann nordvietnamesischer Truppen blieben in Südvietnam. Im Jahr 1975 wurde die Hauptstadt Südvietnams, Saigon, erobert. Nord- und Südvietnam wurden miteinander vereinigt und von der Hauptstadt Hanoi regiert. Ganz Vietnam kam unter kommunistische Herrschaft.

Nach der Machtübernahme durch die Kommunisten flüchteten Hunderttausende aus Vietnam. Eine zweite große Fluchtbewegung setzte 1978 ein, als Tausende auf überfüllten Booten auf das Meer hinaus flohen, in der Hoffnung, dass sie von einem Schiff aufgenommen würden. Auch in die Bundesrepublik Deutschland wurden Vietnam-Flüchtlinge gebracht.

Rede des US-Präsidenten Johnson 1965 in Baltimore:

„Warum sind wir in Vietnam? Wir sind dort, weil wir ein Versprechen zu halten haben. Seit 1954 hat jeder amerikanische Präsident dem südvietnamesischen Volk Unterstützung angeboten. Wir haben aufbauen und verteidigen geholfen. So haben wir über viele Jahre hinweg als Nation uns verpflichtet, Südvietnam bei der Verteidigung seiner Unabhängigkeit zu helfen ... Wir sind ferner in Vietnam, um die Ordnung der Welt zu stärken. Auf der ganzen Erde - von Berlin bis Thailand - sind Menschen, deren Wohlergehen zum Teil auf dem Vertrauen beruht, dass sie auf uns zählen können, wenn sie angegriffen werden. Vietnam seinem Schicksal zu überlassen, würde das Vertrauen in den Wert amerikanischer Versprechen erschüttern. Die Folge davon würde vermehrte Unruhe und Unsicherheit oder gar Krieg sein."

Brief des nordvietnamesischen Staatschefs Ho Tschi Minh an Präsident Johnson vom 15. Februar 1967:

„Vietnam liegt Tausende von Meilen von den USA entfernt. Das vietnamesische Volk hat den USA niemals irgendwelches Leid zugefügt. Im Gegensatz zu den von Ihren Vertretern ... 1954 gegebenen Versicherungen hat die US-Regierung jedoch unaufhörlich in Vietnam eingegriffen. Sie hat den Aggressionskrieg in Südvietnam vom Zaun gebrochen und verstärkt mit der Absicht, die Teilung Vietnams zu verlängern und Südvietnam zu einer Neo-Kolonie und einem militärischen Stützpunkt der USA zu machen. Über zwei Jahre hat die US-Regierung nun mehr mit ihren Luft- und Seestreitkräften den Krieg in die Volksrepublik Vietnam, ein unabhängiges und souveränes Land, hineingetragen. Die US-Regierung hat Kriegsverbrechen, Verbrechen gegen den Frieden und die Menschheit begangen. In Südvietnam haben eine halbe Million amerikanischer Soldaten und Satellitentruppen zu den unmenschlichsten Waffen und den barbarischsten Methoden der Kriegführung gegriffen, um unsere Landsleute abzuschlachten, Ernten zu vernichten und Dörfer dem Erdboden gleichzumachen. Über Nordvietnam haben Tausende von US-Flugzeugen Hunderttausende Tonnen Bomben abgeworfen ... Die US-Regierung ist für die äußerst ernste Situation in Vietnam voll verantwortlich ... Das vietnamesische Volk ist ohne Furcht vor Opfern und Leiden zur Fortsetzung seines Widerstandes entschlossen, bis es wahre Unabhängigkeit und Freiheit und einen wirklichen Frieden erreicht hat."

Über die Folgen des Vietnam-Krieges für die Vereinigten Staaten sagte Arthur Schlesinger, Berater des Präsidenten Johnson 1968:

„Unsere Konzentration auf Vietnam fordert einen schrecklichen Preis. In der Innenpolitik kommt alles zum Stillstand, weil Vietnam über anderthalb Milliarden Dollar monatlich verschlingt. Das Ringen um gleiche Chancen für die Schwarzen, der Krieg gegen die Armut, der Kampf für die Rettung der Städte, die Verbesserung unserer Schulen, das alles muss um Vietnams willen darniederliegen. Außerdem bringt der Krieg hässliche Nebenerscheinungen mit sich: Inflation, Frustration, Empörung, Protest, Panik, erbitterte Gegensätze in der Nation."

Vietnam 1966. Amerikanische Soldaten schleppen einen toten Vietcong aus der Kampfzone. Foto Kyoichi Sawada

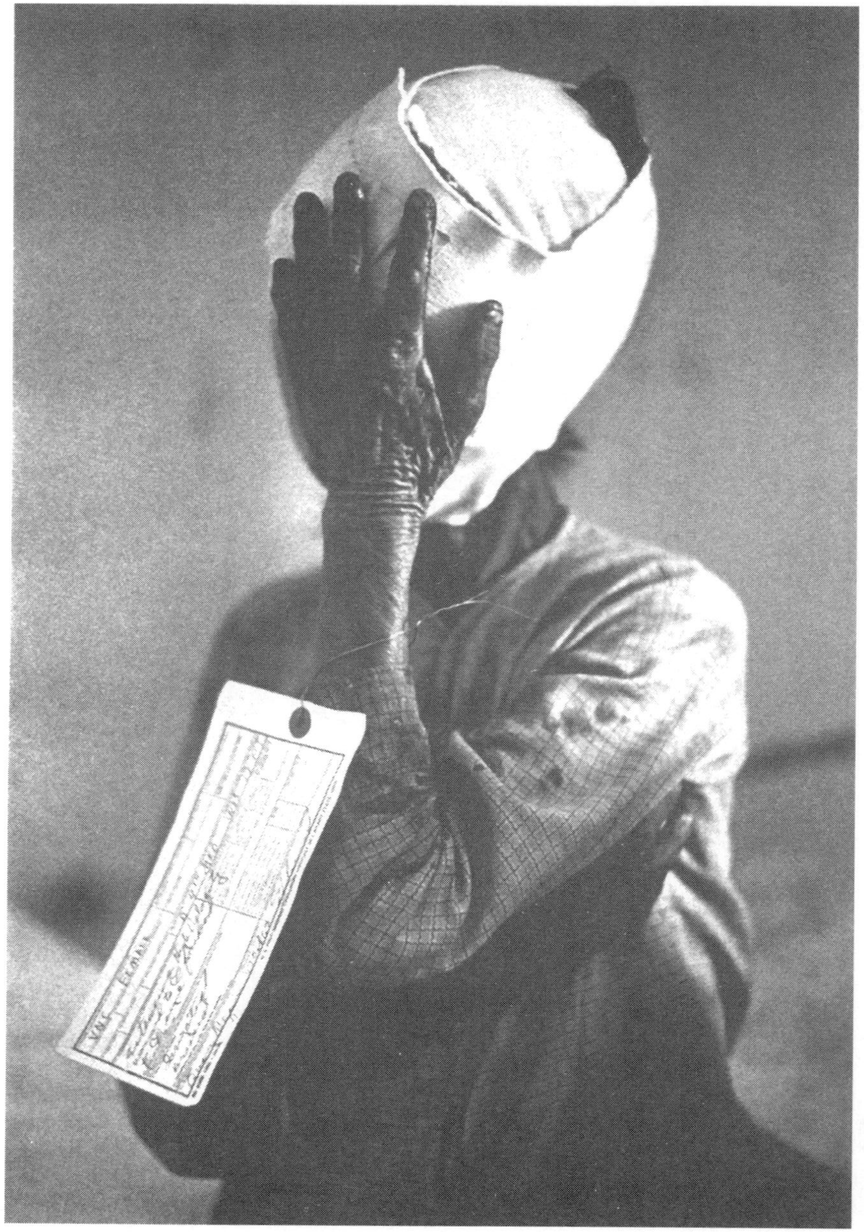

Vietnam 1965. Unter sein Bild schrieb der Kriegsberichterstatter Griffiths nur ein Wort: „Napalmopfer". Foto: Philip Jones Griffiths

Vietnamkrieg am Wendepunkt

1968

Tet-Offensive, Massaker von My Lai, Einstellung des Bombenkriegs: Diese Schlagworte kennzeichnen die Entwicklung im Vietnamkrieg. Ende des Jahres stehen Nordvietnam und Vietcong als Etappensieger gegen Südvietnam und die USA da - militärisch, politisch und auch moralisch.

Mit ihrer Großoffensive zum buddhistischen Neujahrsfest (Tet) am 30. Januar versetzen Vietcong und Nordvietnamesen dem Gegner einen schweren Schlag. Weit bedeutender als die militärischen Erfolge ist die psychologische Wirkung. Die amerikanische Öffentlichkeit ist schockiert. Hatte das US-Oberkommando sie doch mit Berichten von sinkender Kampfmoral und hohen Verlusten des Gegners in Sicherheit zu wiegen versucht. Die Generäle fordern nun zu den 500000 GIs in Vietnam weitere 200000.
Dem selbst formulierten moralischen Anspruch der USA - Südvietnam bei der "Verteidigung von Demokratie und Freiheit" zu unterstützen - genügen die US-Truppen immer weniger. Seinen entsetzlichen Ausdruck findet diese Tatsache im Massaker von My Lai. Im März ermordet eine US-Einheit 507 Bewohner dieses südvietnamesischen Dorfes, darunter 173 Kinder, 76 Säuglinge und 60 Greise. US-Präsident Lyndon B. Johnson zieht erste Konsequenzen aus der militärischen und politischen Lage. Zunächst beschränkt er die Luftangriffe auf Nordvietnam und schafft damit die Voraussetzung für Friedensgespräche mit Nordvietnam, die im Mai beginnen. Im November stellen die USA die Luftangriffe völlig ein.

Saigon kapituliert - Vietnamkrieg beendet

Zwei Jahre nach dem Rückzug der US-amerikanischen Soldaten aus Vietnam endet der Krieg mit der Kapitulation Südvietnams. Tausende von Südvietnamesen befinden sich auf der Flucht vor den siegreichen Vietcong.

In dem Waffenstillstandsabkommen mit den USA war 1973 vereinbart worden, dass der Vietnamkonflikt auf friedlichem Weg gelöst werden sollte. Südvietnams Staatspräsident Nguyen Van Thieu verhinderte jedoch erfolgreiche Verhandlungen.
Nach der Kapitulation Saigons wird in Südvietnam eine provisorische Regierung gebildet, Nordvietnam verkündet ein umfassendes Wiederaufbauprogramm für das Land. Am 2. Juli 1976 wird die Wiedervereinigung Vietnams vollzogen.
Etwa 1,5 Mio. Vietnamesen fielen den jahrzehntelangen Kämpfen zum Opfer, weitere 1,5 Mio. wurden verwundet. Das Land selbst ist durch den Giftgaseinsatz der USA in weiten Teilen verwüstet. Etwa 38 000 km^2 Wald sind entlaubt und verseucht - ein Gebiet so groß wie Nordrhein-Westfalen.

Aufnahme einer Familie, die sich schwimmend vor den Kämpfen in Sicherheit zu bringen versucht.

Foto: Kyochi Sawada

Chronik des Vietnam-Krieges

Datum	Ereignis
23.11.1946	Französische Flugzeuge und Kriegsschiffe beschießen den Hafen Haiphong, um Waffenlieferung zu verhindern
19.12.1946	Demokratische Republik Vietnam (Sitz: Hanoi/Nordvietnam) unter Präsident Ho Tschi Minh eröffnet Kampf gegen französische Besatzung; Beginn des Indochinakriegs
27.5.1948	Frankreich unterstützt Einberufung einer Provisorischen Zentralregierung Vietnams in Saigon/Südvietnam (Gegenregierung)
16.1.1950	Beginn der Großmacht-Verwicklung in den Vietnamkonflikt: China und Sowjetunion verbünden sich mit Nordvietnam; die Vereinigten Staaten und Großbritannien mit Südvietnam; Militärhilfen auf beiden Seiten
7.5.1954	Ende der französischen Herrschaft in Indochina: Nordvietnamesische Truppen unter General Vo Nguyen Giap erobern französische Festung Dien Bien Phu
21.7.1954	Waffenstillstandsabkommen in Genf: Provisorische Teilung Vietnams (17. Breitengrad) Wiedervereinigungs-Wahlen Nord- und Südvietnams für Juli 1956 vorgesehen
22.5.1956	Ngo Dinh Diem, seit 26.10.1955 Staatspräsident Südvietnams, verhindert Wiedervereinigungs-Wahlen
20.12.1960	Nationale Befreiungsfront (Vietcong) in Südvietnam gebildet
1.11.1963	Ermordung des südvietnamesischen Diktators Ngo Dinh Diem bei Militärputsch; Machtübernahme durch Nguyen Van Thieu
30.7.1964	"Zwischenfall im Golf von Tongking" - angeblicher Angriff nordvietnamesischer Schiffe auf US-Zerstörer
7.8.1964	US-Kongress verabschiedet Resolution zur Truppenverstärkung: Vergeltungsaktionen der Amerikaner gegen Nordvietnam; Beginn des Vietnamkriegs
6.2.1965	USA beginnen mit konsequenten Luftangriffen gegen Nordvietnam; unzählige Opfer unter Zivilisten
30.1.1968	Tet-Offensive (Neujahrsoffensive) des Vietcong (bis 29.2.): Guerilla-Einheiten attackieren südvietnamesische Städte und dringen bis zum Präsidentenpalast in Saigon vor
31.3.1968	US-Präsident Lyndon B. Johnson lässt Bombenangnffe nördlich des 20. Breitengrads einstellen und drängt auf Friedensgespräche mit der nordvietnamesischen Führung
13.5.1968	Friedensverhandlungen beginnen in Paris
19.5.1968	Offensive Nordvietnams: Bombardements von Saigon, die insgesamt einen Monat anhalten
8.7.1969	Teilabzug der US-Streitkräfte aus Südvietnam (größte Truppenstärke im Mai: etwa 543000 Soldaten)
3.9.1969	Tod Ho Tschi Minhs; Vierergruppe übernimmt Macht in Nordvietnam (Pham Van Dong, Vo Nguyen Giap, Truong Chinh, Le Duan)
29.3.1972	Osteroffensive: Nordvietnamesische Truppen besetzen Provinz Quang-tri (am 15.9. von südvietnamesischen Verbänden zurückerobert); Invasion in Südvietnam
9.5.1972	US-Präsident Richard Nixon ordnet Bombenangriffe und Seeblockade gegen Nordvietnam an
18.12.1972	US-Bombardierung des Gebiets Hanoi-Haiphong (bis 15.1.1973): schwerste Zerstörungen seit Beginn des Kriegs
27.1.1973	Waffenstillstandsabkommen in Paris: Ende der direkten US-Verwicklung in den Vietnamkrieg
29.3.1973	Rückzug der letzten US-Truppen aus Südvietnam; Freilassung der letzten amerikanischen Kriegsgefangenen
30.4.1975	Vietcong-Truppen besetzen Saigon: Kapitulation Südvietnams
2.7.1976	Bildung der Sozialistischen Republik Vietnam; der neue Staat vereinigt Nord- und Südvietnam

Bei einem kommunistischen Gegenangriff nehmen südvietnamesische Fallschirmjäger in Saigon einen Vietcong gefangen. Polizeichef General Nguyen Ngoc Loan erschießt den Gefangenen auf offener Straße.

Foto: Eddie Adams

THEMA

Israel und der Nahe Osten - Konflikte vorprogrammiert

LERNZIELE

- Kennenlernen der Entstehung des Staates Israel
- Kennenlernen der Gründe, die den Nahen Osten und Israel zu einem Krisengebiet machten und noch immer machen
- Wissen, dass der Nahe Osten schon mehrmals Schauplatz kriegerischer Auseinandersetzungen zwischen Israelis und Arabern war

ARBEITSMITTEL/MEDIEN/LITERATURHINWEISE

- Arbeitsblätter (2) mit Lösungen
- Folien (Karten, Schaubilder, Informationstexte, Zeitungsartikel, Bilder)
- Atlas bzw. Landkarte
- Film: 3203947 „Krisenherd Nahost“ (24 Min.; f)
- Spielfilm: „Exodus“ (Auszüge)

TAFELBILD/FOLIEN

Israel und der Nahe Osten - Konflikte vorprogrammiert

❶ **31. August 1947:** Teilungsplan für Palästina durch das Palästinakomitee ⇨ Araber und Juden lehnen ab

Palästina soll in einen arabischen Staat, einen jüdischen Staat und die Stadt Jerusalem geteilt werden. Der arabische und der jüdische Staat sollen nach einer Übergangsperiode von zwei Jahren (ab 1. September 1947) die Unabhängigkeit erlangen. Vor Erlangen der Unabhängigkeit müssen beide Staaten eine Verfassung annehmen, den Vereinten Nationen gewisse Garantien leisten und einen Vertrag unterzeichnen, der ein System wirtschaftlicher Zusammenarbeit ganz Palästinas vorsieht.

❷ **29. November 1947:** Beschluss der Vereinten Nationen zum Teilungsplan für Palästina ⇨ nur die Jewish Agency nimmt den Teilungsplan an

❸ **15. Mai 1948:** Erster Israelisch-Arabischer Krieg

David Ben Gurion ruft am 14. Mai den Staat Israel aus. Angriff von Ägypten, Irak, Transjordanien, Libanon und Syrien auf den neu gegründeten Staat ⇨ Israel kann sich behaupten ⇨ Vertreibung von etwa 750 000 Palästinensern aus israelischem Gebiet bis zum Februar 1949

❹ **20. Oktober 1956:** Zweiter Israelisch-Arabischer Krieg (Suez-Krise)

Als 1956 der ägyptische Staatspräsident Gamal Abd el-Nasser die Suez-Kanal-Gesellschaft, deren Aktien sich zu 90 Prozent in englischem und französischem Besitz befanden, verstaatlichte, griff Israel mit britischer und französischer Hilfe Ägypten an und besetzte die Sinai-Halbinsel. Erst unter dem Druck der USA und der UdSSR zogen sich die Truppen zurück. Friedenstruppen der Vereinten Nationen sicherten in den folgenden zehn Jahren die Grenze zwischen Israel und Ägypten. Der Krieg dauerte bis zum 8. November.

❺ **5. Juni 1967:** Dritter Israelisch-Arabischer Krieg („Sechs-Tage-Krieg“)

Nach dem Abzug der UN-Friedenstruppen von der Sinai-Halbinsel sperrte Ägypten im Mai 1967 den Golf von Akaba für die Durchfahrt israelischer Schiffe. Daraufhin griff Israel im Juni Ägypten, Syrien und den Irak an. In wenigen Tagen eroberte Israel die syrischen Golan-Höhen, den Gazastreifen, West-Jordanien und die Altstadt von Jerusalem sowie die Halbinsel Sinai bis zum Suez-Kanal.
Trotz der Aufforderung des Sicherheitsrates der Vereinten Nationen hielten die Israelis die Gebiete weiter besetzt und begannen mit der Besiedlung des Landes. Mehr als eine Million Palästinenser gelangte so unter israelische Herrschaft.

❻ **6. Oktober 1973:** Vierter Israelisch-Arabischer Krieg („Jom-Kippur-Krieg“)

Nach der Aufrüstung Ägyptens durch die Sowjetunion griffen ägyptische und syrische Truppen Israel am höchsten jüdischen Feiertag, dem „Jom-Kippur“ (Versöhnungsfest) an. Jordanien und Saudi Arabien schlossen sich an. Ihre anfänglichen Erfolge wurden aber durch einen israelischen Gegenangriff zunichte gemacht. Um trotz der Niederlage den Rückzug der Israelis zu erreichen, beschlossen die arabischen Länder, das Erdöl als politische Waffe einzusetzen. Sie verringerten die Ausfuhr und erhöhten die Preise, so dass die westlichen Industrienationen, die von den Erdöleinfuhren abhängig waren, den Konflikt zu spüren bekamen („Ölkrise“). Die bald wieder einsetzende politische und wirtschaftliche Uneinigkeit im arabischen Lager gegenüber den Industrienationen machte diese Politik aber erfolglos. Der Krieg dauerte bis zum 25. Oktober. Ein Waffenstillstand wurde am 11. November geschlossen.

Stundenbild

I. Hinführung

Impuls	Wandkarte	Naher Osten
SSS zählen Länder auf		... Syrien, Libanon, Israel, Ägypten ...
St. Impuls	Folie (S. 70 Mi.)	Israel und die besetzten Gebiete
Aussprache		... Besetzung - Krieg - Israel Sieger ...
Zielangabe	TA	**Israel und der Nahe Osten - Konflikte vorprogammiert**

II. Erarbeitung

Vermutungen		
L.vortrag		L: Ursachen des Konfliktes gehen bis 1947 zurück: Teilungsplan der UN für Palästina ⇨ Gründung des Staates Israel
	Folie (S. 70 o.)	① Palästina bis 1947 ② Israel 1948-1967 ③ Israel seit 1967 ④ Die Lage 1993
Aussprache		... Landgewinne, - verluste ... Einhergehen mit Ereignissen, Kriegen ...
	Folie (S. 70 u.)	Bild: Soldat mit „Geschosskette“
Aussprache		
	Folie (S. 63)	Die vier arabisch-israelischen Kriege
SSS lesen		
Aussprache		
	TA	1946: Araber greifen Israel an 1956: Suezkonflikt 1967: Sechs-Tage-Krieg 1973: Jom-Kippur-Krieg
	Folie (S. 69 o.)	Israelis siegen in sechs Tagen
SSS lesen		
Aussprache		
Zsf.	AB 1 (S. 65)	Israel und der Nahe Osten
Kontrolle	Folie (S. 66)	

III. Wertung

St. Impuls	Folie (S. 69 u.)	Annäherung zwischen Ägypten und Israel
Aussprache		
LSG		Aktueller Stand im Nahen Osten
Sammeln von Zeitungsartikeln		

IV. Sicherung

Zsf.	AB 2 (S. 67)	Wie entwickelte sich der Staat Israel?
Kontrolle	Folie (S. 68)	

GESCHICHTE	Name	Klasse	Datum	Nr.

Israel und der Nahe Osten

Nach dem Ersten Weltkrieg (________ - _________) wurde _________________________ Schutzmacht über Palästina. Jüdische Einwanderer hatten dort Land gekauft und kultiviert, zunächst auch mit Zustimmung der Araber. Die wachsende Zahl jüdischer Einwanderer führte bald jedoch zu Auseinandersetzungen zwischen ____________ und ______________. England überließ nun den ________________________ ________________ die Lösung des Palästina-Problems. Diese beschlossen im Jahr _______ die Teilung des Landes zwischen Juden und Arabern. Die Araber widersetzten sich. Als die Briten im Jahr _______ das Land verließen, riefen die Juden den Staat _______________ aus. Sofort griffen die Araber den neuen Staat an. Im Waffenstillstand im Jahr _______ konnten die Israelis ihr Gebiet behaupten. Rund _________ arabische Palästinenser flüchteten. In den arabischen Staaten wurden sie jedoch _____________ _________________________. Auf diese Weise blieben sie _____________________ und der Hass gegen Israel hielt sich über Generationen.

Hilfe erhielt Israel vor allem aus den _______ und der _____________________________________.
Die Araber suchten Unterstützung bei der ______________________________. Damit wuchs der Nahost-Konflikt zu einem internationalen Krisenherd im Gefolge der Ost-West-Spannungen.

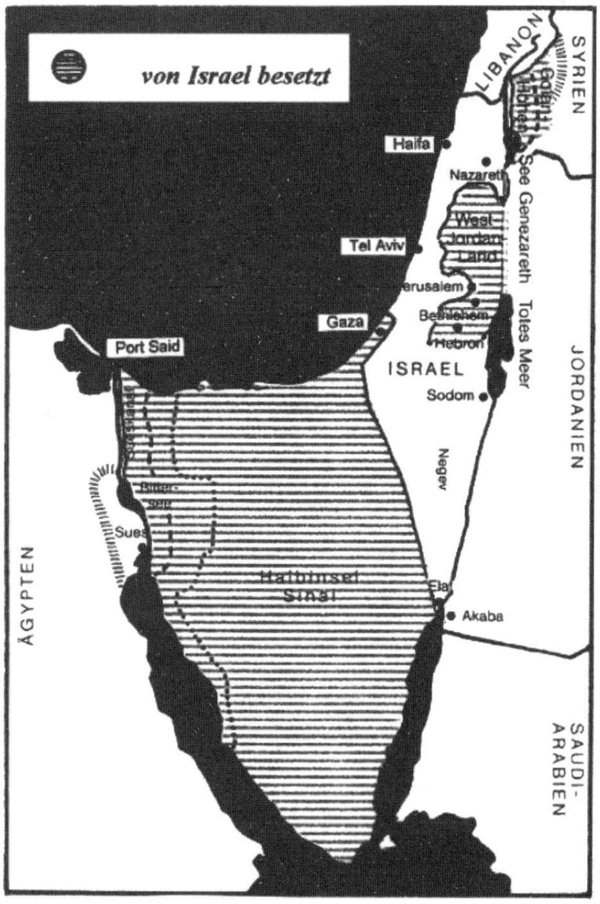

- - - - - *Demarkationslinie 1974*
· · · · · · · *Demarkationslinie 1975*
||||||||||||| *weiteres Vordringen von Israel 1973*

Weitere Kriege im Nahen Osten:

GESCHICHTE	Name	Klasse	Datum	Nr.

Israel und der Nahe Osten

Nach dem Ersten Weltkrieg (1914 - 1918) wurde Großbritannien Schutzmacht über Palästina. Jüdische Einwanderer hatten dort Land gekauft und kultiviert, zunächst auch mit Zustimmung der Araber. Die wachsende Zahl jüdischer Einwanderer führte bald jedoch zu Auseinandersetzungen zwischen Juden und Arabern. England überließ nun den Vereinten Nationen (UNO) die Lösung des Palästina-Problems. Diese beschlossen im Jahr 1947 die Teilung des Landes zwischen Juden und Arabern. Die Araber widersetzten sich. Als die Briten im Jahr 1948 das Land verließen, riefen die Juden den Staat Israel aus. Sofort griffen die Araber den neuen Staat an. Im Waffenstillstand im Jahr 1949 konnten die Israelis ihr Gebiet behaupten. Rund 800000 arabische Palästinenser flüchteten. In den arabischen Staaten wurden sie jedoch nicht eingegliedert. Auf diese Weise blieben sie Flüchtlinge und der Hass gegen Israel hielt sich über Generationen.

Hilfe erhielt Israel vor allem aus den USA und der Bundesrepublik Deutschland.
Die Araber suchten Unterstützung bei der Sowjetunion. Damit wuchs der Nahost-Konflikt zu einem internationalen Krisenherd im Gefolge der Ost-West-Spannungen.

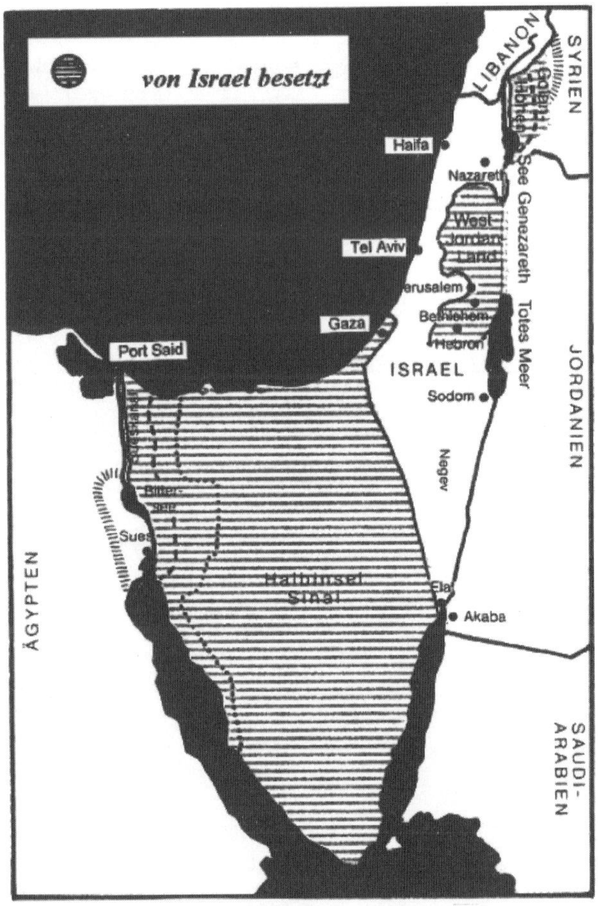

- - - - Demarkationslinie 1974
.... Demarkationslinie 1975
||||||||||| weiteres Vordringen von Israel 1973

Weitere Kriege im Nahen Osten:

Als 1956 Engländer und Franzosen militärisch gegen die Verstaatlichung des Suez-Kanals durch Ägypten einschritten, griff Israel Ägypten an. Erst massive Androhungen von Amerika und der Sowjetunion zwangen Israel sowie die Franzosen und Engländer zum Rückzug.

1967 kam es nach eindeutigen Drohungen der Araber zum sogenannten "Sechs-Tage-Krieg" gegen Ägypten, Syrien und Jordanien. Israel konnte diesen Krieg gewinnen und besetzte größere Gebiete, u. a. auch die Sinai-Halbinsel.

1973 wurde Israel von Syrien und Ägypten angegriffen, vermochte aber auch diesen Krieg nach anfänglichen Schwierigkeiten zu gewinnen ("Jom-Kippur-Krieg").

GESCHICHTE	Name	Klasse	Datum	Nr.

Wie entwickelte sich der Staat Israel?

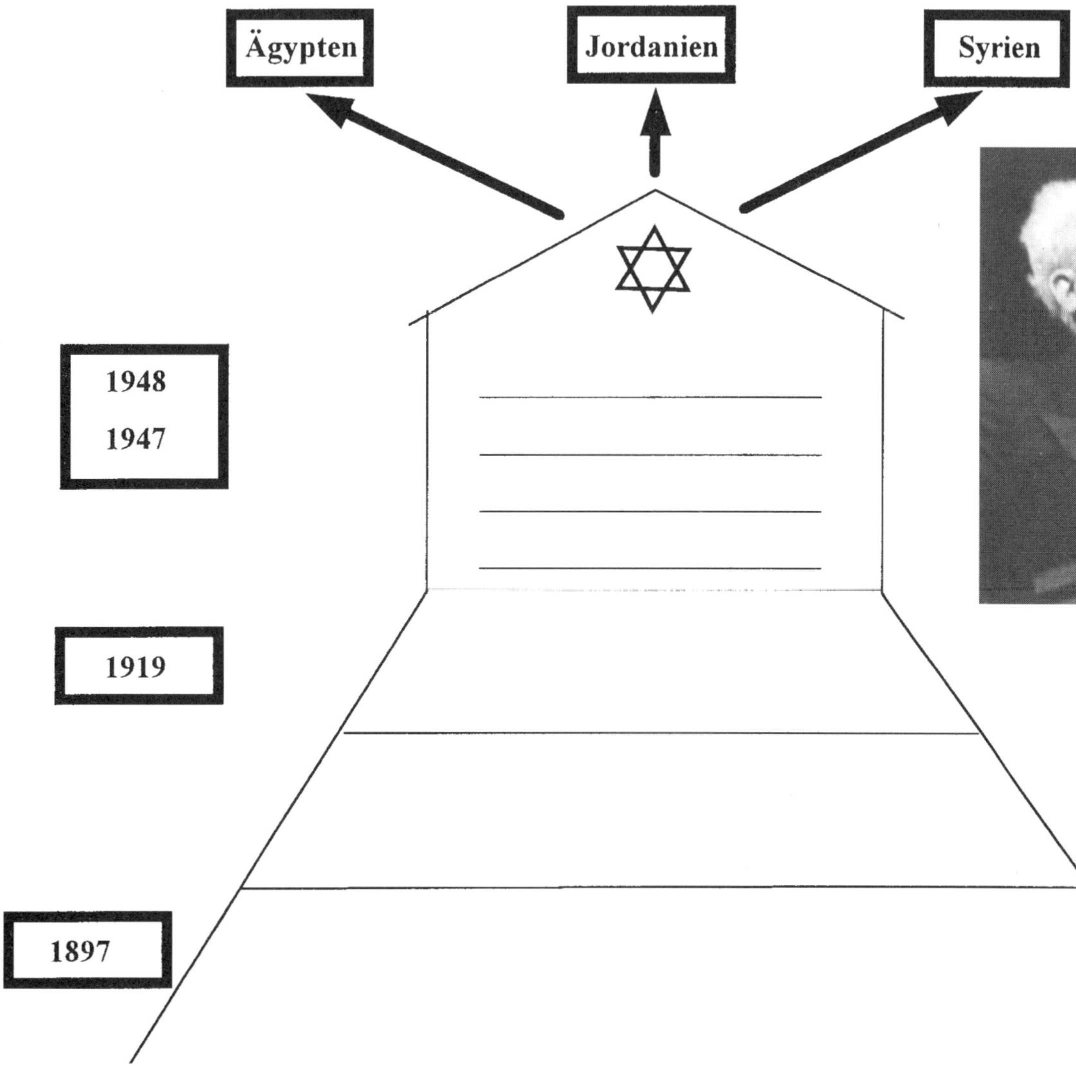

GESCHICHTE	Name	Klasse	Datum	Nr.

Wie entwickelte sich der Staat Israel?

1956: Suezkrise	1967: Sechs-Tage-Kr.	1973: Jom-Kippur-Kr.
Suezkanal, Halbinsel Sinai, Gazastreifen	Westjordanland, Jerusalem	Golanhöhen

Ägypten **Jordanien** **Syrien**

1948
1947

Staatsgründung durch Ben Gurion
Grenzfestlegung durch Vereinte Nationen

1919

Einwanderungen/Siedlertätigkeit

Unter britischem Mandat

1897

Privater Grunderwerb durch Juden (unter türkischer Herrschaft)

Israelis siegen in sechs Tagen

Der Nahe Osten kommt nicht zur Ruhe: Die Israelis greifen am 5. Juni ihre arabischen Nachbarn Ägypten, Syrien und Jordanien an und erobern in einem Blitzkrieg den Gaza-Streifen, die Halbinsel Sinai, die Golan-Höhen und Westjordanien. Erstaunt stellt die Welt am 10. Juni fest, dass das kleine Israel einen vielfach überlegenen Gegner in Rekordzeit besiegt hat.

Als Held des „Sechstagekriegs“ wird der neue Verteidigungsminister Moshe Dayan gefeiert. Der frühere Oberbefehlshaber der israelischen Armee wollte mit dem Präventivschlag verhindern, dass Israel bei einem zu erwartenden Angriff der Araber in die Defensive gedrängt würde.

In den ersten Monaten des Jahres war ein neuer israelisch-arabischer Krieg immer wahrscheinlicher geworden. Die israelisch-syrischen Grenzzwischenfälle häuften sich, bis die arabischen Staaten Syrien ihre Hilfsbereitschaft zusicherten. Mitte Mai zogen Ägypten und Israel Truppen an der Grenze zusammen. Ägyptens Staatspräsident Nasser ersuchte UNO-Generalsekretär U Thant, die „Blauhelme“ aus dem Grenzgebiet abzuziehen. Als Nasser am 22. Mai den Golf von Akaba für israelische Schiffe sperrte, war das der Auslöser für den israelischen Angriff. Durch ihren Sieg haben die Israelis sich zwar ein wenig Luft im Konflikt mit den Arabern verschafft, aber die Aussicht auf eine friedliche Koexistenz ist damit in weite Ferne gerückt.

Mit einem Überraschungsangriff hatte Israel am 5. Juni 1967 um 5.45 MEZ den Sechs-Tage-Feldzug gegen Ägypten und die Länder der Arabischen Liga begonnen, die dem Judenstaat den Krieg erklärt hatten. 120 israelische Mystère-Kampfbomber zerstörten 286 der insgesamt 340 ägyptischen Militärflugzeuge noch am Boden. 100 000 Mann ägyptische Infanterie wurden von der zahlenmäßig unterlegenen israelischen Armee in der Schlacht von Bir Gifgafah am 7. Juni geschlagen. Historiker bezeichneten den dritten israelisch-arabischen Krieg als einen der „glänzendsten und entscheidendsten Siege der Geschichte“. Er hatte das Territorium Israels verdreifacht.

Annäherung zwischen Ägypten und Israel

Unter der Ägide des US-amerikanischen Präsidenten Jimmy Carter kommt es in Camp David zum Abschluss eines Vertrags zwischen Ägypten und Israel, der den Frieden zwischen beiden Ländern vorbereitet.

Ohne größere Probleme verständigen sich beide Länder auf den schrittweisen Abzug der Israelis von der Sinaihalb insel, die diese seit 1967 besetzt halten. Die letzten israelischen Soldaten verlassen 1982 ägyptisches Gebiet.

Ein zweites in Camp David ebenfalls von dem ägyptischen Staatspräsidenten Mohammed Anwar As Sadat und Israels Regierungschef Menachem Begin unterzeichnetes Abkommen befasst sich mit dem „Rahmen für einen Frieden im Nahen Osten“. Innerhalb von fünf Jahren soll eine autonome Verwaltung im von Israel besetzten Gazastreifen und im Westjordanland geschaffen werden, außerdem sollen Verhandlungen mit den betroffenen Ländern und Palästinenservertretern über den Status der Gebiete geführt werden. Bald zeigt sich, dass die Einigung über das zweite Abkommen nur vordergründig ist. Zu einer Lösung der Palästinafrage kommt es nicht.

Versöhnungsszene für die Kamera: In Camp David umarmen sich Menachem Begin (Mitte) und Anwar As Sadat - unter dem Beifall von US-Präsident Carter. (Bild links)

Ein historischer Augenblick: Der ägyptische Staatspräsident Sadat und Begin, der Ministerpräsident Israels, sprechen vor der Knesseth, dem israelischen Parlament. Beide erhielten für ihre Friedensbemühungen den Nobelpreis. Im Oktober 1981 wurde Präsident Sadat das Opfer eines Attentats fanatischer Landsleute. (Bild rechts)

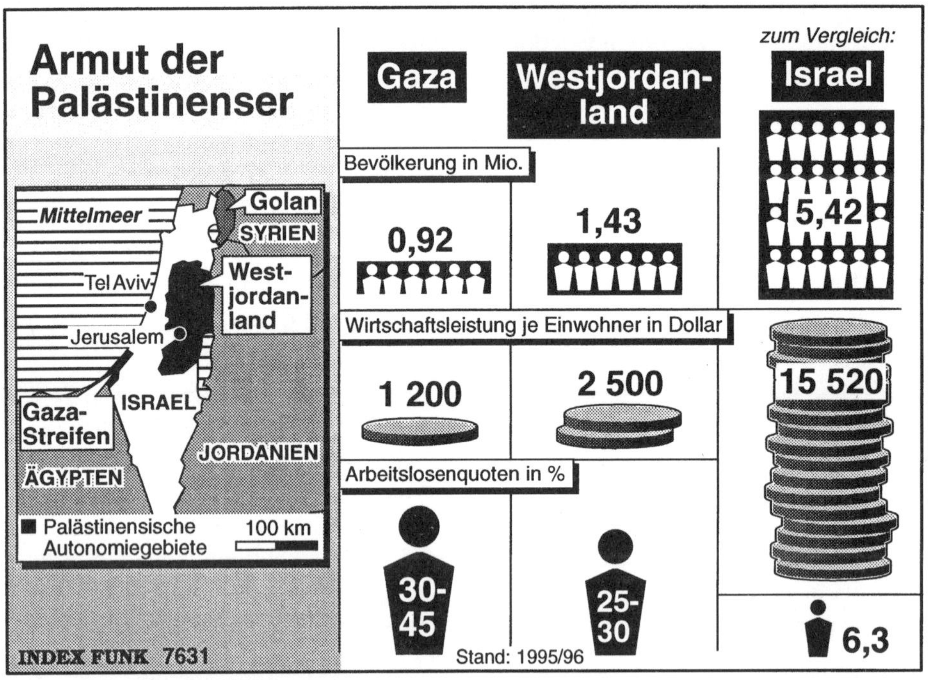

So hatten sich Israels Gegner den Ausgang des Krieges vorgestellt: Der Israeli rennt vor dem arabischen Panzer davon

THEMA

Die Palästinenser-Frage: Wem gehört das Heilige Land?

LERNZIELE

- Überblick über die Kolonisation und Herrschaft des Zionismus
- Wissen um die Ursachen der Entstehung der Palästinensischen Befreiungsorganisation (PLO)
- Beurteilung der Aktionen der PLO als Untergrundorganisation
- Verständnis für die Forderungen der PLO
- Wissen um die Inhalte des Hebron-Abkommens zur Schaffung eines unabhängigen Palästinenserstaats
- Erkenntnis, dass im Nahen Osten noch genug Konfliktpotential vorhanden ist

ARBEITSMITTEL/MEDIEN/LITERATURHINWEISE

- Arbeitsblatt mit Lösung
- Folien (Bilder, Texte, Schaubilder, Zeitungsartikel)
- Zeitungsartikel S. 74 © Süddeutsche Zeitung, Oktober 1996
- Zeitungsartikel S. 75/76 © Augsburger Allgemeine Zeitung, Januar 1997
- Chronik S. 78 aus: Harenberg Kompaktlexikon in 3 Bd. © Harenberg Verlag, Dortmund 1996

TAFELBILD/FOLIEN

Israelische Truppen besetzten 1982 den Südlibanon und vertrieben die Palästinensische Befreiungsorganisation (PLO) aus ihren Operationsbasen in der Nähe der libanesisch-israelischen Grenze. Über Sidon rückten 60000 Israelis mit 500 Panzern bis zur Hauptstadt Beirut vor und umzingelten den Westteil der Stadt, wo 7000 PLO-Kämpfer erbitterten Widerstand leisteten.

Foto: Yoss Roth

Stundenbild

I. Hinführung

St. Impuls	Folie (S. 71)	Bild: Soldaten vertreiben Palästinenser
Aussprache		
SSS lesen	Folie (S. 71 u.)	Text
Aussprache		
	TA	Südlibanon PLO
L klärt Begriffe		
Zielangabe	TA	**Die Palästinenser-Frage: Wem gehört das Heilige Land?**

II. Erarbeitung

Vermutungen		
AA zur GA		Erarbeite mit Hilfe der Zeitungsartikel die Problematik der Palästinenser-Frage und ihre Auswirkungen!
GA a.t.	Info (S. 75)	Gr. 1: In Hebrons Altstadt tobt der „Häuserkampf“
	Info (S. 76)	Gr. 2: Vielfach verspätet doch noch ein Vertrag
	Info (S. 77)	Gr. 3: Die Spirale der Gewalt führt ins Ausweglose
Gr.berichte		
Zsf. Aussprache		Arafat als schillernde Persönlichkeit (Befürworter von Terroraktionen - Friedensnobelpreisträger)
Zsf.	Folie (S. 78)	Die Chronik des Konflikts Israel/Palästina
SSS lesen		
Aussprache		
	Folie (S. 74 o.)	Die Kernpunkte des Taba-Abkommens
SSS lesen		
Aussprache		

III. Wertung

St. Impuls	TA (S. 73)	Bild (vergrößert auf DIN A 2)
Aussprache		... Leiden der Zivilbevölkerung ... Machtlosigkeit ...
	Folie (S. 74 u.)	Die neue autonome Region
Aussprache		... wirklich autonom? ... ... ungelöste Probleme ...

IV. Sicherung

Zsf.	AB (S. 79)	Der Konflikt um Israelis und Palästinenser
Kontrolle	Folie (S. 80)	

V. Ausweitung

Weiterführende Aufgabe		Sammeln von Zeitungsartikeln zur neuesten Lage im Nahen Osten
Projekt	Plakatwand	Konfliktherd: Naher Osten

Die Kernpunkte des Taba-Abkommens

Das in Taba nach zähen Verhandlungen paraphierte Abkommen über die Ausweitung der palästinensischen Selbstverwaltung auf das Westjordanland umfasst 460 Seiten mit sechs Anhängen und Karten. Geregelt werden die Übergabe der Verwaltung, Sicherheits- und rechtliche Fragen, Wirtschaftsbeziehungen sowie die israelisch-palästinensische Zusammenarbeit. Die Kernpunkte lauten:

➊ **WAHLEN:** Der auf den Gebieten seiner Kompetenz mit Gesetzgebungs- und Exekutivrechten ausgestattete Autonomierat hat 82 von den Palästinensern im Westjordanland, im Gazastreifen und Ost-Jerusalem gewählte Mitglieder. Sein Mandat läuft im Mai 1999 aus, dem Datum, an dem die Übergangsperiode der Autonomie endet. Aus dem Rat geht eine palästinensische Exekutivbehörde hervor. Der Präsident dieser Behörde wird direkt vom Volk gewählt. Die Wahlen finden 22 Tage nach Abschluss der ersten Umgruppierungsphase der israelischen Armee aus dem Westjordanland statt. In der Übergangsphase ist Israel für äußere Sicherheit und Außenpolitik der Palästinensergebiete zuständig. Die Palästinenser in Jerusalem können daran durch Briefwahl teilnehmen. Palästinenser in Jerusalem können nur gewählt werden, wenn sie einen doppelten Wohnsitz haben. Internationale Beobachter überwachen die Wahlen. Kandidaten für den Rat dürfen keine rassistischen Ansichten vertreten und sich nicht illegal oder undemokratisch verhalten. Alle Palästinenser, die seit mindestens drei Jahren in der Region leben, haben Anspruch auf Bürgerrechte und Wahlrecht.
➋ **UMGRUPPIERUNG:** Israel muss vor den Wahlen seine Streitkräfte aus sechs großen Städten im Westjordanland (Ramallah, Bethlehem, Nablus, Tulkarm, Dschenin, Kalkilija) und aus einem Teil von Hebron abziehen. Die israelischen Truppen müssen auch 450 Dörfer im Westjordanland verlassen. Sie behalten die Verantwortung über die „globale Sicherheit" der Region sowie die Kontrolle ihrer Grenzen und der jüdischen Siedlungen. Nach den Wahlen zum Autonomierat beginnt Israel mit einer zweiten, umfassenderen Umgruppierung, die sich auf 18 Monate mit drei Abschnitten zu je sechs Monaten erstreckt.
➌ **HEBRON:** Besondere Sicherheitsarrangements werden angewandt. Israel bewacht die jüdischen Häuser und die Straßen, die den Zugang dorthin ermöglichen. Eine Umgehungsstraße um die Stadt muss innerhalb der kommenden sechs Monate zugunsten der 400 Siedler gebaut werden, die dort leben. Eine vorübergehende internationale Präsenz ist vorgesehen.
➍ **JERUSALEM:** Die Zukunft Jerusalems, der jüdischen Siedlungen und der palästinensischen Flüchtlinge soll in Verhandlungen über den „endgültigen Status" festgelegt werden. Sie sollen im Mai 1996 beginnen. Dieser Abschlussvertrag soll innerhalb von zwei Jahren ausgehandelt werden.
➎ **POLIZEI:** Die palästinensische Polizei, insgesamt 12 000 Personen, wird mit der Aufrechterhaltung der öffentlichen Ordnung in den von der Armee verlassenen Zonen betraut; es werden 25 Polizeidienststellen geschaffen. Die Patrouillen der palästinensischen Polizisten müssen mit Israel koordiniert oder gemeinsam durchgeführt werden. Die Polizei kann die Personalien von Israelis überprüfen, kann sie aber auf keinen Fall festnehmen. Im Westjordanland und im Gazastreifen wird es insgesamt 30 000 palästinensische Polizisten geben.
➏ **ZONEN:** Das Westjordanland wird in drei Zonen aufgeteilt: Eine unter voller palästinensischer Kontrolle (A, die großen Städte, 30 Prozent der Fläche), eine unter gemischter Kontrolle (B, die kleinen Städte und die Dörfer; 68 Prozent der Fläche) und eine unter alleiniger israelischer Kontrolle (C, die Siedlungen, die Militäreinrichtungen und die ländlichen Gebiete). In der palästinensischen Zone sind auch auf bestimmten Straßen gemischte Patrouillen vorgesehen.
➐ **HEILIGE STÄTTEN:** Die israelische Armee bewacht „vorübergehend" nur noch das Grabmal der Patriarchen, einen für Muslime und Juden gleichermaßen heiligen Ort im Herzen Hebrons. In Bethlehem erlaubt eine Straße von Jerusalem her den Israelis den freien Zugang zum Grab der Rachel.
➑ **CHARTA:** Zwei Monate nach Einrichtung des Autonomierates muss die PLO die Artikel ihrer Charta annulliert haben, die zur Vernichtung des Staates Israel aufrufen.
➒ **GEFANGENE:** Israel verpflichtet sich, die etwa 5000 palästinensischen Gefangenen in drei Wellen freizulassen, die erste bei der Unterzeichnung des Abkommens (am Donnerstag in Washington, die zweite am Tag vor den palästinensischen Wahlen und die dritte später.

(AFP/AP/Reuter)

Die neue autonome Region

Das Westjordanland, das mit dem Abkommen von Taba zur autonomen Region wird, ist hervorgegangen aus dem ersten israelisch-arabischen Krieg im Jahr 1948: Die UNO hatte im November 1947 die Teilung des Territoriums westlich des Jordans in einen jüdischen und einen arabischen Staat beschlossen, Großbritannien löste im Mai 1948 seine Mandatsherrschaft über Israel auf und zog sich zurück. Unmittelbar nach der Ausrufung des Staates Israel am 14. Mai 1948 kam es zum Krieg mit den arabischen Nachbarstaaten. In dessen Folge wurde das aus Samariä und Judäa bestehende Ost-Palästina als Westjordanien in das jordanische Nachbarland eingegliedert. Das haschemitische Königreich annektierte die Region formal im Jahr 1950. Im Sechs-Tage-Krieg brachte Israel im Juni 1967 das Westjordanland unter seine Kontrolle; gleichzeitig wurde der Ostteil Jerusalems besetzt.
Das Westjordanland ist eine gebirgige Region von rund 6000 Quadratkilometern. Im Westen schließt sich das Flachland an, das sich vom Mittelmeer erstreckt, im Osten wird die Region vom Jordantal begrenzt. Israel nahm seit 1967 mehr als die Hälfte des Territoriums in Besitz. Rund 125 Siedlungen, in denen 130 000 jüdische Siedler leben, wurden gebaut. Im Westjordanland einschließlich Ostjerusalem leben rund 1,2 Millionen Palästinenser unter israelischer Militärverwaltung. Am 31. Juli 1988, sieben Monate nach Beginn der Intifada, des Palästinenseraufstands in den besetzten Gebieten, brach Jordanien seine Kontakte zum Westjordanland ab. Am 15. November 1988 rief der Palästinensische Nationalrat in Algier einen palästinensischen Staat im Westjordanland und im Gazastreifen mit der Hauptstadt Jerusalem aus.
Nach der Unterzeichnung des Autonomievertrags übernahmen die Palästinenser im Mai 1994 neben dem Gazastreifen auch die Verwaltung Jerichos. Das 62 Quadratkilometer große Gebiet, in dem 20 000 Palästinenser leben, blieb zunächst die einzige Region im Westjordanland unter palästinensischer Kontrolle. Ende 1994 übertrug Israel den Palästinensern eine Reihe ziviler Vollmachten im Westjordanland, vor allem in den Bereichen öffentliche Gesundheit und Bildung. Im September 1995 übernahmen die Palästinenser weitere Verwaltungsbereiche, darunter das Postwesen und die Landwirtschaft. Nach einem Bericht der Weltbank von 1993 lag das Bruttosozialprodukt im Westjordanland im Jahr 1991 bei 2000 Dollar (knapp 3000 Mark) pro Einwohner; damit war die Wirtschaftskraft im Westjordanland doppelt so hoch wie im Gazastreifen. In Israel beträgt das Bruttosozialprodukt pro Kopf 12 000 Dollar: Im Jahr 1993 waren 31 Prozent der palästinensischen Arbeiter in Israel beschäftigt.

(AFP)

In Hebrons Altstadt tobt der „Häuserkampf“

Der Hass zwischen Palästinensern und jüdischen Siedlern wächst

von dpa-Korrespondent Ayala Goldmann

Hebron

In der "Straße der Blechschmiede" in der Altstadt Hebrons balanciert ein palästinensischer Bauarbeiter auf einem nicht stabil wirkenden Holzgerüst. Das palästinensische "Komitee für die Restauration Hebrons" lässt dort, sehr zum Unwillen der jüdischen Siedler in der Altstadt, verfallene Gebäude renovieren. Unten auf der Mauer vor dem Gerüst prangt das Graffiti "Hebron ist hebräisch". Doch in der Altstadt sollen über 1000 Wohnungen für Palästinenser entstehen.

Schon Monate vor dem erwarteten Teilabzug der israelischen Armee aus Hebron hat der Kampf zwischen radikalen Siedlern und der palästinensischen Autonomie-Behörde um jedes Haus in der Altstadt begonnen. Entsprechend dem zweiten Autonomie-Abkommen soll die Altstadt mit ihren 400 jüdischen Siedlern und über 10 000 Palästinensern unter israelischer Hoheit verbleiben. Doch die Palästinenser wollen die leer stehenden Häuser im Altstadtviertel Banje Dar nicht den Siedlern überlassen, die noch vor wenigen Tagen drei palästinensische Häuser in der Stadt besetzten. Dutzende von Molotowcocktails auf die Häuser der Siedler waren die Antwort - obwohl Palästinenser behaupten, "Siedler und Kollaborateure" würfen die Brandflaschen selbst.

Architektonische Juwelen

An einigen Stellen sind die palästinensischen Bauarbeiter nur durch eine einzige Mauer von der festungsartigen Siedlung "Abraham Awinu" getrennt. Die Renovierungen begannen schon 1983, doch vor einem halben Jahr spendete Saudi-Arabien dem Restaurationskomitee rund 16 Millionen Mark für 35 Renovierungsprojekte. Die verfallenen Häuser sind zum Teil bis zu 180 Jahre alt, darunter architektonische Juwelen wie das türkische Bad. Laut Nidal Al-Tamimi von der Hebroner Stadtverwaltung wurde das Bad noch bis 1973 benutzt. Doch seit Beginn der Intifada 1987 wurde das Leben in Banje Dar unzumutbar. Ausgangssperren, Belästigungen durch Siedler und schlechte sanitäre Bedingungen trieben die Palästinenser in die Flucht.

In einem dürftig beleuchteten Tunnel arbeitet Muhammad Musa Zrikat, der sein Alter mit "etwa 50" angibt. Vor kurzem nahm die israelische Polizei in Hebron mehrere Bauarbeiter fest, drei davon sind Zrikats Söhne. Offiziell sind die Arbeiter bei der Hebroner Stadtverwaltung angestellt. Doch Nidal Al-Tamimi berichtet von Fällen, in denen Arbeiter Erklärungen unterschreiben mussten, nicht an die Renovierungsstätten zurückzukehren.

Ohnehin ist das Recht zu bauen in der Nähe der jüdischen Siedlungen stark eingeschränkt. Auch die Hebron-Vereinbarung, die in den nächsten Tagen unterschrieben werden soll, verbietet den Bau von Häusern mit mehr als vier Etagen im Umkreis der Siedlungen aus Furcht vor Scharfschützen. Unterdessen ist Chalid Kawasme, leitender Ingenieur des Restaurationskomitees, überzeugt, dass die Siedler in Hebron "ihren letzten Kampf" führen: "Nach dem Abzug werden sie merken, dass sie nicht so weitermachen können."

Hebron

Das 30 Kilometer südlich von Jerusalem gelegene Hebron hat sich zum Brennpunkt des israelisch-palästinensischen Friedensprozesses entwickelt.

Erst nach schwierigen monatelangen Verhandlungen konnte nun der seit März 1996 überfällige Truppenabzug geregelt werden. Das Abkommen sieht den Abzug israelischer Soldaten aus vier Fünfteln des Stadtgebiets vor. In Hebron, wo Juden und Moslems die Gräber der Patriarchen Abraham, Isaak und Jakob verehren, leben 120000 Palästinenser und eine kleine Gemeinde von 450 streng religiösen jüdischen Siedlern. Auslöser der Konflikte war das Blutbad von 1929, mit dem die lange jüdische Präsenz in Hebron endete. Erst nach dem Sechs-Tage-Krieg 1967 zogen wieder Juden in die Stadt. 1994 richtete ein jüdischer Siedler in der Moschee ein Massaker an, bei dem 29 Menschen starben.

(ap)

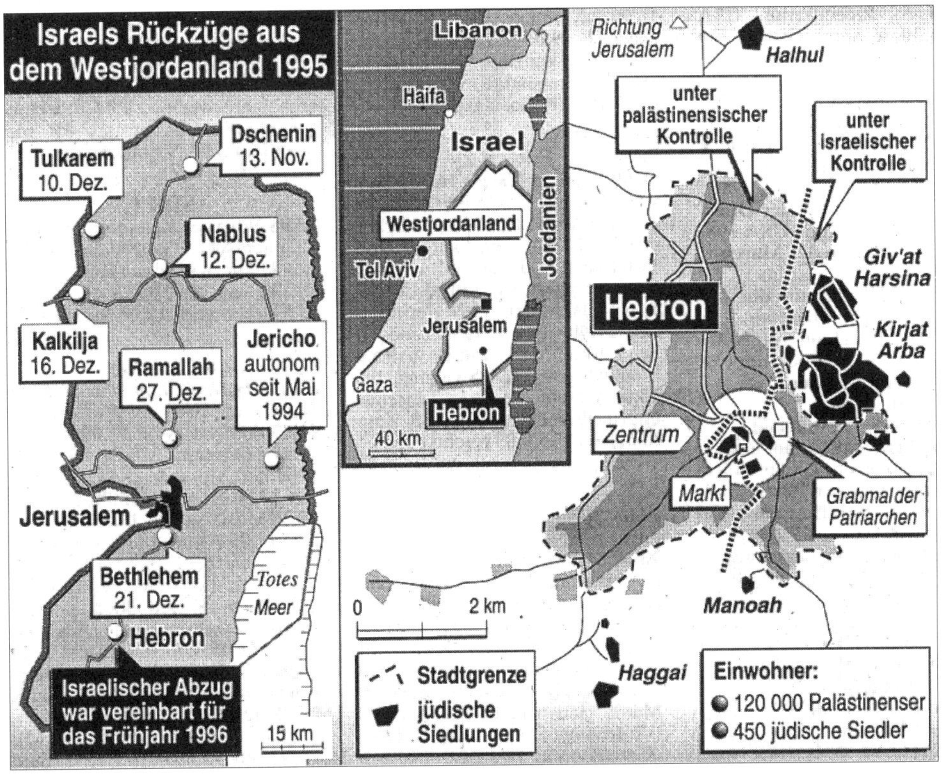

Vielfach verspätet doch noch ein Vertrag

Netanjahu am Rand der Unhöflichkeit gegenüber Arafat

Von unserem Korrespondenten
Ulrich W. Sahm

Jerusalem

Acht Monate und fünfunddreißig Minuten betrug die Verspätung, als der Hubschrauber des israelischen Ministerpräsidenten Benjamin Netanjahu auf der israelischen Seite des Grenzübergangs Erez beim Gazastreifen landete. Acht Monate betrug der Verzug, in den die Unterzeichnung des Hebron-Abkommens gegenüber der ursprünglichen Planung geraten ist - 35 Minuten die aktuelle Verspätung.

Zum "Arbeitstreffen" mit Palästinenser-Präsident Jassir Arafat war der Premier nämlich aus Jerusalem erst losgeflogen, als die Begegnung eigentlich schon hätte beginnen sollen. Nach der Landung begab sich Netanjahu mit seiner Delegation direkt zum Verhandlungssaal. Wenige Minuten später traf Arafat ein. Israelische Reporter äußerten Empörung über die "Unhöflichkeit" des israelischen Gastgebers, seinen Partner Arafat nicht am Eingang zu empfangen. Aber Netanjahu wollte keine Pressefotos von einem erneuten Händedruck mit dem Palästinenserchef.

Der Zeitpunkt war eher ungewöhnlich: Nachts um 1.30 Uhr Ortszeit sollte der Staatsakt von historischer Reichweite stattfinden. Nach einem kurzen Gespräch unter sechs Augen, das der unermüdliche US-Vermittler Dennis Ross mit Arafat und Netanjahu führte, waren auch die letzten Probleme aus dem Weg geräumt. Die Paten des Vertrags wurden telefonisch über den Erfolg informiert: US Präsident Clinton, Ägyptens Staatschef Mubarak und König Hussein von Jordanien, der die festgefahrenen Verhandlungen zuletzt wieder in Schwung gebracht hatte.

Kein eigenes Militär

Die Palästinenser ließen sich die Zusage abringen, ihre Polizeikraft nicht zu einer regulären Militärmacht wachsen zu lassen. Israel gestand den Palästinensern zu, dass die Auslieferung palästinensischer "Judenmörder" entsprechend den Osloer Verträgen geregelt werde. Beim weiteren Rückzug israelischer Truppen aus dem Westjordanland blieb es bei dem von König Hussein ausgehandelten Kompromiss: ein Jahr nach dem von Arafat geforderten Datum im September dieses Jahres, aber auch ein Jahr vor dem von Netanjahu verlangten Datum im Mai 1999. Kaum war der Vertrag von den Verhandlungsleitern Saeb Erekat für die Palästinenser und Dan Schomron für Israel paraphiert worden, da begann auch schon die israelische Armee mit der letzten Phase ihrer Operation "Schlüsselübergabe". Es werde nur ein paar Stunden dauern, die Schlafsäcke der Soldaten einzurollen und die Munitionskästen auf den letzten Panzerwagen zu laden, hieß es. Die Polizei sperrte alle Zufahrtsstraßen nach Hebron, um rechtsgerichtete israelische Gegner des Friedensprozesses an Demonstrationen zu hindern. Die Geheimdienstchefs beider Seiten nahmen Verbindung auf und koordinierten ihre Agenten.

Der Vertragsabschluss hat in Israel keine Freudenausbrüche ausgelöst. Ex-Premier Schamir, der 1987 einen Friedensabschluss mit Jordanien erfolgreich verhinderte und Friedensgespräche mit den Palästinensern so gut er konnte abblockte, bezeichnete den Vertrag als "Tragödie für das jüdische Volk" und "Kapitulation". Friedhofsstimmung herrschte auch bei den jüdischen Siedlern im Westjordanland. Bei den Linken Israels gab es keinen Jubel, obgleich sie befürchtet hatten, Netanjahu wolle das Friedenswerk Rabins zerstören. Die Witwe Lea Rabin gratulierte Netanjahu, forderte ihn aber auch auf, sich endlich für seine Hetze gegen Rabin zu entschuldigen.

Der lang erwartete Handschlag: Nach der Unterzeichnung des Hebron-Abkommens reichen sich der israelische Premierminister Benjamin Netanjahu (links) und Palästinenser-Präsident Jassir Arafat (rechts) und US-Vermittler Dennis Ross die Hand.

Bild: ap

Die Spirale der Gewalt führt ins Ausweglose

Israel verlangt von Arafat das nahezu Unmögliche

Von dpa-Korrespondent Heinz-Rudolf Othmerding

Jerusalem

"Das einzige Licht am Ende des Tunnels ist der Blitz der nächsten Explosion", kommentierte Nahum Barnea am Freitag in der auflagenstärksten israelischen Tageszeitung Jedioth Achronoth. Der Kreislauf der Gewalt führt den Nahen Osten in eine immer ausweglosere Lage.

Der Bombenanschlag vom Donnerstag nachmittag, das gescheiterte Kommando-Unternehmen der Israelis im Libanon in der darauffolgenden Nacht, die immer gewalttätiger klingenden Stellungnahmen der Palästinenser, neue Maßnahmen des israelischen Krisenkabinetts, Drohungen, wohin man blickt. Der Gedanke an einen friedlichen Nahen Osten scheint gestorben zu sein.

Palästinensische Reaktionen auf den dreifachen Selbstmordanschlag vom Vortag in Jerusalem sprechen Bände. In Gaza bedauerten Befragte vielfach nicht die Toten und Verletzten, sondem die Tatsache, dass "nur vier Israelis" bei dem Anschlag getötet wurden. Der Hass gräbt sich immer tiefer ein. Auf israelischer Seite gab es sofort wieder die Rufe von Demonstranten: "Tötet alle Araber!"

In diesem Klima erwartet Israel erneut von Palästinenser-Präsident Jassir Arafat, mit Massenfestnahmen "die Infrastruktur des Terrors" in den Autonomiegebieten zu zerbrechen. Die Forderung erscheint allein beim Betrachten der Zahlen abwegig: Es gibt gesicherte israelische Erhebungen, nach denen etwa 30 Prozent der palästinensischen Bevölkerung mit der radikalislamischen Hamas sympathisieren, von der sie vor allem im sozialen Bereich vielfach profitieren.

Israels Armee hat immer wieder darauf hingewiesen, dass es keine Trennung zwischen sozialen, politischen und militärischen "Flügeln" der Hamas gibt, und unter Hinweis darauf zum Beispiel von Deutschland die Schließung eines Hamas-nahen Büros in Aachen verlangt. Aber so viele Gefängnisse hat Arafat nicht, um 30 Prozent seiner Bevölkerung einzusperren.

Arafat hat in den letzten Wochen versucht, die Hamas einzubinden, statt ihre Leute festzunehmen: Er hat versucht, die Militanten zu isolieren und die politischen Hamas-Figuren zu umarmen. Diese Strategie war von dem gewieften Taktiker Arafat zu erwarten. Auch die Israelis mussten sie erwarten. Doch laut sagen sie, Arafat hätte Massenfestnahmen vornehmen müssen. Doch dafür scheint es längst zu spät. Diejenigen, die in den palästinensischen Gebieten nach dem Blut der Israelis verlangen, die Flagge mit dem Davidstern verbrennen und unter dem Blockadedruck leiden, sind längst viel zu viele. Jede Festnahmeaktion müsste sich, darin sind sich Kenner der Palästinenser-Szene einig, zu einem gefährlichen Herd des Unmuts auch in Arafats eigener Hausmacht, etwa der PLO-Fatah, auswachsen. Alle diese politisch bewussten Palästinenser warten nach wie vor vergeblich auf die Früchte des Friedens, die ihnen seit 1994 versprochen wurden. Hinzu kommt, dass diejenigen, die die Fäden des Bombenanschlags zogen, vielleicht vom Ausland aus handelten.

Denn praktisch waren die Autonomiegebiete seit dem letzten Anschlag vom 30. Juli ja noch abgesperrt. Lediglich 4000 über 35 Jahre alte Palästinenser durften zu ihren Arbeitsplätzen einreisen. Von ihnen zählte offenbar keiner zu den Attentätern, denn diese waren gerade 20 Jahre alt, wie in der Nacht zum Freitag Gerichtsmediziner feststellten.

Israels Regierung unter Tienjamin Netanjahu dürfte unter Erklärungsdruck geraten, warum nun wieder eine neue Sperre, sogar eine neue interne Blockade über alle Gebiete der Palästinenser verhängt wurde. Nach wie vor werden so 100 000 Palästinenser von ihren Arbeitsstellen in Israel abgeschnitten.

"Winzig und aufgeblasen"

In seinem Buch "Die Säulen des Herkules" hat der amerikanische Schriftsteller Paul Theroux provozierende, aber hochaktuelle Sätze zum Nahost-Konflikt verfasst. Das Buch des Erfolgsautors beschreibt eine Reise ums Mittelmeer. Die Etappe Syrien, Jordanien, Israel und Palästinensergebiete schildert er so: Diese Länder sind so klein! Eine der Merkwürdigkeiten unserer Zeit ist, wie sie durch ihre selbsterzeugten Probleme und die arrogante Art, damit umzugehen, größer erscheinen als sie sind.

Diese Länder leisten sich laute und lächerlich ausladende Verleumdungen ihrer Nachbarn. All dies erzeugt die Illusion, sie seien riesig. Aber nein, sie sind winzig und rachsüchtig; und sie besetzen die Aufmerksamkeit der Welt in einer Weise, die ihre Größe und Bedeutung weit übersteigt ... Mit ihrer Aufgeblasenheit vermeiden es diese streitsüchtigen Leute, Frieden zu schließen." (AZ)

Die Chronik des Konflikts Israel/Palästina

November 1947	Die UNO beschließt die Teilung Palästinas in einen jüdischen und einen arabischen Teil; nur die Jewish Agency nimmt den Teilungsplan an
Mai 1948	Ben Gurion proklamiert die Unabhängigkeit Israels; Anerkennung Israels als souveräner Staat durch die UdSSR und die USA; 1. Israelisch-Arabischer Krieg: Ägypten, Irak, Libanon, Syrien und Transjordanien wollen einen jüdischen Staat in Palästina verhindern
Februar 1949	Die Arbeiterpartei (Mapai) gewinnt die ersten Wahlen (sie stellt bis 1977 alle Regierungen); erster Ministerpräsident: Ben Gurion
Oktober 1956	2. Israelisch-Arabischer Krieg (Sinaifeldzug, bis 8.11.): Israelischer Präventivkrieg gegen Ägypten; UNO-Truppen kontrollieren den Gazastreifen
1959	Gründung der Al-Fatah, die ab 1964 den Kern der PLO bildet; 1965-67 über 100 Anschläge, Flugzeugentführung etc.
Mai 1964	Gründung der Palästinensischen Befreiungsorganisation (PLO)
Juni 1967	3. Israelisch-Arabischer Krieg („Sechs-Tage-Krieg", bis 10. Juni): Westjordanland, Gazastreifen, Sinai und Golanhöhen von Israel besetzt
1970	Libanon wird zum Hauptstützpunkt der PLO; fünf Flugzeugentführungen durch Unterorganisationen der PLO
August 1972	Terroranschlag der Organisation „Schwarzer September" während der XX. Olympischen Spiele in München (11 tote Israelis, ein Polizist, 5 Attentäter)
Oktober 1973	4. Israelisch-Arabischer Krieg („Jom-Kippur-Krieg", bis 25. Oktober): Ägypten und Syrien greifen Israel. an; Waffenstillstand am 11. November 1973
1974/75	Truppenentflechtungsabkommen am Suezkanal (1974) und auf dem Sinai (1975) unter Vermittlung der USA
März 1979	Camp-David-Abkommen zwischen Ägypten und Israel: Verpflichtung zu Verhandlungen über die Zukunft der Palästinenser
Juli 1980	Die Knesseth erklärt ganz Jerusalem zur Hauptstadt Israels
Dezember 1981	Annexion der seit 1967 besetzten Golanhöhen
April 1982	Vollständige Rückgabe der Sinai-Halbinsel an Ägypten
Juni 1982	Besetzung Südlibanons; Angriffe gegen Stützpunkte der PLO in Beirut; Waffenstillstand (August) unter Vermittlung der USA
September 1982	Besetzung West-Beiruts; Massaker falangistischer Milizen in zwei palästinensischen Flüchtlingslagern
November 1987	Beginn des Palästinenseraufstandes „Intifada" (arabisch: „Volkserhebung") in den israelisch besetzten Gebieten
August 1988	Proklamation eines unabhängigen Staates Palästina (Westjordanland, Gazastreifen)
Oktober 1991	Beginn der israelisch-arabischen Nahost-Friedenskonferenz unter Schirmherrschaft von USA und UdSSR/Russland
September 1993	Gaza-Jericho-Abkommen: Israel und PLO erkennen einander an; palästinensische Teilautonomie; ab 1999 territoriale Unabhängigkeit
Februar 1994	Massaker eines jüdischen Siedlers in Hebron/Westjordanland; mehr als 50 Palästinenser sterben; Abbruch der israelisch-palästinensischen Friedensverhandlungen
Mai 1994	Vertrag zur Umsetzung des Gaza-Jericho-Abkommens; Abzug der israelischen Truppen aus Gaza/Jericho; palästinensische Selbstverwaltung
Juli 1994	Beendigung des Kriegszustands zwischen Israel und Jordanien
August 1994	Friedensgespräche zwischen Israel und Syrien in Aussicht gestellt
November 1995	Premier Y. Rabin wird von einem Rechtsradikalen ermordet
Januar 1996	Erste Wahlen in der Geschichte der Palästinenser: J. Arafat wird Präsident des 88-köpfigen Palästinenserrates
März 1996	Palästinensische Selbstverwaltung wird auf sieben weitere Städte im Westjordanland ausgedehnt
Mai 1996	Wahlsieg für B. Netanjahu vom konservativen Likud-Block
Januar 1997	Unterzeichnung des Hebron-Abkommens

GESCHICHTE	Name	Klasse	Datum	Nr.

Der Konflikt um Israelis und Palästinenser

Nach der Entstehung des Staates Israel bildeten sich zahlreiche palästinensische Widerstandsgruppen. Die 1964 gegründete ______________________________ (PLO) übernahm die Führung dieser Gruppen. 1958 bekannte sich sich öffentlich zum Mittel der ______________, um Palästina zu befreien. Die Israelis wurden im In- und Ausland das Ziel von zahlreichen blutigen Terrorangriffen. Ein Beispiel waren die ______________________ ______________ 1972 in München mit 16 Toten.

Um die anhaltenden Probleme im Nahen Osten zu lösen, erkannten die ______________________________ im November 1974 das Recht des palästinensischen Volkes auf Selbstbestimmung und Unabhängigkeit an.

Der ägyptische Staatspräsident Anwar as-Sadât erklärte sich 1978 bereit, mit Israel Frieden zu schließen, um die Beziehungen zum neuen Verbündeten USA zu festigen. Israel verpflichtete sich aber, die ______________________ zu räumen und gewährte den Palästinensern in den besetzten Gebieten Rechte zur ______________- ______________________________.

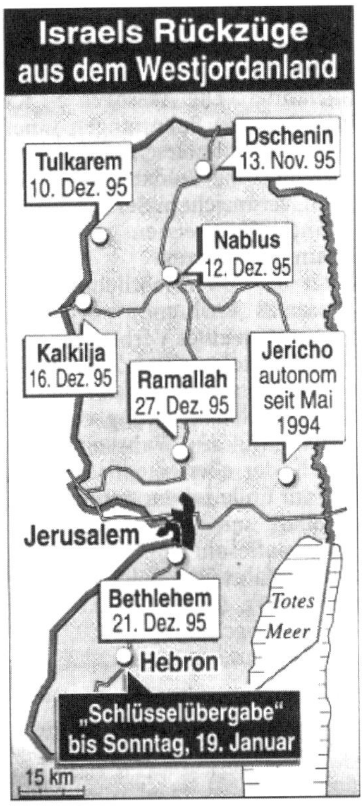

Trotz der Friedensbeteuerungen der PLO kam es immer wieder zu ______- ______________ der Palästinenser auf die Israelis. 1982 marschierten deshalb israelische Truppen im ______________ ein und forderten den Abzug der PLO-Kämpfer. Gleichzeitig richteten die Israelis im Süden des Libanon eine Sicherheitszone ein. Die in den von Israel besetzten Gebieten lebenden rund 1,75 Millionen Palästinenser gaben den Widerstand nicht auf. Im Dezember 1987 begann eine vor allem von jungen Palästinensern getragene Volkserhebung - „______________" - gegen die israelischen Besatzer, in deren Verlauf auf beiden Seiten rund 100 Menschen starben. Als 1988 Jordanien alle Bindungen zu dem von Israel seit 1967 besetzten ______________________ abbrach bzw. das Gebiet den Palästinensern „übergab", rief die PLO einen unabhängigen Palästinenser-Staat mit der Hauptstadt ______________________ aus. Gleichzeitig erkannte die PLO aber das Existenzrecht Israels erneut öffentlich an. Die israelische Regierung, die in der PLO nur eine Terrororganisation sieht, lehnte die Staatsgründung ab.

Erstmals seit 2000 Jahren: Wieder ein Wunder im Land der Bibel!

Für Konfliktstoff im Nahen Osten sorgen ungelöste Probleme:

① ______________________________

② ______________________________

③ ______________________________

④ ______________________________

⑤ ______________________________

Arbeitsaufgabe:
Informiert euch über den neuesten Stand der Nahostpoltik!

GESCHICHTE	Name	Klasse	Datum	Nr.

Der Konflikt um Israelis und Palästinenser

Nach der Entstehung des Staates Israel bildeten sich zahlreiche palästinensische Widerstandsgruppen. Die 1964 gegründete Palästinensische Befreiungsorganisation (PLO) übernahm die Führung dieser Gruppen. 1958 bekannte sich sich öffentlich zum Mittel der Gewalt, um Palästina zu befreien. Die Israelis wurden im In- und Ausland das Ziel von zahlreichen blutigen Terrorangriffen. Ein Beispiel waren die Olympischen Sommerspiele 1972 in München mit 16 Toten.

Um die anhaltenden Probleme im Nahen Osten zu lösen, erkannten die Vereinten Nationen im November 1974 das Recht des palästinensischen Volkes auf Selbstbestimmung und Unabhängigkeit an.

Der ägyptische Staatspräsident Anwar as-Sadât erklärte sich 1978 bereit, mit Israel Frieden zu schließen, um die Beziehungen zum neuen Verbündeten USA zu festigen. Israel verpflichtete sich aber, die Sinai-Halbinsel zu räumen und gewährte den Palästinensern in den besetzten Gebieten Rechte zur Selbstverwaltung.

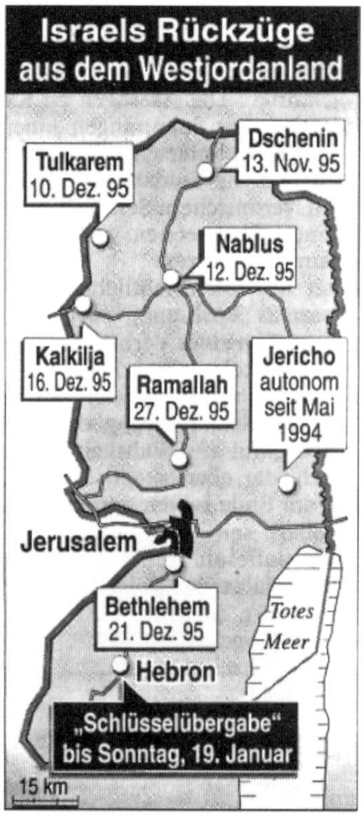

Trotz der Friedensbeteuerungen der PLO kam es immer wieder zu Anschlägen der Palästinenser auf die Israelis. 1982 marschierten deshalb israelische Truppen im Libanon ein und forderten den Abzug der PLO-Kämpfer. Gleichzeitig richteten die Israelis im Süden des Libanon eine Sicherheitszone ein. Die in den von Israel besetzten Gebieten lebenden rund 1,75 Millionen Palästinenser gaben den Widerstand nicht auf. Im Dezember 1987 begann eine vor allem von jungen Palästinensern getragene Volkserhebung - „Intifada" - gegen die israelischen Besatzer, in deren Verlauf auf beiden Seiten rund 100 Menschen starben. Als 1988 Jordanien alle Bindungen zu dem von Israel seit 1967 besetzten Westjordanien abbrach bzw. das Gebiet den Palästinensern „übergab", rief die PLO einen unabhängigen Palästinenser-Staat mit der Hauptstadt Jerusalem aus. Gleichzeitig erkannte die PLO aber das Existenzrecht Israels erneut öffentlich an. Die israelische Regierung, die in der PLO nur eine Terrororganisation sieht, lehnte die Staatsgründung ab.

Für Konfliktstoff im Nahen Osten sorgen ungelöste Probleme:

① Endgültige Anerkennung Israels durch Araber
② Festlegung und Sicherung der Grenzen
③ Rückzug Israels aus den besetzten Gebieten
④ Beendigung der israelitischen Siedlungspolitik
⑤ Anerkennung des Palästinenserstaates durch Israel

Arbeitsaufgabe:
Informiert euch über den neuesten Stand der Nahostpoltik!

THEMA

Wer hat die Macht am Golf?

LERNZIELE

- Wissen um die beiden Kriege am Golf (Iran/Irak; Irak/multinationale Streitmacht)
- Kenntnis der unterschiedlichen Voraussetzungen dieser beiden Kriege
- Wissen um die Staatsführungen im Iran und Irak
- Kritische Beurteilung des zweiten Golfkrieges mit Hilfe eines Zeitungsartikels
- Hinterfragung geschichtlicher Ereignisse und Personen mit Hilfe von Karikaturen

ARBEITSMITTEL/MEDIEN/LITERATURHINWEISE

- Arbeitsblatt mit Lösung
- Folien (Texte, Bilder, Zeitungsartikel, Karikaturen)
- u.U. Videomaterial
- Karikarturen © Horst Haitzinger, München
- Karte S. 83 aus: Geschichte entdecken 9 © C. C. Buchners Verlag, Bamberg 1993
- Zeitungsartikel S. 89 © Augsburger Allgemeine Zeitung, Juli1997

TAFELBILD/FOLIEN

Wer hat die Macht am Golf?

Kriege im Nahen Osten

Zeit	Krieg	Kriegsparteien	Anlass	Folgen
1948/49	1. Israelisch-Arab. Krieg	Israel, Ägypten, Libanon, Syrien, Jordanien Irak	Proklamation des Staates Israel	Waffenstillstandslinien werden zu provisorischen Grenzen
1956	2. Israelisch-Arab. Krieg	Israel, Ägypten	Konflikt um Suezkanal und Meerenge von Tiran	USA und UdSSR erzwingen Waffenstillstand; Israel nutzt Golf von Akaba
1958	Libanbesischer Bürgerkrieg	Libanon, USA	Konflikt zwischen christlicher Regierung und Moslems	US-Truppen verhindern ägypt.-syrische Invasion; Mitspracherecht für Moslems
1967	3. Israelisch-Arab. Krieg	Israel, Ägypten, Syrien Jordanien	Israelischer Präventivkrieg nach arabischem Truppenaufmarsch	Israel erobert Gaza-Streifen, Golan, Sinai-Halbinsel, Westjordanien
1973	4. Israelisch-Arab. Krieg	Israel, Ägypten, Syrien	Israel soll aus besetzten Gebieten verdrängt werden	1979: Friedensvertrag; Israel räumt Sinai-Halbinsel
1975-91	Libanesischer Bürgerkrieg	Libanon, Syrien, Israel	Kampf um politische und wirtschaftliche Macht	Trotz Befriedung (1991) weitere Kämpfe im Süden mit israelischen Truppen
1977	Libysch-Ägyptischer Krieg	Libyen, Ägypten	Grenzstreitigkeiten	Waffenstillstand nach Vermittlung des algerischen Präsidenten
1979	Jemenitischer Krieg	Arab. Rep. Jemen, Demokr. Volksrep. Jemen	Ideologische Gegensätze	1979: Friedensvertrag; 1990: Vereinigung zur Republik Jemen
1980-88	1. Golfkrieg	Iran, Irak	Kampf um die Vorherrschaft am Golf	1988: Waffenstillstand nach UN-Vermittlung; Krieg bleibt ohne Sieger
1991	2. Golfkrieg	Irak, multinationale Streitmacht (31 Länder)	Irakische Besetzung Kuwaits; Streit um Ölfelder	Waffenstillstand: Reparationsforderungen an Irak; ökologische Schäden

Stundenbild

I. Hinführung

St. Impuls	Folie (S. 86 o.)	Karikatur: Persischer Golf
Aussprache		
Impuls		L: „Golf" hat hier eine doppelte Bedeutung!
Aussprache		... Sport ... geographische Region ...
	Folie (S. 83 o.)	Karte
Aussprache		
Zielangabe	TA	
		Wer hat die Macht am Golf?

II. Erarbeitung

Vermutungen		... Streit mehrerer Länder ...
1. Teilziel:		Der 1. Golfkrieg
Zeitungsartikel	Info (S. 85)	Iran gegen Irak - wer hat die Macht am Golf?
Aussprache	TA	
	Folie (S. 85)	Karikatur: Friedenselend
Aussprache		
	Info (S. 86)	Ajatollah - Herr im Iran
Aussprache		
	Folie (S. 86)	Grafik: Todesstrafe
Aussprache		
2. Teilziel:		Der 2. Golfkrieg
Zeitungsartikel	Info (S. 87)	Bush stoppt Saddam
Aussprache	TA	
	Folie (S. 87 u.)	Bild: Brennende Ölquellen
	Folie (S. 88)	Das befreite Kuwait - ein brennendes Land
Aussprache		Folgen des Krieges für die Kinder und die Natur

III. Wertung

Zeitungsartikel	Info (S. 89)	Die Pleite mit den Wunderwaffen
	Folie (S. 90 li.)	
Aussprache/Diskussion		
	Folie (S. 90 re.)	Karikaturen
Aussprache		
	Folie (S. 88)	Lehren aus der Geschichte - die amerikanische Position
Aussprache		

IV. Sicherung

Zsf.	AB (S. 83)	Wer hat die Macht am Golf?
Kontrolle	Folie (S. 84)	

V. Zusammenfassung/Ausweitung

	Folie (S. 81)	Kriege im Nahen Osten
Aussprache		
Eintrag	Heft/Block	
Projekt	Wandzeitung	Der 2. Golfkrieg: Sammeln von Zeitungsartikeln; eigene Grafiken; Bildmaterial; eigene Plakate

GESCHICHTE	Name	Klasse	Datum	Nr.

Wer hat die Macht am Golf?

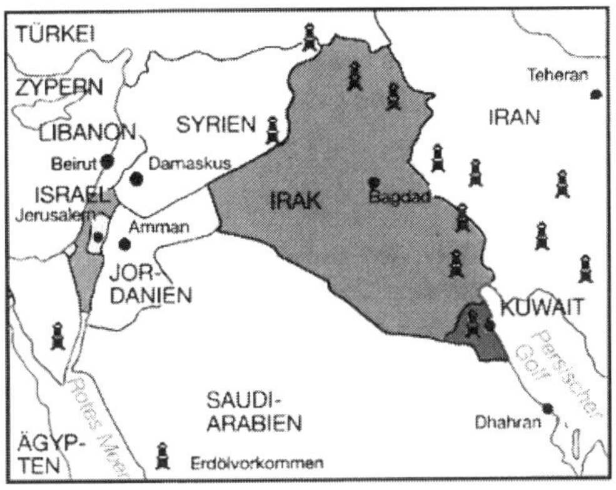

Eine der umstrittensten Konfliktzonen der Erde sind der Nahe und Mittlere Osten. Zwischen 1945 und 1995 führten die dort ansässigen Staaten 35 Kriege. Neben ethnischen und religiösen sind es vor allem wirtschaftlichen Gründe, warum diese Region nicht zur Ruhe kommt. Der krasse Gegensatz zwischen den reichen Ölländern und den bitterarmen Bauernvölkern ist mitverantwortlich dafür, dass einzelne arabische Herrscher immer wieder versuchen, in diesem Gebiet eine Vormachtstellung zu erreichen.
Zu den zwei kriegerischen Auseinandersetzungen überregionaler Art gehören die beiden „Golfkriege“.

❶ Arbeitsaufgabe:
Informiere dich mit Hilfe von Lexika über Beginn, Verlauf und Ende der beiden Golfkriege!

① Golfkrieg von 1980 - 1988:

Kriegsparteien: ____

____

____

____

____

____

② Golfkrieg von 1990-1991:

Kriegsparteien: ____

____

____

____

____

____

____

____

Saddam Hussein

____

❷ Arbeitsaufgabe:
Diskutiert die Angaben unten! Bewerte sie kritisch! Rechne die gesamten Kriegskosten aus!

Die Bilanz des zweiten Golfkrieges nach Angaben der Alliierten:

- **Opfer:** ca. 120000 irakische Soldaten, 5000-15000 irakische Zivilisten, 2000-5000 kuwaitische Zivilisten, 343 alliierte Soldaten
- **Kriegskosten** (in Mio. Dollar/Tag)**:** USA 1000; Großbritannien 7; Frankreich 9,3; Saudi-Arabien 320; Kuwait 320; VAE 180; Rest (geschätzt) 20
- **Hilfe für die Frontstaaten** (in Mio. Dollar)**:** USA 7000; Großbrit. 5; Frankr. 200; Italien 150; Belgien 32; Niederlande 57; Kanada 66; Saudi-Arab. 2848; Kuwait 2500; VAE 1000; BRD/Japan 3500
- **Umweltschäden:** 500 Mio. Liter Öl werden in den Persischen Golf geleitet; 700 Ölquellen werden in Brand gesteckt. Der amerikanische Experte Red Adair kann sie bis zum Ende 1991 löschen.
- **Politische Situation im Irak:** Saddam Hussein bleibt im Amt. Die irakische Opposition wird mundtot gemacht. Gleichzeitige Aufstände der Kurden und Schiiten werden blutig niedergeschlagen.

GESCHICHTE	Name	Klasse	Datum	Nr.

Wer hat die Macht am Golf?

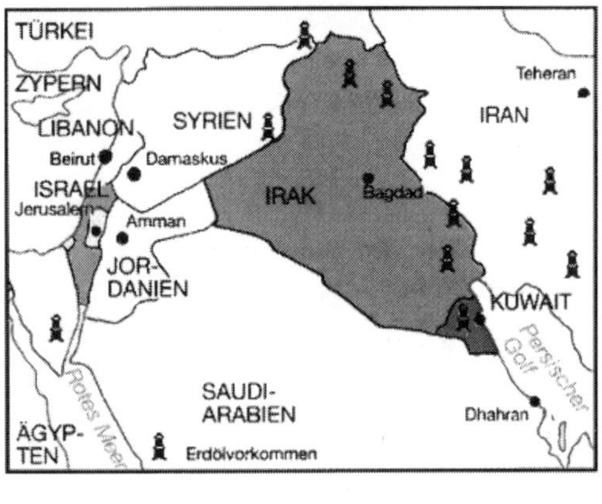

Eine der umstrittensten Konfliktzonen der Erde sind der Nahe und Mittlere Osten. Zwischen 1945 und 1995 führten die dort ansässigen Staaten 35 Kriege. Neben ethnischen und religiösen sind es vor allem wirtschaftlichen Gründe, warum diese Region nicht zur Ruhe kommt. Der krasse Gegensatz zwischen den reichen Ölländern und den bitterarmen Bauernvölkern ist mitverantwortlich dafür, dass einzelne arabische Herrscher immer wieder versuchen, in diesem Gebiet eine Vormachtstellung zu erreichen.

Zu den zwei kriegerischen Auseinandersetzungen überregionaler Art gehören die beiden „Golfkriege".

❶ Arbeitsaufgabe:

Informiere dich mit Hilfe von Lexika über Beginn, Verlauf und Ende der beiden Golfkriege!

① Golfkrieg von 1980 - 1988:

Kriegsparteien: *Iran, Irak*

Motiv: Vorherrschaft in der Golfregion; Grenzstreitigkeiten (Schatt Al Arab); religiöse Gegensätze zwischen Sunniten (Irak) und Schiiten (Iran).

Versuch, durch Bomben- und Raketenangriffe auf Öl- und Industrieanlagen die wirtschaftliche Grundlage des Gegners zu zerstören. Giftgaseinsatz; Fernraketenangriffe auf Teheran und Bagdad; ca. 300000 bis 500000 Tote; Kriegskosten rd. 750 Mrd. Dollar

② Golfkrieg von 1990-1991:

Kriegsparteien: *UNO unter Führung der USA gegen den Irak*

Motiv: Sicherung der reichen Ölvorräte von Kuwait, das am 2. August 1990 von irakischen Soldaten besetzt wird. UN-Sicherheitsrat verlangt sofortigen Rückzug dieser Truppen. Handelsembargo gegen Irak; Ultimatum zum Rückzug bis zum 15. Januar 1991; Scheitern der Verhandlungen; Angriff alliierter Kampfverbände ab dem 17. Januar (Operation "Wüstensturm"); Raketenbeschuss Israels und Saudi-Arabiens durch den Irak; Rückeroberung von Kuwait am 28. Februar 1991; beim Rückzug stecken Iraker die meisten kuwaitischen Ölquellen in Brand; Aufstände von Kurden und Schiiten werden durch Irak blutig niedergeschlagen

Saddam Hussein

❷ Arbeitsaufgabe:

Diskutiert die Angaben unten! Bewerte sie kritisch! Rechne die gesamten Kriegskosten aus!

Die Bilanz des zweiten Golfkrieges nach Angaben der Alliierten:

- **Opfer:** ca. 120000 irakische Soldaten, 5000-15000 irakische Zivilisten, 2000-5000 kuwaitische Zivilisten, 343 alliierte Soldaten
- **Kriegskosten** (in Mio. Dollar/Tag)**:** USA 1000; Großbritannien 7; Frankreich 9,3; Saudi-Arabien 320; Kuwait 320; VAE 180; Rest (geschätzt) 20
- **Hilfe für die Frontstaaten** (in Mio. Dollar)**:** USA 7000; Großbrit. 5; Frankr. 200; Italien 150; Belgien 32; Niederlande 57; Kanada 66; Saudi-Arab. 2848; Kuwait 2500; VAE 1000; BRD/Japan 3500
- **Umweltschäden:** 500 Mio. Liter Öl werden in den Persischen Golf geleitet; 700 Ölquellen werden in Brand gesteckt. Der amerikanische Experte Red Adair kann sie bis zum Ende 1991 löschen.
- **Politische Situation im Irak:** Saddam Hussein bleibt im Amt. Die irakische Opposition wird mundtot gemacht. Gleichzeitige Aufstände der Kurden und Schiiten werden blutig niedergeschlagen.

Iran gegen Irak-wer hat die Macht am Golf?

Die latente Feindseligkeit zwischen Irak und Iran schlägt am 22. September in offene militärische Auseinandersetzungen um. Im Zuge eines Grenzstreites dringen irakische Truppen auf das Gebiet des Nachbarstaates vor.

Der Golfkrieg, ein Kampf um die Vorherrschaft am Persischen Golf, kostet rund 500 000 Menschen das Leben und endet erst im Jahr 1988 mit einem Waffenstillstand.
Nach der Flucht von Schah Mohammad Resa Pahlawi und der Ausrufung der Islamischen Republik unter Ajatollah Ruhollah Musawi Khomeini 1979 scheint der Iran militärisch geschwächt. Iraks Staatspräsident Saddam Hussein will diese Situation nutzen und die erdölreiche iranische Provinz Chusestan im Handstreich erobern, um die Vormacht am Golf zu erringen.
Khomeini gelingt es jedoch, die iranische Bevölkerung zu erbittertem Widerstand gegen den Irak zu motivieren, der vor allem in der Luft überlegen ist. Der Iran gleicht seine Unterlegenheit bei der militärischen Rüstung durch die höhere Zahl an Soldaten und Freiwilligen aus, die er zu Tausenden in den Tod schickt.

Der Golfkrieg führt zu einer Beruhigung der innenpolitischen Lage im Iran und stärkt das System des Ajatollah. Für Saddam Hussein geht die Rechnung jedoch nicht auf: Der von ihm geplante Blitzkrieg entwickelt sich zu einer langjährigen Auseinandersetzung. Für die Rüstungsindustrie von insgesamt 50 Staaten erweist sich der Golfkrieg allerdings als gutes Geschäft.
Der Irak erhält massive Unterstützung vor allem von den anderen Golf-Anrainer-Staaten, aber auch von westlichen Industrienationen und später von der UdSSR. Der Iran, den die Sowjetunion zunächst unterstützt, wird später von anderen Ostblockstaaten, China und Syrien mit Waffen beliefert.

Friedenselend

Persischer Golf

„Sie werden es noch so weit treiben, dass wir den einen oder anderen Hausmeister aus unseren Botschaften abziehen"

Ajatollah - Herr im Iran

Nachdem Schah Mohammad Resa Pahlawi am 16. Januar mit seiner Familie das Land verlassen hat, kehrt am 1. Februar der Schiitenführer Ajatollah Ruhollah Khomeini nach 15 Jahren aus seinem Pariser Exil in den Iran zurück und bildet einen islamischen Revolutionsrat.

Der Schah konnte sein Regime mit Hilfe der Geheimpolizei SAVAK zwar jahrelang aufrechterhalten, musste jedoch schließlich vor dem wachsenden Widerstand in der Bevölkerung kapitulieren. Am 15. Februar beginnt die Abrechnung mit den Repräsentanten des Schah-Regimes. Viele Prozesse sog. Islamischer Volksgerichte enden mit der sofortigen Hinrichtung der Verurteilten. Proteste aus dem Ausland weist Khomeini zurück, islamisches Recht sei nicht mit westlichen Justizauffassungen vergleichbar.
Gegen den zunehmenden Einfluss des Islam auf die iranische Gesellschaft formiert sich der Protest linksorientierter Gruppen. Am 30. März wird jedoch die von Khomeini verkündete Islamische Republik in einer Volksabstimmung bestätigt.

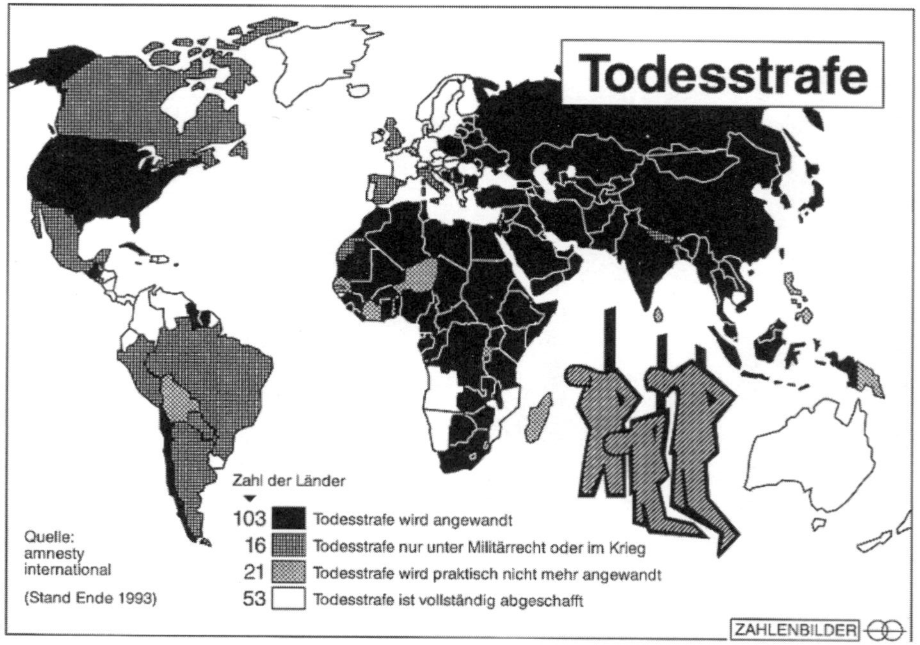

Bush stoppt Saddam

Weder Saddam Hussein, der schließlich Kuwait räumen muss, noch US-Präsident George Bush, der den Sturz des irakischen Diktators nicht erreicht, gehen aus dem Krieg um Kuwait als Sieger hervor. Umso mehr Verlierer bleiben zurück: Zigtausend Tote, eine Umweltkatastrophe am Golf, hervorgerufen durch brennende Ölquellen, eine irakische Bevölkerung im Elend.

Am 2. August 1990 besetzten irakische Truppen Kuwait. Zahlreiche Resolutionen des UN-Sicherheitsrats konnten Saddam Hussein nicht zum Rückzug seiner Truppen bewegen.
Als der Irak ein UN-Ultimatum zum 15. Januar 1991 ungerührt verstreichen lässt, gibt General Norman Schwarzkopf, Oberbefehlshaber der alliierten Streitkräfte, die zur Befreiung Kuwaits in Saudi-Arabien zusammengezogen worden sind, den Befehl zum Start der „Operation Wüstensturm".
Den 580 000 Alliierten stehen etwa 300 000 Irakis gegenüber. Im wochenlangen „High-Tech"-Luftkrieg zerstören modernste US-Waffensysteme in 67 000 Kampfeinsätzen computergesteuert die feindlichen Ziele. Dem hat Saddam Hussein nichts entgegenzusetzen. Als am 1. Februar die alliierte Landoffensive gestartet wird, ist die militärische Schlagkraft des Irak weitgehend gebrochen. Bereits nach 100 Stunden müssen sich Saddams Truppen geschlagen geben. Vorher inszenieren sie allerdings in Kuwait eine gigantische Umweltkatastrophe: Mehr als 700 Ölquellen, der Reichtum des Landes, werden in Brand gesetzt, 500 Mio. Liter Öl verseuchen die Küsten des Emirats. Erst im November 1991 sind alle Ölbrände erstickt. Zu der befürchteten globalen Klimakatastrophe kommt es jedoch nicht.

Lehren aus der Geschichte - die amerikanische Position

In einer Fernsehansprache begründete der amerikanische Präsident George Bush am 8. August 1990 die Entsendung amerikanischer Streitkräfte an den Golf wie folgt:

Unsere Politik ist von vier einfachen Prinzipien geleitet. Erstens streben wir den sofortigen bedingungslosen und vollständigen Abzug aller irakischen Streitkräfte aus Kuwait an.
Zweitens muss die legitime kuwaitische Regierung wieder anstelle des Marionettenregimes eingesetzt werden.
Drittens ist meine Regierung ... der Sicherheit und Stabilität am Persischen Golf verpflichtet.
Und viertens bin ich entschlossen, das Leben amerikanischer Staatsbürger im Ausland zu schützen.
Wenn die Geschichte uns etwas gelehrt hat, dann, dass wir den Aggressionen widerstehen müssen, sonst wird sie unsere Freiheit zerstören. Appeasement - eine Beschwichtigungspolitik - funktioniert nicht.

Europa-Archiv, 46. Jg. (1991)

Das befreite Kuwait, ein brennendes Land

Der Journalist Fredy Gsteiger beschrieb nach einem Besuch in Kuwait-Stadt im März 1991 in einer Reportage die Auswirkungen der irakischen Besatzung und des Krieges für die Menschen in Kuwait.

Kuwaitische Kinder hatten in den vergangenen Monaten des Eingeschlossenseins viel Zeit zum Zeichnen: Soldaten, Bomben und Panzer. Jetzt zeichnen sie vor allem Großfeuer. An manchen Tagen klettert das Thermometer auch mittags nicht über zehn Grad. Es bleibt stockfinster, die Sonne ist nicht zu erkennen. Regnet es, sind die Tropfen fast schwarz. Und es regnet plötzlich viel mehr, wundert sich ein Kuwaiter. Früher war der März schon ein sommerlich heißer Monat.

Die Zeit, 15. März 1991

„Da weiß unsereiner wenigstens, wofür er den Kopf hingehalten hat."

Die Pleite mit den Wunderwaffen

USA und Israel enthüllen scheibchenweise das technische Versagen im Golfkrieg

Von unserem Redaktionsmitglied Detlef Drewes

Augsburg

Es sollte ein sauberer, steriler Krieg werden. Man wollte den Irak treffen, ohne die Iraker zu schädigen. Aber der Mythos wird immer mehr entzaubert. Und was israelische und amerikanische Behörden jetzt Stück für Stück herauslassen, lässt die Illusion endgültig zerplatzen.

Die amerikanischen Wunderwaffen waren nämlich keineswegs so erfolgreich wie stets behauptet. Der angeblich für feindliches Radar unsichtbare "Stealth"-(Tarnkappen) Bomber war vom Irak rasch enttarnt. Schließlich mussten die Einsätze sogar in die Nächt verlegt werden. Und von einer Trefferquote um die 80 Prozent kann gar keine Rede sein. Es waren, so räumt man inzwischen in Washington ein, höchstens 30 Prozent.

Zur völligen Pleite wurden die Marschflugkörper vom Typ Tomahawk (Stückpreis eine Million Dollar). Sie sollten sich per Infrarotauge ihren Weg ins vorher bestimmte Ziel suchen. Aber offenbar hatte niemand damit gerechnet, dass in der irakischen Wüste ganz andere Bedingungen herrschen als auf dem Testgelände im amerikanischen White Sands. Die starke Hitze zieht an einem Wüstenvormittag Milliarden feiner Sandpartikel mit in die Luft. So entsteht ein dichter Sandvorhang, der durch Spiegelung alle Frequenzbereiche der Infrarot-Steuerungen überlagerte und die Marschflugkörper blind machte, wenn sie nicht schon vorher wegen Sand im Antriebsaggregat abgestürzt waren. Die sicherlich peinlichste Enthüllung aber liefern derzeit israelische Armee-Quellen. Sie betreffen das so hoch gelobte amerikanische Luftabwehr-System "Patriot". Diese Raketen waren zum Schutz Israels gegen irakische Scud-Raketen installiert worden und haben offenbar für größeren Schaden gesorgt als die Geschosse aus Bagdad. Diese waren nämlich technisch so miserabel hergestellt, dass sich die Scud-Raketen noch in der Luft in ihre Einzelteile zerlegten und die im Raketenkopf enthaltenen Giftgase in der Atmosphäre verglühten. Die bereits anfliegenden Patriot-Abwehrraketen, eigentlich für große Flugzeuge als Ziele konstruiert, aber orientierten sich an der größten Ansammlung von Schrott, der von den Scuds noch in der Luft übrig blieb. Als der auch noch auseinander flog, war die Patriot längst auf Kurs und schlug am Ende auf dem Boden ein - mit intaktem Sprengkopf.

Tod durch Patriot

Israelische Quellen belegen nun, dass zahlreiche Zerstörungen und auch Todesopfer keineswegs durch irakische Scud-, sondern durch amerikanische Patriot-Irrflieger verursacht wurden. Die angeblichen Erfolgsmeldungen von der hohen Zahl zerstörter Scud-Stellungen im Irak müssen offensichtlich revidiert werden. Warum hat die so offensiv agierende US-Propaganda nie ein Bild von einer zerstörten Scud-Stellung gezeigt?

Rudolf H. Dittel, heute Abrüstungsberater zahlreicher Regierungsstellen und im Golfkrieg Experte in der Auswertung von Satellitenbildern, deutet diese Pannen aus seiner Sicht: Vor dem Golfkrieg hatten die Iraker über viele Jahre hinweg von den Amerikanern Satellitenbilder ziviler Sonden angekauft, angeblich für ein landwirtschaftliches Kartierungsprogramm. Ein derart umfangreiches Projekt aber hat es im Irak nie gegeben. Deshalb schließt Dittel heute, dass die Iraker ihre Scud-Stellungen tarnten und alle 14 Tage auf den neuen amerikanischen Satellitenbildern kontrollieren konnten, ob die Tarnung auch perfekt genug war.

Damit nicht genug. Auch das Märchen vom Überraschungsangriff der Amerikaner in der Nacht zum 16. Januar 1991 auf Bagdad wird in Washington gerade kleinlaut neu erzählt. Schließlich hatten die Amerikaner über viele Jahre hinweg irakische Militärs darin geschult, gegnerische Funkcodes zu entschlüsseln. Und der Versuch, mit Hilfe einer verordneten Funkstille die anfliegenden Bomberflotten am 15. Januar 1991 zu verschleiern, dürfte auch danebengegangen sein. Denn, so mutmaßen Experten heute zu Recht: „Was ist verräterischer als eine plötzliche Funkstille?"

Für die USA kommen diese Enthüllungen zu einem denkbar ungünstigen Zeitpunkt. Denn die Luftwaffe drängt gerade auf milliardenschwere Neuanschaffungen. Und die amerikanische Öffentlichkeit fragt sich angesichts der Pleite mit den Wunderwaffen im Golfkrieg, ob sie wirklich aufs Neue viel Geld opfern soll, wenn die Waffensysteme am Ende nicht einmal einen Bruchteil dessen halten, was man sich von ihnen verspricht.

Abschuss eines amerikanischen Marschflugkörpers während des Golfkriegs bei Nacht: Tagsüber waren die Infrarotaugen der Cruise-Missiles blind und verirrten sich in der sandigen Wüste des Irak. Oder sie stürzten mit Sand im Getriebe einfach ab.

Bild: ap

Gedämpfter Jubel am Jahrestag der Befreiung!

„Wie viel Öl gibt's dort eigentlich?“

THEMA

China in der Zeit von 1838 bis 1912

LERNZIELE

- Wissen, dass China ab der Mitte des 19. Jahrhunderts zunehmend den Interessen der europäischen Kolonialmächte und Japans ausgesetzt war
- Kenntnis, dass China sich durch verschiedene Kriege dieser Ansprüche erwehren wollte
- Wissen, dass unter Sun-Yat-sen die politische Einheit des Landes hergestellt wurde

ARBEITSMITTEL/MEDIEN/LITERATURHINWEISE

- Arbeitsblatt mit Lösung
- Folien (Karte, Informationstexte)
- Bilder
- Atlas bzw. Landkarte

TAFELBILD/FOLIEN

China in der Zeit von 1838 bis 1912

Dr. Sun Yat-sen (1866-1925), der im Westen studiert hatte, lieferte die geistigen Grundlagen für die chinesische Republik. Er schrieb dazu:

„China verfügt über ein riesiges Landgebiet, über ungezählte Reichtümer und überaus viele Menschen. Aber es ist mit jenem reichen alten Manne zu vergleichen, der im Besitz von großen Gärten, Ländereien, Schätzen und einer zahlreichen Familie ist, jedoch sein Haus nicht zu bestellen weiß. Das Land liegt verödet und von Unkraut überwuchert da. Die Schätze sind eingeschlossen und werden nicht benutzt. Die Nachbarn bereichern sich. Kinder und Enkel lungern müßig herum. Im ganzen Haus herrscht Hunger und Not. Das Haus dieses alten Mannes gibt eine Vorstellung vom heutigen China."

Das chinesische Revolutionskomitee des Jahres 1912. An der Spitze der Bewegung stand Sun Yat-sen (vordere Reihe Mitte). Seine Schriften „Drei Grundlehren vom Volke" und „Fünf-Gewalten-Verfassung" wurden Grundlagen der Erneuerungsbestrebungen.

Stundenbild

I. Hinführung

L deutet	Wandkarte	
Aussprache	TA	China
Vorwissen		
Zielangabe	TA	**China in der Zeit von 1838 bis 1912**

II. Erarbeitung

	Folie (S. 91 o.)	Dr. Sun Yat-sen und die geistigen Grundlagen für China
Aussprache		
L.info	Folien (S. 91/93)	Entwicklung Chinas
	TA	Die „Hunnenrede" (Kaiser Wilhelm II.)
	Folie	

27. Juli 1900. In Absprache mit den USA, Japan und den anderen europäischen Großmächten wird ein internationales Hilfskorps unter dem Kommando von Alfred Graf Waldersee (»Weltmarschall«) aufgestellt, um den Boxeraufstand niederzuwerfen. Bei der Verabschiedung der deutschen Truppen - man sieht Schilder mit Aufschriften wie: »Auf nach China«, »Eilgut nach China, Peking, Taku«, »Billige Chinesenzöpfe hier zu haben« - hält Wilhelm II. am 27. Juli eine unbesonnene Rede, in der er die Soldaten auffordert, keine Gefangenen zu machen und rücksichtslos vorzugehen:

» Wie vor tausend Jahren die Hunnen unter ihrem König Etzel sich einen Namen gemacht haben, der sie noch jetzt in Überlieferung und Märchen gewaltig erscheinen lässt, so möge der Name Deutscher in China auf tausend Jahre durch euch in einer Weise bestätigt werden, dass niemals wieder ein Chinese es wagt, einen Deutschen auch nur scheel anzusehen.«

Diese »Hunnen-Rede« erregt in der Weltöffentlichkeit größtes Aufsehen.

Aussprache

"Die Deutschen an die Front" Gemälde von Carl Röchling (1900)
Vor dem Ersten Weltkrieg hing dieses Bild in vielen Bürgerhäusern. Es zeigt deutsche Marinesoldaten im Boxerkrieg auf dem Marsch zur Front.

III. Wertung

Leitfragen		Eingreifen fremder Mächte in die innenpolitischen Belange Chinas - statthaft? Ist das heute noch möglich?
	TA	Imperialismus
Aussprache mit Begriffsklärung		

IV. Sicherung

Zsf.	AB (S. 93)	China in der Zeit von 1838 bis 1912
Kontrolle	Folie (S. 94)	

GESCHICHTE	Name	Klasse	Datum	Nr.

China in der Zeit von 1838 bis 1912

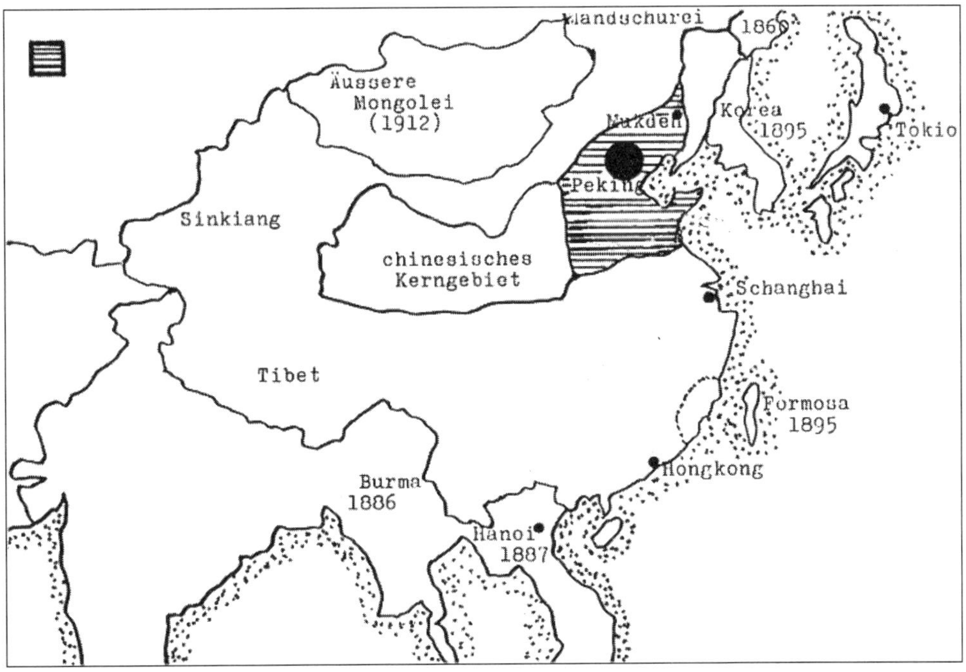

Mitte des 19. Jahrhunderts rückte China in den Interessenbereich von Japan und den europäischen Kolonialmächten. Fremde Mächte konnten in China leicht Fuß fassen, weil zahllose Volksaufstände und eine korrupte Verwaltung das Riesenreich erschütterten.

Im sogenannten „____________________“ (1840 - 1842) muss China die Überlegenheit ______________ anerkennen. Damit beginnt die Zeit der ____, in denen China ausländischen Staaten Vorrechte einräumen muss.

Gegen den wirtschaftlichen Einfluss der Ausländer, gegen die Mandschu-Dynastie und gegen den Privatbesitz richtet sich der ______________________________ (1850 - 1864), der schließlich niedergeschlagen wird. Doch der Hass auf die „fremden Teufel“ entlädt sich aufs Neue im ______________________ (1900). Er richtet sich vor allem gegen Missionare und ausländische Gesandtschaften. Unter deutschem Kommando („Hunnenrede“ von Kaiser Wilhelm II.) wird auch dieser Aufstand niedergeschlagen.

Im Jahr 1911 kam es zu einer Revolution unter dem Führer _________________________. Er strebte eine sozialistische Landreform und eine republikanische Verfassung an. Es kam zu einem Bürgerkrieg.

Nach seinem Tod im Jahr 1925 gewann General ______________________________ an politischer Bedeutung. Es gelang ihm, die politische Einheit des Landes herzustellen und den Bürgerkrieg zu beenden. Daraufhin kündigte er das Bündnis mit der ______________________ ________________________________ (KPCh), erklärte die Nationale Volkspartei zur Staatspartei und verfolgte die Kommunisten.

GESCHICHTE	Name	Klasse	Datum	Nr.

China in der Zeit von 1838 bis 1912

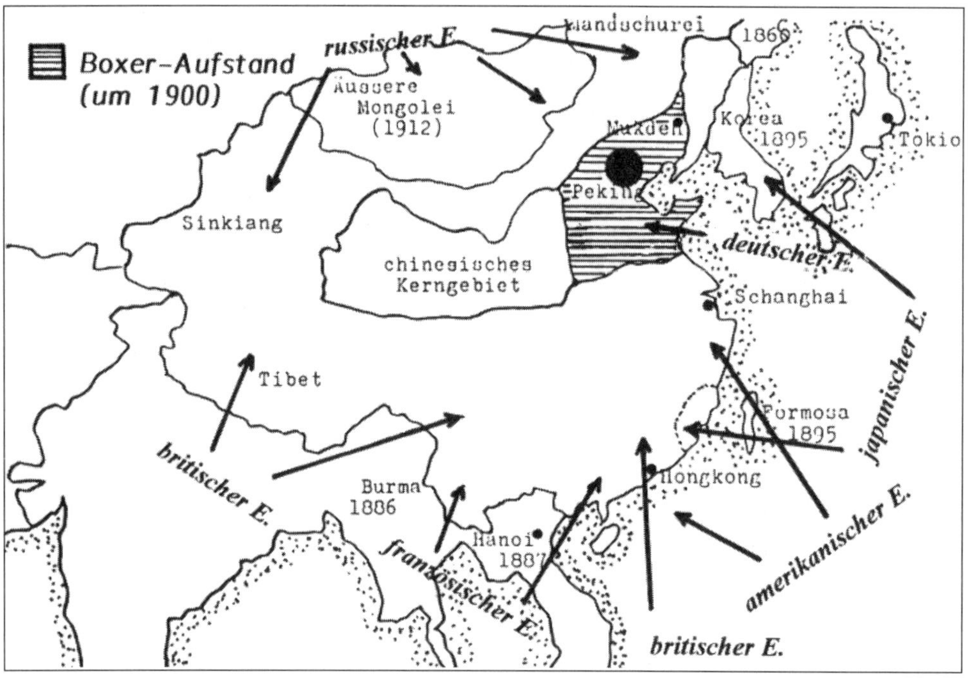

Mitte des 19. Jahrhunderts rückte China in den Interessenbereich von Japan und den europäischen Kolonialmächten. Fremde Mächte konnten in China leicht Fuß fassen, weil zahllose Volksaufstände und eine korrupte Verwaltung das Riesenreich erschütterten.

Im sogenannten „ Opiumkrieg “ (1840 - 1842) muss China die Überlegenheit Englands anerkennen. Damit beginnt die Zeit der ungleichen Verträge, in denen China ausländischen Staaten Vorrechte einräumen muss.

Gegen den wirtschaftlichen Einfluss der Ausländer, gegen die Mandschu-Dynastie und gegen den Privatbesitz richtet sich der Taiping-Aufstand (1850 - 1864), der schließlich niedergeschlagen wird. Doch der Hass auf die „fremden Teufel“ entlädt sich aufs Neue im Boxer-Aufstand (1900). Er richtet sich vor allem gegen Missionare und ausländische Gesandtschaften. Unter deutschem Kommando („Hunnenrede“ von Kaiser Wilhelm II.) wird auch dieser Aufstand niedergeschlagen.

Im Jahr 1911 kam es zu einer Revolution unter dem Führer Sun Yat-sen. Er strebte eine sozialistische Landreform und eine republikanische Verfassung an. Es kam zu einem Bürgerkrieg.

Nach seinem Tod im Jahr 1925 gewann General Tschiang Kai-schek an politischer Bedeutung. Es gelang ihm, die politische Einheit des Landes herzustellen und den Bürgerkrieg zu beenden. Daraufhin kündigte er das Bündnis mit der Kommunistischen Partei Chinas (KPCh), erklärte die Nationale Volkspartei zur Staatspartei und verfolgte die Kommunisten.

THEMA

Mao Tse-tung - sein Weg zur Macht in China

LERNZIELE

- Wissen, dass Mao Tse-tung unter den Bauern eine große Anhängerschaft fand
- Kenntnis, dass Mao Tse-tung innerhalb Chinas einen kommunistischen Staat errichtete
- Wissen, dass dieser Weg mit vielen Entbehrungen verbunden war
- Wissen, dass im Krieg gegen Japan 1937 Tschiang-Kai-scheck und Mao Tse-tung miteinander kämpften

ARBEITSMITTEL/MEDIEN/LITERATURHINWEISE

- Arbeitsblatt mit Lösung
- Folien (Informationstexte, Karte, Bilder)
- Atlas bzw. Landkarte

TAFELBILD/FOLIEN

Mao Tse-tungs „Langer Marsch"

Nach einjährigem Marsch durch China, wobei sie zwischendurch immer wieder in Kämpfe mit den Nanking-Truppen verwickelt werden, erreichen die aufständischen Kommunisten unter Führung Mao Tse-tungs die Provinz Schensi im nordwestlichen Grenzgebiet Chinas. Das Gebiet kommt schnell unter Kontrolle der Kommunisten, die in der Stadt Yenan eine eigene Verwaltung einrichten. In Verhandlungen mit anderen Parteileitern festigt Mao Tse-tung seine Führungsrolle und gewinnt Zustimmung zu den Plänen eines kommunistischen Großreichs in China. Der »Lange Marsch« ist Legende geworden. Der Rückzug vor den nationalchinesischen Truppen geht über 12000 Kilometer, eine Strecke, die länger ist als die Entfernung zwischen Peking und Paris. Zu der Armee gehören 80000 Soldaten. Ihnen schließen sich 20000 Zivilisten mit ihren Familien an. Der Tross war sechsmal so groß wie die kämpfende Truppe.

Bilder der frühen dreißiger Jahre weisen auf die Not leidenden Bauern hin. Mao Tse-tung war der Meinung, dass nur die Bauern in der Lage waren, eine Revolution durchzuführen.

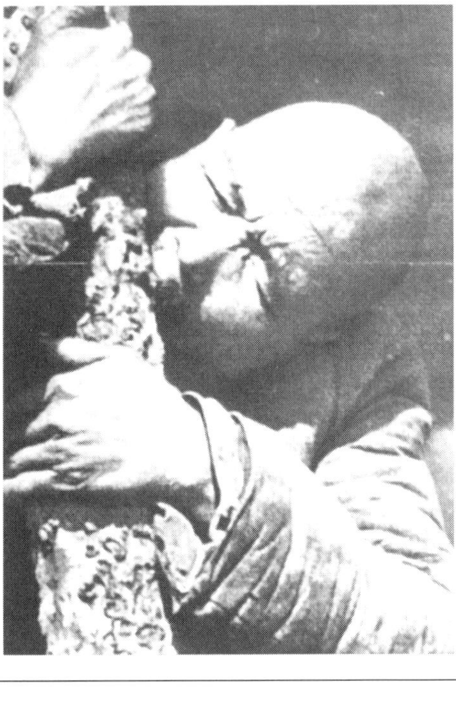

Über die Ebene zog sich wie eine Perlenschnur eine Reihe gebeugter Gestalten. Diese Menschen hatte der Kummer und die Kälte zu lautloser Stille erstarren lassen. Mechanisch setzten sie einen Fuß vor den anderen und trotteten wie Tiere dahin in die Ferne ... Kleine Lumpenbündel am Straßenrand bezeichneten die Stellen, wo die Schwachen zusammengebrochen waren. Zuweilen standen einige Mitglieder einer Familie in schweigender Ratlosigkeit da und starrten auf einen Leichnam. Kinder stützten sich auf Stöcke wie alte Männer. Manche schleppten Bündel, die ebenso groß waren wie sie selbst. Andere waren wie Schlafwandler, deren blicklose Augen vor Leid tausend Jahre alt zu sein schienen. In ihrem Rücken blies aus dem Land der Hungersnot ein kalter Wind und wirbelte den Staub hinter ihnen her, der sie über die gelbe Ebene jagte ... Auf der Straße lagen Tote. Ein schlankes, hübsches Mädchen, das nicht älter sein konnte als siebzehn, lag auf der feuchten Erde. Ihre toten Lippen waren blau, ihre Augen offen, und der Regen fiel darauf. Die Leute schälten die Rinde von den Bäumen und zerstampften sie am Straßenrand, um sie zu dann gierig zu verschlingen.

Stundenbild

I. Hinführung

Wiederholung mit	TA	① Ab Mitte des 19. Jhdt. wird China als Kolonie interessant ② Opiumkrieg (1840-1842); England gewinnt gegen China; Zeit der ungleichen Verträge ③ Taiping-Aufstand (1850-1866); richtet sich gegen den Einfluss der Ausländer ④ Boxeraufstand (1900); scheitert am Eingreifen der Deutschen
St. Impuls	Folie (S. 97 u.)	Bild: Mao Tse-tung
Aussprache		
Zielangabe	TA	**Mao Tse-tung - sein Weg zur Macht in China**

II. Erarbeitung

AA zur GA		❶ Welche Bevölkerungsschicht gewann Mao Tse-tung als Anhänger seiner kommunistischen Partei? Warum? ❷ Berichte über Ursache, Verlauf und Ergebnis des sogenannten „Langen Marsches"! ❸ Berichte über Chinas Krieg gegen Japan!
GA a.g.	Folie (S. 95 o.) Buch	
Zsf. Gr.berichte		
	Folie (S. 98 o.)	Karte mit „Langem Marsch"
Aussprache		
Zsf.	TA	zu ❶ Bauern; Landreform war nicht durchgeführt, wirtschaftliche Situation verschlechterte sich drastisch zu ❷ Mao Tse-tung gründete 1931 die Chinesische Sowjetrepublik China ⇨ Druck durch Tschiang
	Folie (S. 95 re.)	Kai-schek nahm zu ⇨ „Langer Marsch" ⇨ die kommunistische Partei Chinas (KPCh) ging daraus gestärkt hervor
	Folie (S. 97 u.)	zu ❸ Tschiang Kai-schek und Mao Tse-tung kämpften 1937 gemeinsam (Partisanenkrieg); die KPCh wuchs von 40 000 auf 1,2 Mio. Mitglieder

III. Wertung

	Folie (S. 95 u.)	Bild: Mann isst Baumrinde
Aussprache		
	Folie (S. 95 u.)	Text
SSS lesen		
Aussprache		... Leiden der Bevölkerung ...

IV. Sicherung

Zsf.	AB (S. 97)
Kontrolle	Folie (S. 98)

GESCHICHTE	Name	Klasse	Datum	Nr.

Mao Tse-tung und seine Politik (1)

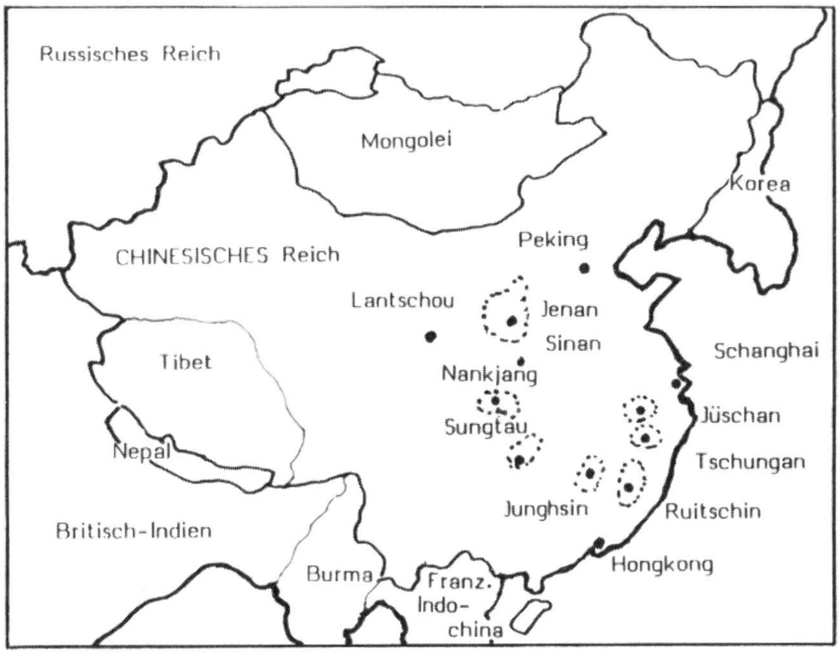

Auch unter Tschiang Kai-schek wurde die dringend erforderliche Landreform nicht durchgeführt. Da aber 80 Prozent der Bevölkerung Bauern waren und sich deren Lage immer mehr verschlechterte, gewann ____________________ unter den Bauern eine große Anhängerschaft. 1931 gründete Mao im Süden des Landes die ______________ ________________________ ________________________.

Damit war innerhalb des chinesischen Gesamtstaates ein ____________________ Staat entstanden. Als der militärische Druck Tschiang Kai-scheks auf die Rote Armee immer mehr zunahm, begaben sich die Reste der kommunistischen Verbände auf ihren berühmten „__________________________". Unter schwersten Strapazen und ständigen Abwehrkämpfen gegen die Regierungstruppen zogen die Kommunisten in den dünn besiedelten Nordteil der Provinz Shensi zurück. Genau ein Jahr waren sie unterwegs, nur knapp ein Zehntel erreichte das Ziel nach ______________________, doch die Kommunistische Partei und die ____________________ gingen politisch gestärkt aus diesem Unternehmen hervor. Trotz aller Gegnerschaft zwischen beiden führenden Männern Chinas fanden beide Armeen noch einmal zusammen - im Krieg gegen ______________ (______).

Maos Soldaten verwirklichten in diesem Krieg zum ersten Mal seine Vorstellungen über eine revolutionäre Kriegsführung. In ständigen kleinen __________-____________________ griffen sie blitzartig an und waren plötzlich wieder verschwunden. Jeder ____________ war gleichzeitig auch ____________.

Mao Tse-tung (1893-1976)

Tschiang Kai-schek (1887-1975)

GESCHICHTE	Name	Klasse	Datum	Nr.

Mao Tse-tung und seine Politik (1)

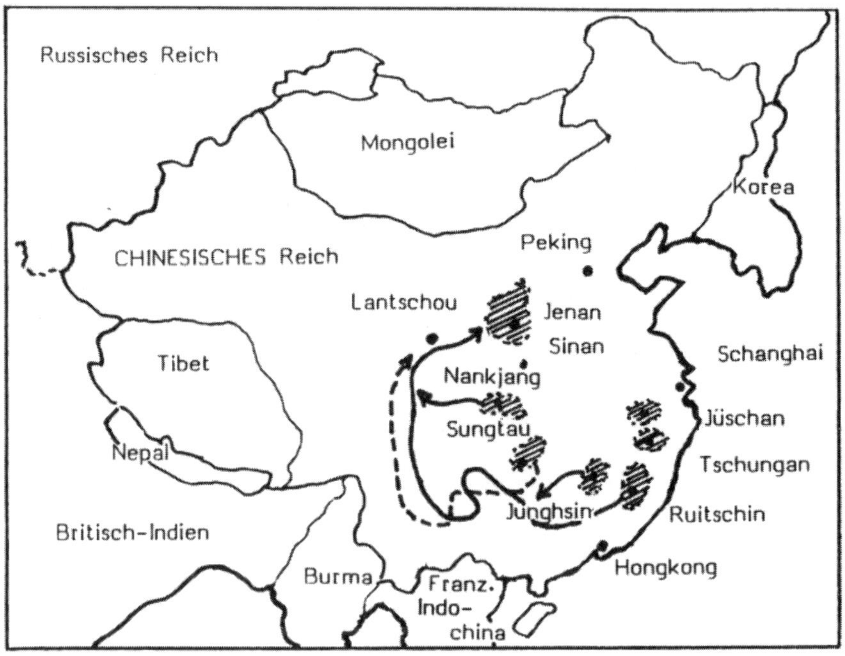

Auch unter Tschiang Kai-schek wurde die dringend erforderliche Landreform nicht durchgeführt. Da aber 80 Prozent der Bevölkerung Bauern waren und sich deren Lage immer mehr verschlechterte, gewann *Mao Tse-tung* unter den Bauern eine große Anhängerschaft. 1931 gründete Mao im Süden des Landes die *Chinesische Sowjetrepublik*.

Damit war innerhalb des chinesischen Gesamtstaates ein *eigener* Staat entstanden. Als der militärische Druck Tschiang Kai-scheks auf die Rote Armee immer mehr zunahm, begaben sich die Reste der kommunistischen Verbände auf ihren berühmten „*Langen Marsch*". Unter schwersten Strapazen und ständigen Abwehrkämpfen gegen die Regierungstruppen zogen die Kommunisten in den dünn besiedelten Nordteil der Provinz Shensi zurück. Genau ein Jahr waren sie unterwegs, nur knapp ein Zehntel erreichte das Ziel nach *12500 Kilometern*, doch die Kommunistische Partei und die *Rote Armee* gingen politisch gestärkt aus diesem Unternehmen hervor. Trotz aller Gegnerschaft zwischen beiden führenden Männern Chinas fanden beide Armeen noch einmal zusammen - im Krieg gegen *Japan* (*1937*).

Mao Tse-tung (1893-1976)

Maos Soldaten verwirklichten in diesem Krieg zum ersten Mal seine Vorstellungen über eine revolutionäre Kriegsführung. In ständigen kleinen *Partisa-nenkämpfen* griffen sie blitzartig an und waren plötzlich wieder verschwunden. Jeder *Bauer* war gleichzeitig auch *Soldat*.

Tschiang Kai-schek (1887-1975)

THEMA

Wie setzt Mao den chinesischen Kommunismus durch?

LERNZIELE

- Wissen, dass Mao Tse-tung nach dem Ende des Zweiten Weltkrieges die politische Führung in China übernahm
- Erkenntnis, dass Mao Tse-tung mit immer neuen Massenbewegungen den Weg in den Kommunismus beschleunigen wollte
- Kenntnis der Schlagworte Landreform, „Großer Sprung“ und Kulturrevolution

ARBEITSMITTEL/MEDIEN/LITERATURHINWEISE

- Arbeitsblatt mit Lösung
- Folien (Karten, Informationstexte, Zeitungsartikel, Bilder)
- Karte S. 103 aus: P. Gödeke: Kriege im Frieden, S. 155 © Westermann Verlag, Braunschweig 1983
- Karte S. 104 aus: H. Beilner: Geschichte für die Hauptschule 9 © Auer Verlag, Donauwörth 1982

TAFELBILD/FOLIEN

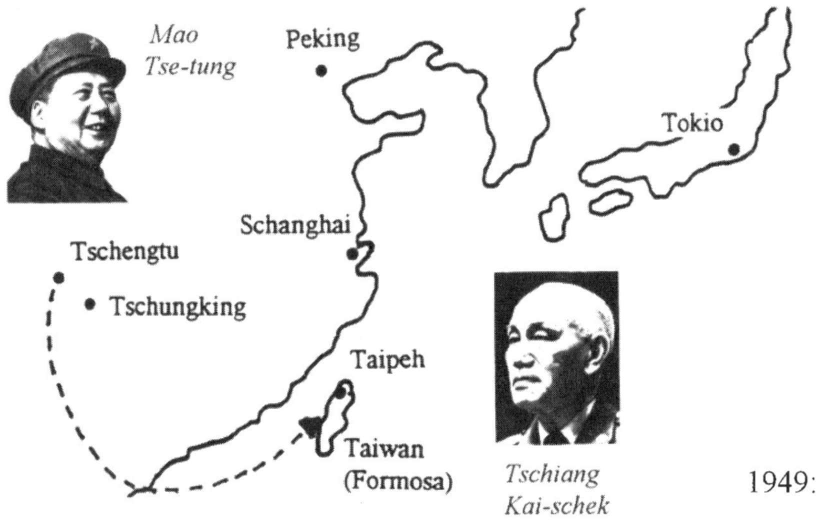

- starke Persönlichkeit
- Landreform (Kollektivierung der Landwirtschaft)
- der „Große Sprung“
- Kulturrevolution (Rotgardisten als Bannenträger)
- Millionen von Opfern

1949: Kommunistische Volksrepublik China („**Rot**-China“)
1950: Taiwan (Nationalchina)

Mao macht wieder Revolution

Lenins Wort von der "ununterbrochenen Revolution" folgend, leitet Mao Tse-tung in China die "Große Proletarische Kulturrevolution" ein. Bald drangsalieren elf Millionen Rotgardisten als Exekutive der "sozialistischen Erziehungsbewegung" die Chinesen. Was der Säuberung der Gehirne und des Parteiapparats dienen soll, endet jedoch in Chaos und Anarchie. "Ich schere mich nicht darum, dass der Wind bläst und die Wellen schlagen. Das ist besser, als gemütlich in einem ummauerten Hof spazierenzugehen."

Diese Worte Maos machen deutlich, wie ein Mann, der Führer eines 800-Millionen-Volkes ist, auf die Idee kommen kann, im eigenen Land eine Revolution zu entfachen. Mao geht es darum, die Verkrustung des Systems - Entstehung von Funktionärseliten, Ausweitung des Bürokratenapparats - aufzubrechen. Die sozialistische Gesellschaft soll gereinigt, ihre Feinde sollen an den Pranger gestellt werden. Gleichzeitig beseitigt Mao Widersacher in der Parteiführung. Prominentestes Opfer der Kulturrevolution ist Staatspräsident Liu Shao-chi. Die Geister, die Mao ruft, entgleiten schon bald seiner Kontrolle: Die Rotgardisten schwingen sich selbst zur Elite auf, verhaften und verurteilen nach Belieben, verbreiten Schrecken und Terror, so dass am Ende die Armee gegen sie eingesetzt wird, die schließlich als Sieger aus den internen Machtkämpfen hervorgeht.

Stundenbild

I. Hinführung

Wiederholung	Folie (S. 104 o.)	Karte
Aussprache		... „Langer Marsch" ... Festigung der KPCh ...
St. Impuls	Folie (S. 99)	Karte
Aussprache		... Mao Tse-tung/Tschiang Kai-schek ...
		L: Was bedeutet der Pfeil?
Aussprache		
Zielangabe	TA	**Wie setzt Mao Tse-tung den chinesischen Kommunismus durch?**

II. Erarbeitung

Vermutung		
		L: Mao Tse-tung entledigt sich seiner Konkurrenten.
Aussprache		... Vertreibung Tschiang Kai-scheks ...
	TA	▪ Kommunstische Volksrepublik China ⇨ „Rotchina" (1949) ▪ Taiwan (Formosa) ⇨ „Nationalchina" (1950)
AA zur PA		❶ Was passiert in China nach dem Ende des Zweiten Weltkrieges? ❷ Mit welchen Mitteln versucht Mao Tse-tung, den Aufbau des Kommunismus zu beschleunigen?
PA	Buch/Folie (S. 99 u.)	Mao macht wieder Revolution
Zsf. Berichte		
Aussprache	Folien (S. 103 u./ 104 u.)	
Zsf.	TA	① Landreform (Kollektivierung der Landwirtschaft) ② „Großer Sprung" (Industrialisierung ⇨ Weltniveau) ③ Kulturrevolution (Rotgardisten als Bannenträger)
Aussprache		

III. Wertung

	Folie (S. 103)	Karte: Die VR China (1949-1980)
Aussprache		... Außen-, Innenpolitik ...
	Folie (S. 103 u.)	„Liquidierung" von Großbauern ... Rigoroses Vorgehen gegen die Opposition des Regimes ... Urteile ohne Gerichtsverhandlungen ... Todesstrafe ...
L zeigt	Mao-Bibel	
	Folie (S. 104 Mi.)	Erziehung und Umerziehung des Volkes (Mao-Bibel)
Aussprache		

IV. Sicherung

Zsf.	AB (S. 101)	Mao Tse-tung und seine Politik (2)
Kontrolle	Folie (S. 102)	

GESCHICHTE	Name	Klasse	Datum	Nr.

Mao Tse-tung und seine Politik (2)

Mit dem Ende des Zweiten Weltkrieges 1945 wurde China frei von japanischer Besetzung. Aber nun brach in China wieder der Kampf und die innenpolitische Vorherrschaft aus: Maos KPCh kämpfte um die Macht gegen Tschiang Kai-scheks Kuomintang. Nach mehrjährigem Bürgerkrieg eroberte die ______________ ____________ Peking und die übrigen großen Städte. Als am 21.9.1949 die __________________ China (VR China) ausgerufen wurde, beherrschten die ______________________ den größten Teil des Landes. Tschiang Kai-schek musste sich auf die Insel _______________ (_______________) zurückziehen. Dort errichtete er unter dem Waffenschutz der USA eine nationalchinesische Regierung. Im sogenannten „________________“ wurde Tschou En-lai der erste Ministerpräsident, doch politischer Führer blieb Mao Tse-tung.

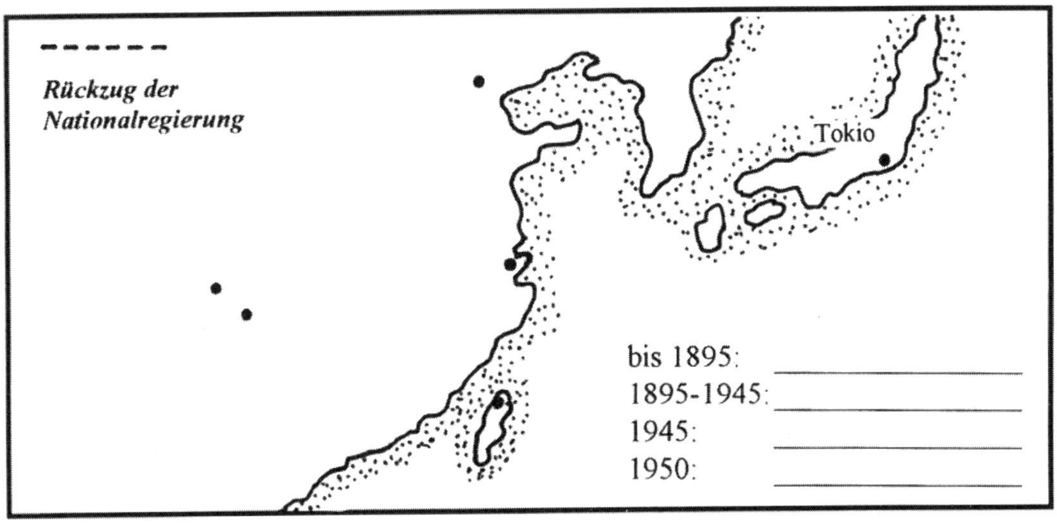

Mao entwickelte die chinesische Form des Kommunismus. Um den Weg in den Kommunismus zu beschleunigen, startete Mao immer neue Massenbewegungen:

❶ ________________________________

In dieser Bewegung wurden 47 000 000 ha Landbesitz __________________ und an arme Bauern und Landarbeiter verteilt. Dabei wurden die ehemaligen Besitzer und auch sog. Feinde der sozialistischen Ordnung zu Opfern von Hass und Rache. Ca. 750 000 Menschen wurden dabei ___________________.

❷ ________________________________

In sog. „Produktionsschlachten“ sollte die industrielle Produktion auf _____________________ gebracht werden.

❸ ________________________________

Zu Millionen verließen die jugendlichen Rotgardisten Schulen und Kasernen, überfluteten Straßen und Plätze der Großstädte, demütigten Maos Gegner, zerstörten ______________________________ und _________________. Allein im Herbst 1966 wurden über 400 000 Menschen „_________________“.

GESCHICHTE	Name	Klasse	Datum	Nr.

Mao Tse-tung und seine Politik (2)

Mit dem Ende des Zweiten Weltkrieges 1945 wurde China frei von japanischer Besetzung. Aber nun brach in China wieder der Kampf und die innenpolitische Vorherrschaft aus: Maos KPCh kämpfte um die Macht gegen Tschiang Kai-scheks Kuomintang. Nach mehrjährigem Bürgerkrieg eroberte die _Rote Armee_ Peking und die übrigen großen Städte. Als am 21.9.1949 die _Volksrepublik_ China (VR China) ausgerufen wurde, beherrschten die _Kommunisten_ den größten Teil des Landes. Tschiang Kai-schek musste sich auf die Insel _Taiwan_ (_Formosa_) zurückziehen. Dort errichtete er unter dem Waffenschutz der USA eine nationalchinesische Regierung. Im sogenannten „_Rotchina_" wurde Tschou En-lai der erste Ministerpräsident, doch politischer Führer blieb Mao Tse-tung.

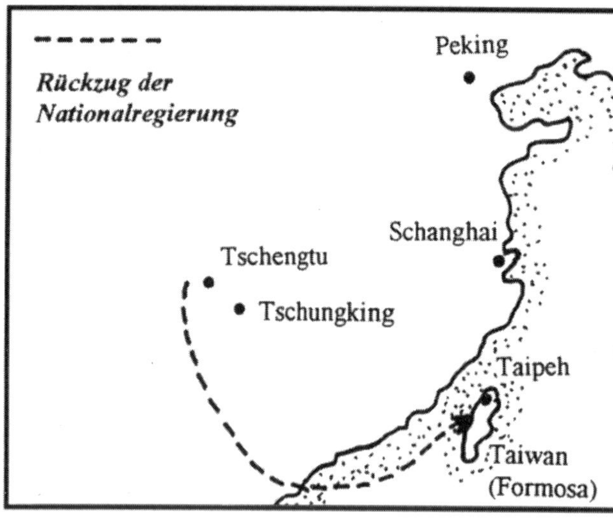

bis 1895: _chinesisch_
1895-1945: _japanisch_
1945: _chinesisch_
1950: _Nationalchina_

Mao entwickelte die chinesische Form des Kommunismus. Um den Weg in den Kommunismus zu beschleunigen, startete Mao immer neue Massenbewegungen:

❶ _Landreform_

In dieser Bewegung wurden 47 000 000 ha Landbesitz _enteignet_ und an arme Bauern und Landarbeiter verteilt. Dabei wurden die ehemaligen Besitzer und auch sog. Feinde der sozialistischen Ordnung zu Opfern von Hass und Rache. Ca. 750 000 Menschen wurden dabei _getötet_.

❷ _"Großer Sprung"_

In sog. „Produktionsschlachten" sollte die industrielle Produktion auf _Weltniveau_ gebracht werden.

❸ _Kulturrevolution_

Zu Millionen verließen die jugendlichen Rotgardisten Schulen und Kasernen, überfluteten Straßen und Plätze der Großstädte, demütigten Maos Gegner, zerstörten _Verwaltungszentralen_ und _Bibliotheken_. Allein im Herbst 1966 wurden über 400 000 Menschen „_liquidiert_".

Die „Liquidierung" der Großbauern in Schanghai

Auf dem „Großen Sprung nach vorn"

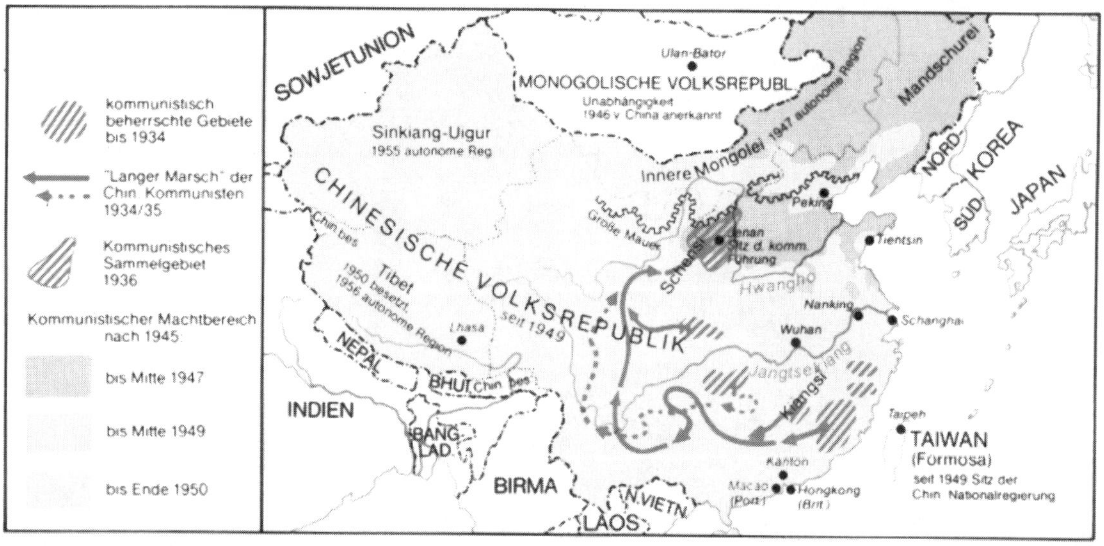

Während der „Kulturrevolution" tauchte überall das „Rote Buch" auf. Die darin enthaltenen Sprüche aus Maos Schriften wurden wie bei Andachtsübungen von Einzelnen oder Sprechchören rezitiert.

1966: Rotgardisten treiben einen Funktionär mit Schandhut durch Peking

1981: Maos Witwe wird zum Tod (mit zweijähriger Bewährung) verurteilt

THEMA

Die Politik Chinas seit 1960

LERNZIELE

-Wissen, dass China den Führungsanspruch der Sowjetunion nicht anerkannte
- Erkenntnis, dass China nach einer Führungsrolle in der Dritten Welt strebte
- Verstehen, weshalb China sich dem Westen zu öffnen versuchte
- Verstehen des Begriffes „Pingpong-Diplomatie“

ARBEITSMITTEL/MEDIEN/LITERATURHINWEISE

- Arbeitsblatt mit Lösung
- Folien (Informationstext, Karte, Bilder)
- Text S. 109 aus: Illustrierte Weltgeschichte von 1945 bis heute © Pawlak Verlag. Herrsching o.J.
- Bilder S. 110 aus: Die großen Ereignisse der Weltgeschichte © Naumann & Göbel VG, Köln 1987

TAFELBILD/FOLIEN

Zhao Zi-yang

Deng Xiao-ping

„Pingpong-Diplomatie“

Der Besuch einer US-amerikanischen Tischtennismannschaft in Peking markiert im April den Beginn einer Öffnung Chinas zum Westen. Gekrönt wird diese "Pingpong-Diplomatie" ein Jahr später mit dem Besuch des US-Präsidenten Richard M. Nixon im Reich der Mitte.

Treibende Kraft auf dem Weg aus der Isolation ist Chinas Ministerpräsident Tschou En-lai, der sich angesichts der wachsenden Distanz zur Sowjetunion mit seiner außenpolitischen Neuorientierung durchsetzen kann. Sein Gegner Lin Piao, Vertreter eines isolationistischen Kurses, versucht im September einen Putsch, nach dessen Scheitern er - angeblich auf der Flucht - erschossen wird. Der Annäherungsversuch Chinas stößt in den USA auf Wohlwollen. Die durch den Vietnamkrieg schwer angeschlagenen Amerikaner sind an einer Entspannung im südostasiatischen Raum interessiert. Sie befürworten deshalb den Beitritt Chinas zur UNO. Den gleichzeitigen Ausschluss Taiwans, das bislang als Vertretung der Chinesen galt, kann Washington nicht verhindern. Die Volksrepublik erhält einen Sitz im Sicherheitsrat. Der berühmt gewordene Händedruck zwischen Mao Tse-tung und Nixon besiegelt 1972 die Öffnung Chinas.

Stundenbild

I. Hinführung

Wiederholung		
Impuls		L: Mao Tse-tung bestimmte lange Jahre die Politik Chinas
Aussprache	TA	1949 (Machtübernahme) - 1976 (Tod)
Impuls		L: Massenbewegungen sollten den Aufbau des Kommunismus beschleunigen.
Aussprache	TA	▪ Landreform ▪ „Großer Sprung" ▪ Kulturrevolution
Zielangabe	TA	**Die Politik Chinas seit 1960**

II. Erarbeitung

Impuls		L: Hinweise darauf findest du auf dieser Karte!
	Folie (S. 103)	Karte
Aussprache	TA	▪ Bruch mit der Sowjetunion (1960) ▪ Annäherung an Japan (seit 1972) ▪ Annäherung an die USA (seit 1972)
AA zur GA		**Gruppe 1: Außenpolitik** ❶ Kennzeichne die Beziehung Moskau und Peking? ❷ Wie verhält sich China gegenüber dem Westen und Ländern der Dritten Welt? **Gruppe 2: Innenpolitik** ❶ Wie verläuft die Kulturrevolution? Wie endet sie? ❷ Wie verläuft die innenpolitische Entwicklung nach Maos Tod?
GA a.t.	Info (S. 109)	Große Wende in China
Zsf. Gr.berichte	Folien (S. 105/110)	
Zeitungsartikel	Folie (S. 105)	Pingpong-Diplomatie
Aussprache		

III. Wertung

Impuls	TA	China - Großmacht Nr. 1 schon um 2010!
Aussprache		Chinas Macht sind seine Menschen!
Aussprache		

IV. Sicherung

Zsf.	AB (S. 107)	Die Politik Chinas seit 1960
Kontrolle	Folie (S. 108)	

GESCHICHTE	Name	Klasse	Datum	Nr.

Die Politik Chinas seit 1960

❶ Peking gegen Moskau - Kommunistische Bruderparteien im Streit

Anfangs leistete die sowjetische Kommunistische Partei Hilfe bei der Entwicklung der chinesischen Bruderpartei. Mao strebte jedoch nach Selbständigkeit gegenüber sowjetischem Führungsanspruch. So verurteilte die KPCh den russischen Einmarsch in Polen zu Beginn des Zweiten Weltkrieges.
Ab etwa 1957 wird der Streit über den wahren Weg zum Kommunismus und die Methoden der Weltrevolution offen ausgetragen. China greift vor allem die Führungsrolle der KPdSU im sozialistischen Lager an.

Der Unterschied spiegelt sich auch wider in den Ansichten über die Bedeutung von Kriegen:

China:

Die Ansichten der chinesischen Kommunisten über die Bedeutung von Kriegen sind geprägt von Maos Erlebnissen auf dem „Langen Marsch". Mao schrieb bereits 1938:
„Die zentrale Aufgabe der Revolution und ihre höchste Form ist die Machtergreifung auf bewaffnetem Wege, das heißt die Lösung der Frage durch den Krieg. Dieses revolutionäre Prinzip des Marxismus-Leninismus ist überall richtig; es ist unbedingt richtig sowohl für China als auch für die anderen Staaten ... Die Erfahrungen ... zeigen, dass die Arbeiterklasse und die werktätigen Massen die bewaffnete Bourgoisie und die Grundbesitzer nur mit Hilfe des Gewehrs besiegen können; in diesem Sinne kann man sagen, dass man die Welt nur mit Hilfe des Gewehrs umgestalten kann."

UdSSR:

Der sowjetische Parteichef Chruschtschow verurteilt am 12.12.1962 die chinesische These von der Unvermeidbarkeit eines Weltkrieges:
„Die Menschlichkeit unserer Zeit hat nur eine Wahl: Friedliche Koexistenz oder Vernichtungskrieg ... Die Propagierung einer Lösung der strittigen Fragen zwischen Staaten durch Krieg ist ein Wahnwitz, der den Völkern nur Leid und Unglück bringen kann. Sie hat nichts gemein mit der Lehre von Marx und Lenin ..."
Von den Chinesen und den mit ihnen verbündeten Albaniern sagt er, sie hätten „den Glauben verloren, dass der Sieg des Sozialismus ohne Krieg zwischen den Staaten möglich ist. Vielleicht aber haben sie eine solche Möglichkeit niemals begriffen; vielleicht sind sie der Ansicht, dass man nur über einen Krieg, durch Vernichtung von Millionen Menschen zum Kommunismus gelangen kann."

❷ China strebt nach der Führungsrolle in der Dritten Welt

China greift im Jahr 1950 in den ____________________ ein, hilft später den Freiheitsbewegungen in _____________ und ________________. Die Chinesen gewinnen im Laufe der Zeit eine __________-______________________ in der Dritten Welt.

❸ China öffnet sich dem Westen

Der amerikanische Präsident Richard ________________ besuchte im Jahr ________ zum ersten Mal China. Diesem Ereignis ging die Aufnahme Rotchinas in die ________ voraus. Auch die Außenminister aus __________________________ ____ waren noch im gleichen Jahr ________ in China.

Maos politische Erben haben seit dessen Tod im Jahr die Westpolitik noch verstärkt. Diese Öffnung nach dem Westen musste gegen innenpolitische Widerstände durchgesetzt werden; besonders die sog. „________________________" bekämpfte diese chinesische Politik.

GESCHICHTE	Name	Klasse	Datum	Nr.

Die Politik Chinas seit 1960

❶ Peking gegen Moskau - Kommunistische Bruderparteien im Streit

Anfangs leistete die sowjetische Kommunistische Partei Hilfe bei der Entwicklung der chinesischen Bruderpartei. Mao strebte jedoch nach Selbständigkeit gegenüber sowjetischem Führungsanspruch. So verurteilte die KPCh den russischen Einmarsch in Polen zu Beginn des Zweiten Weltkrieges.
Ab etwa 1957 wird der Streit über den wahren Weg zum Kommunismus und die Methoden der Weltrevolution offen ausgetragen. China greift vor allem die Führungsrolle der KPdSU im sozialistischen Lager an.

Der Unterschied spiegelt sich auch wider in den Ansichten über die Bedeutung von Kriegen:

China:

Die Ansichten der chinesischen Kommunisten über die Bedeutung von Kriegen sind geprägt von Maos Erlebnissen auf dem „Langen Marsch". Mao schrieb bereits 1938:
„Die zentrale Aufgabe der Revolution und ihre höchste Form ist die Machtergreifung auf bewaffnetem Wege, das heißt die Lösung der Frage durch den Krieg. Dieses revolutionäre Prinzip des Marxismus-Leninismus ist überall richtig; es ist unbedingt richtig sowohl für China als auch für die anderen Staaten ... Die Erfahrungen ... zeigen, dass die Arbeiterklasse und die werktätigen Massen die bewaffnete Bourgoisie und die Grundbesitzer nur mit Hilfe des Gewehrs besiegen können; in diesem Sinne kann man sagen, dass man die Welt nur mit Hilfe des Gewehrs umgestalten kann."

UdSSR:

Der sowjetische Parteichef Chruschtschow verurteilt am 12.12.1962 die chinesische These von der Unvermeidbarkeit eines Weltkrieges:
„Die Menschlichkeit unserer Zeit hat nur eine Wahl: Friedliche Koexistenz oder Vernichtungskrieg ... Die Propagierung einer Lösung der strittigen Fragen zwischen Staaten durch Krieg ist ein Wahnwitz, der den Völkern nur Leid und Unglück bringen kann. Sie hat nichts gemein mit der Lehre von Marx und Lenin ..."
Von den Chinesen und den mit ihnen verbündeten Albaniern sagt er, sie hätten „den Glauben verloren, dass der Sieg des Sozialismus ohne Krieg zwischen den Staaten möglich ist. Vielleicht aber haben sie eine solche Möglichkeit niemals begriffen; vielleicht sind sie der Ansicht, dass man nur über einen Krieg, durch Vernichtung von Millionen Menschen zum Kommunismus gelangen kann."

❷ China strebt nach der Führungsrolle in der Dritten Welt

China greift im Jahr 1950 in den Koreakrieg ein, hilft später den Freiheitsbewegungen in Laos und Vietnam. Die Chinesen gewinnen im Laufe der Zeit eine Vorrang-stellung in der Dritten Welt.

❸ China öffnet sich dem Westen

Der amerikanische Präsident Richard Nixon besuchte im Jahr 1972 zum ersten Mal China. Diesem Ereignis ging die Aufnahme Rotchinas in die UNO voraus. Auch die Außenminister aus Frankreich, England, Österreichs und der Bundesrepublik Deutschland waren noch im gleichen Jahr 1971 in China.

Maos politische Erben haben seit dessen Tod im Jahr die Westpolitik noch verstärkt. Diese Öffnung nach dem Westen musste gegen innenpolitische Widerstände durchgesetzt werden; besonders die sog. „Viererbande" bekämpfte diese chinesische Politik.

Mao Tse-tung und Deng Xiao-ping:

Große Wende in China

Nach dreißig Jahren eigenständiger und von der übrigen Welt abgeschlossener Entwicklung ist China heute in der Lage, die elementaren Bedürfnisse von nunmehr einer Milliarde Menschen einigermaßen zu befriedigen. Zwar ist der durchschnittliche Lebensstandard noch relativ niedrig, aber es gibt - im Unterschied zu fast allen anderen Ländern der Dritten Welt - kein Massenelend mehr. Dies ist das Werk Mao Tse-tungs. Sein Tod am 9. September 1976 stellt nicht nur eine Zäsur für die chinesische Entwicklung, sondern auch für die Weltpolitik dar; denn durch den von ihm forcierten Bruch mit Moskau hat er die Kräfteverhältnisse zwischen den Blöcken entscheidend verändert.

Sein Erfolgsrezept schon in den dreißiger Jahren im Kampf gegen Tschiang Kai-schek und die japanischen Besatzer war, nicht den Anweisungen aus Moskau Folge zu leisten, sondern einen eigenständigen nationalen Weg zu gehen. »Wir kämpfen selbstverständlich nicht für ein befreites China, um es dann Moskau zu übergeben«, hatte Mao bereits 1936 gegenüber dem amerikanischen Journalisten Edgar Snow betont. 1963, 14 Jahre nach Gründung der Volksrepublik China, wirft er erstmals vor den Augen der Weltöffentlichkeit den Sowjets vor, die Revolution verraten, die Idee des Sozialismus pervertiert zu haben und die anderen kommunistischen Parteien und Länder unterdrücken und bevormunden zu wollen.

Auch in China selbst sieht er seine Revolutionsvorstellungen gefährdet, auch hier dominieren Technokratie und hierarchische Strukturen über seine Vorstellungen von einem revolutionären Basissozialismus. So verbündet er sich 1966 mit der Jugend und fordert sie zur Erhebung gegen das Parteiestablishment auf. »Stürzt den König der Hölle (damit war Liu Schao-chi gemeint) und befreit die kleinen Teufel« ist der von Mao ausgegebene Schlachtruf, mit dem die Roten Garden die alte Ordnung hinwegfegen. Millionen von Jugendlichen ziehen, bewaffnet mit Maos rotem Büchlein, aufs Land, missionieren die Bauern - und heben überall »Konterrevolutionäre« aus. Ein roher, enthusiastischer Gleichheitsrausch überfällt das Land, in dessen Gefolge nicht wenige Funktionäre und Intellektuelle verhaftet und misshandelt werden. Deng Xiao-ping, der nach Liu Schao-chi bestgehasste Mann der Kulturrevolution, wird zwecks Umerziehung zum Schweinemisten in eine landwirtschaftliche Kommune geschickt.

Doch die von Mao als gezielte Operation am erkrankten Parteikörper angelegte Kulturrevolution entwickelt sich zum Chaos: Die verschiedenen Fraktionen der Roten Garden liefern sich bewaffnete Kämpfe, die Produktion kommt zum Erliegen. Zusammen mit Tschou En-lai bremst Mao die wild gewordenen Kulturrevolutionäre und leitet eine Phase des wirtschaftlichen Aufbaus ein. Der Pragmatiker Deng feiert sein erstes Comeback. Gegenüber der Sowjetunion verschärft Mao nach dem Einmarsch der Warschauer-Pakt Staaten in die Tschechoslowakei die Polemik.

Nun sind die Kremlführer nicht mehr nur »Revisionisten«, sondern »Sozialimperialisten«, sozialistisch in Worten, imperialistisch in ihren Taten, nun ist die UdSSR eine Supermacht, die genauso unerbittlich zu bekämpfen ist wie der alte Erzfeind USA. Im Zuge der propagierten antihegemonistischen Einheitsfront gegen die Supermächte betreibt schon Mao eine Politik der Öffnung nach Westen und nimmt Kontakt mit antisowjetisch orientierten, westeuropäischen Politikern auf. Als sich Mao und Franz Josef Strauß freundlich lächelnd vor den Kameras der Weltpresse die Hände schütteln, ist dies ein erster Schock für die mit dem kulturrevolutionären China sympathisierenden Linken der westlichen Welt.

Im Inneren eskaliert nach Tschou En-lais Tod im Januar 1976 der Kampf zwischen Deng und der radikalen Fraktion, die später als »Viererbande« tituliert wurde. Ihm sei es egal, ob eine Katze rot oder schwarz sei, Hauptsache, sie fresse Mäuse, so hatte Deng schon in den sechziger Jahren seine Linie auf eine einprägsame Formel gebracht. »Reaktionärer Unsinn, Furz«, soll Mao dazu gesagt haben, und der kleine Deng verschwindet zum zweiten Mal in der Versenkung - endgültig, wie die »Chinawatchers« glaubten. Damit scheinen die radikalen Vier aus Schanghai zu triumphieren, doch Mao bestellt Hua Guo-feng, einen Kandidaten der Mitte, zum Ministerpräsidenten.

Ein halbes Jahr später starb Mao. Kommt eine neue Kulturrevolution? Oder eine Annäherung an Moskau? Diese Fragen und eine Unmenge von Spekulationen bewegen die Weltöffentlichkeit. Nichts von alledem. Schon bald nach Maos Mumifizierung, nachdem Millionen Chinesen weinend an seiner Bahre vorbeidefiliert waren, kann Hua Guo-feng die »Viererbande« entmachten. Nach einer kurzen Pause ist Mao-Kontrahent Deng wieder zweitmächtigster Mann im Staat. Chinas neuer Kurs ist da mit entschieden: Nicht mehr die Revolution steht an erster Stelle, sondern die Produktion, China soll mittels der »Vier Modernisierungen« bis zum Jahr 2000 ein wohlhabendes Industrieland sein. Lernen von den fortgeschrittenen kapitalistischen Staaten des Westens, ist die neue Parole. Die Wirtschaftsbeziehungen expandieren sprunghaft, sogar Kredite werden aufgenommen, und damit wird das grundlegende Prinzip Maos, das »Vertrauen auf die eigene Kraft«, über Bord geworfen. In die Öffnung gegenüber dem Westen wird nun auch die USA mit einbezogen und nun weniger als feindliche Supermacht denn als Bündnispartner gegen den Hauptfeind Sowjetunion betrachtet.

Die Abwendung vom Puritanismus der Kulturrevolution lässt einen »Pekinger Frühling« ausbrechen: Die Kultur wird vom Diktat eines rigiden sozialistischen Realismus befreit, Konsumbedürfnisse gelten nun nicht mehr als reaktionär, der blaue proletarische Einheitslook weicht langsam und schüchtern modischem Schick, Coca Cola - einst Inbegriff des verkommenen US-Imperialismus - feiert seinen Einzug und lange Schlangen bilden sich vor Kinos, in denen Charlie Chaplin durch die »Lichter der Großstadt« watschelt. Es werden offene politische Diskussionen geführt, in denen auch Kritik an der neuen Führung laut wird. Als diese so weit geht, die Kommunistische Partei und den Marxismus-Leninismus prinzipiell in Frage zu stellen, wird die Demokratisierung wieder etwas zurückgenommen. Die »Mauer der Demokratie« in Peking, die Meckerecke der Nation, wird geschlossen, und das Volk wird staatlicherseits ermahnt, daran zu denken, dass man zwar kapitalistische Technologie importiere, nicht aber bourgeoise Ideologie. Auch der Ausbau der Wirtschaftsbeziehungen mit dem Westen verlangsamt sich. Doch bedeutet dies keine Rückkehr zu kulturrevolutionären Prinzipien; die Urteile über die Kulturrevolution werden immer kritischer, und 1980 wird sogar Maos Hauptfeind Liu Schao-chi offiziell rehabilitiert. Mehr Freiheit, weniger Gleichheit, mehr Pragmatismus, weniger Ideologie, darauf scheint sich Pekings innere Politik einzupendeln. Mao Tse-tung, der immer voll revolutionärer Ungeduld das Endziel der klassenlosen Gesellschaft im Auge hatte - würde er ein von Deng Xiao-ping geschaffenes China 2000 noch erkennen?

Magnus Reitschuster

Deng Xiao-ping (rechts), der seit Maos Tod als »starker Mann« der Volksrepublik China gilt, akzeptierte im Januar 1987 den Rücktritt seines politischen Ziehkindes, des Partei-Generalsekretärs Hu Yao-bang (links). Er warf ihm im Zusammenhang mit den Studentenunruhen Ende 1986 politische Versäumnisse vor. Das Politbüro ernannte den Regierungschef Zhao Zi-yang zum Nachfolger Hus. Somit sicherte sich Deng Xiao-ping seinen politischen Kurs gegenüber konservativen Gegnern ab.

THEMA

Das Jahr 1989 in China

LERNZIELE

- Erkenntnis, dass die chinesische Demokratiebewegung im Juni 1989 blutig niedergeschlagen wurde
- Wertung der Rolle von Deng Xiao-ping (Teng Hsiao-ping)
- Erkenntnis, dass weltweiter Protest wenig bewirkt
- Fähigkeit, politische Karikaturen zu „lesen“

ARBEITSMITTEL/MEDIEN/LITERATURHINWEISE

- Arbeitsblatt mit Lösung
- Folien (Informationstexte, Bilder, Karikaturen)
- Karikaturen S. 115 © Horst Haitzinger, München
- Text S. 111 aus: Chronik der Gegenwart © Harenberg Verlag, Dortmund 1996

TAFELBILD/FOLIEN

Blutbad auf dem Tiananmen-Platz

4. Juni. Peking. Auf dem Platz des Himmlischen Friedens (Tiananmen-Platz) beendet das Militär die seit Wochen andauernden Massendemonstrationen mit einem Blutbad. Nach inoffiziellen Schätzungen fordert das Massaker 3600 Tote und 60000 Verletzte. Seit Mitte April hatten Studenten in Peking, Schanghai und anderen chinesischen Großstädten für mehr Freiheit und Demokratie demonstriert. Im Schatten dieser Demonstrationen stand das Zusammentreffen von Michail Gorbatschow und Deng Xiao-ping, das erste chinesisch-sowjetische Gipfeltreffen seit 30 Jahren. Der 84-jährige Deng, der 1979 eine umfassende Modernisierung des Landes eingeleitet hatte, ist maßgeblich verantwortlich für die Niederschlagung der Demokratiebewegung.
Während der "Säuberungswelle" nach dem Massaker werden rund 120000 Menschen verhaftet, bis Anfang August werden mindestens 34 Todesurteile gefällt. Am 9. November wird Jiang Zemin, der als KP-Chef den Reformpolitiker Zhao Ziyang ablöste, Vorsitzender der zentralen Militärkommission. Er tritt die Nachfolge Dengs an, der damit sein letztes öffentliches Amt abgibt.

Chinesische Demokratiebewegung in Blutbad erstickt

Auslandsproteste bleiben wirkungslos

Nach einer Welle moralischer Entrüstung folgen weltweit jedoch nur wenige konkrete politische Schritte. Zwar unterbrechen die zwölf EG-Staaten ebenso wie die USA hochrangige Kontakte auf diplomatischer Ebene. London verkündet ein Waffenembargo. Doch bleiben weitergehende Wirtschaftssanktionen im Wesentlichen aus.
Nur wenige Staaten nehmen zugunsten der Volksrepublik China Stellung, die sich nach der blutigen Niederschlagung der Demokratiebewegung zu isolieren droht. Insbesondere die Erklärung der DDR, bei den Demonstrationen hätte es sich um »konterrevolutionäre Unruhen« gehandelt, deren entschlossene Niederschlagung zur Wiederherstellung der Ordnung gerechtfertigt gewesen sei, löst in den westlichen Demokratien Empörung aus.
Obwohl es nicht zu einem radikalen Bruch zwischen der westlichen Welt und China kommt, zeigt sich bei den 40-Jahr-Feiern der Volksrepublik im Oktober, dass zahlreiche Nationen den 4. Juni nicht vergessen haben: Nur wenige Staatsgäste sind bei dem Jubiläum anwesend.

Stundenbild

I. Hinführung

St. Impuls	Folie (S. 111)	Bilder (2)
Aussprache		
Zielangabe	TA	**China im Jahr 1989**

II. Erarbeitung

Vermutungen		... Panzer schlagen Aufstand nieder ...
	TA	Chinesische Demokratiebewegung im Juni 1989 blutig niedergeschlagen
AA zur GA		Beschreibe die Vorgänge am 4. Juni 1989!
Zeitungsartikel	Info (S. 113 o.)	Chinesische Demokratiebewegung in Blutbad erstickt
GA a.g.		
Zsf. Gr.berichte		In der Nacht zum 4. Juni stürmen regierungstreue Truppen den Tienanmen-Platz (Platz des Himmlischen Friedens). Panzer rasen in die Menschenmenge und walzen alles nieder, was sich in den Weg stellt. Fliehende Menschen werden erschossen.
Zeitungsartikel	Folie (S. 111)	
SSS lesen		
Aussprache		Gründe für diese Gewaltaktion

III. Wertung

	Folie (S. 114)	Sagt bitte aller Welt, was hier passiert! Ihr seid unsere letzte Hoffnung!
SSS lesen		
Aussprache		Reaktion des Auslandes?
		Trotz einer Welle moralischer Entrüstung folgen weltweit nur wenige konkrete Schritte. Die Erklärung der damaligen DDR-Führung löst in den westlichen Demokratien Empörung aus.
	Folie (S. 113 u.)	Was sind eine Million Tote?
Aussprache		Die Rolle von Teng Hsiao-ping: Vom Reformer-Image zum Verantwortlichen für dieses Blutbad.

IV. Sicherung

Zsf.	AB (S. 115)	Das Jahr 1989 in China
Aussprache		Karikaturen (2)
Kontrolle	Folie (S. 116)	

Chinesische Demokratiebewegung in Blutbad erstickt

4. Juni. Mit einem Blutbad beendet das chinesische Militär in Peking die seit Mitte April andauernden Massendemonstrationen für Demokratie und Menschenrechte Auf Befehl der chinesischen Führung unter Deng Xiaoping, die ihr Herrschaftsmonopol durch die hauptsächlich von Studenten getragenen Protestaktionen bedroht sieht, ermorden Soldaten der Volksarmee nach inoffiziellen Schätzungen 3000 Zivilisten. Das Massaker und die sich anschließende »Säuberungswelle«, in deren Verlauf zahlreiche Demonstranten hingerichtet werden, löst weltweit Entsetzen und Protest aus.

Die Abrechnung. Nach zuverlässigen Schätzungen fordert das Blutbad 3600 Tote und rund 60000 Verletzte. In Peking und anderen Städten entlädt sich die Wut über das Massaker auf den Strassen. Panzer werden in Brand gesteckt, Soldaten gelyncht. Diese Bluttaten liefern der Führung den Vorwand zu Massenverhaftungen und Hinrichtungen sowie zu einer Säuberung der Partei. Am 15. Juni werden in Schanghai die ersten Todesurteile gegen drei Arbeiter verhängt, die einen Militärzug angezündet haben sollen. Schon eine Woche darauf werden die Urteile vollstreckt. Mit strenger Pressezensur, einer Wiederbelebung des Spitzelwesens, hohen Belohnungen für Denunzianten und Kasernenhofdrill an den Universitäten soll das Volk auf Linie gebracht werden. Auf die Ursachen der Krise - Inflation, Spekulation und Korruption - antwortet die Führung, indem sie die Reformschraube zurückdreht. Die zentralistische Planung soll verstärkt, der Spielraum für marktwirtschaftliche Initiativen beschnitten werden. Die von Zhao geplante Trennung von Partei und Staat findet nicht statt. Sie hätte Macht und Pfründe des korrupten Parteiapparates beschnitten.

Ende mit Schrecken. Bevor in der Nacht zum 4. Juni die Panzer den Volksprotest in Peking niederwalzen, erschüttert binnen sieben Wochen eine stetig wachsende Massenbewegung für Demokratie die Fundamente des vergreisten Regimes. Am 15. April stirbt der Reformpolitiker Hu Yao-bang, der 1987 als Parteichef vom konservativen Flügel gestürzt worden ist. Während der Trauerkundgebungen fordern Studenten die Rehabilitierung Hus. Eine Woche darauf demonstrieren in Peking 150000 Menschen im Umkreis der Universität. Ihr Motto: »Ein Toter lebt. Ein Lebender ist tot. « Der tote Lebende, der 84-jährige Teng Hsiao-ping, lässt vor »Destabilisierung« warnen. Am 4. Mai, dem Jahrestag der Demokratie-Bewegung von 1919, demonstrieren trotz Verbots über eine halbe Million Menschen auf dem Tienanmen-Platz. 3000 Studenten treten in einen Hungerstreik. Fünf Tage später während des Gorbatschow-Besuchs, streiken zahlreiche Betriebe und auf den Straßen Pekings demonstriert eine Million Menschen für eine demokratische Verfassung. Parteiführer Zhao Zi-yang, der als liberal gilt, erklärt sein Verständnis für die Forderungen der Massen und besucht Hungerstreikende im Krankenhaus. Der konservative Ministerpräsident Li Peng fordert Truppen aus anderen Landesteilen an, weil die Pekinger Soldaten einen Einsatz gegen die Demonstranten ablehnen. Am 20. Mai verhängt die Regierung das Kriegsrecht. Unterstützt von Massen kundgebungen in Schanghai und anderen Städten, versuchen Hunderttausende von Pekinger Bürgern, den Vormarsch der Truppen mit friedlichen Mitteln zu stoppen. Vorerst mit Erfolg. Viele Offiziere und Soldaten erklären sich solidarisch. Einige Tage später wird Zhao von der Li-treuen Presse als »Parteifeind« und »Unruhestifter« gebrandmarkt. Am 30. Mai werden die Führer der »Unabhängigen Bewegung der Arbeiter Pekings« verhaftet, während die Studenten auf dem Tienanmen die Statue der »Freiheitsgöttin« enthüllen. Die Studentenführerin Qai Ling appelliert noch einmal an die internationale Solidarität, während regierungstreue Truppen auf Peking zumarschieren. In der Nacht zum 4. Juni stürmen sie den Tienanmen-Platz. Tausende von Demonstranten werden einfach plattgewalzt oder niedergeschossen. Als Augenzeuge schildert der renommierte 80-jährige Literaturprofessor Yang Tsianyi der BBC die Tragödie: »Es ist das blutigste Massaker, das je von einer reaktionären Regierung angerichtet wurde. Wir haben gesehen, wie ein siebenjähriges Mädchen vor der Großen Halle des Volkes ermordet worden ist. Wir haben auch gesehen, wie Studentinnen die Augen ausgeschossen wurden, wie ihnen die Gesichter zerfetzt wurden. Und die Studenten leisteten keinen Widerstand. Sie hatten sich nur untergehakt und versuchten, den Vormarsch der Soldaten zu stoppen. Die Soldaten mähten sie einfach nieder mit ihren Maschinengewehren. Als die Studenten wegliefen, wurden sie von hinten erschossen.«

»Was sind eine Million Tote?«

Mit dieser Aussage wird Teng Hsiao-ping zitiert, der als Verantwortlicher des Juni-Massakers gilt. Zwar hat der 84-Jährige, von Altersleiden schwer gezeichnete Greis bis auf eins alle Ämter aufgegeben. Als Chef der ZK-Militärkommission ist er aber immer noch Oberbefehlshaber der Armee. Teng zerschlägt mit seinem Schießbefehl endgültig das Reformer-Image, das ihm seit Ende der 70er Jahre anhaftete. Damals hatte der Mao-Nachfolger mit einer wirtschaftlichen Liberalisierungspolitik, die vor allem den Privatbauern zu relativem Wohlstand verhalf, China das Tor zum Westen geöffnet. Darüber hinaus hat sie ein enges Netz der Korruption geschaffen, in dem große Teile der Parteibürokratie wie Spinnen auf ihre Beute warten. Deren Sachverwalter Teng lehnt denn auch die politische Liberalisierung stets ab. Folgerichtig lässt er zum großen Schlag ausholen, als sich die Überlebensfrage des Regimes stellt, die Machtfrage.

„Sagt bitte aller Welt, was hier passiert! Ihr seid unsere letzte Hoffnung!"

Zahlreiche Augenzeugenberichte, die in der internationalen Presse abgedruckt werden, führen der Weltöffentlichkeit die Brutalität der Ereignisse in Peking sowie die verstörten und entsetzten Reaktionen der chinesischen Bevölkerung vor Augen. Die Wochenzeitung "Die Zeit" zitiert eine chinesische Studentenführerin und zwei bundesdeutsche Journalisten, die das Geschehen dokumentieren:

»Einige von uns [Studenten] kämpften mit Stöcken und Limonadenflaschen - Waffen, die eigentlich keine sind - gegen Soldaten, die, mit Sturmgewehren und Panzern ausgerüstet, Amok liefen und die jegliche Vernunft verloren hatten ... Wir wussten, dass unsere letzte Stunde gekommen war, in der wir unsere Opfer für die Demokratie bringen mussten ... Wie wir erst später erfuhren, hatten noch einige Studenten Hoffnungen in die Regierung, in die Armee gesetzt und geglaubt, die Armee würde uns höchstens wegtragen. Sie waren erschöpft in ihren Zelten liegen geblieben. Die Panzer walzten sie einfach nieder. Später hieß es, es seien über 200 Studenten gewesen, andere meinten, schon über 4000 seien getötet worden. Bis jetzt kenne ich die genaue Zahl der Opfer nicht. Die Zelte und Kleidungsstücke ließ man von den Panzern und Schützenpanzern aus mit Benzin übergießen, die Leichen der Kommilitonen wurden einfach verbrannt. Danach wurde der Boden mit Wasser abgespritzt, so dass keinerlei Spuren übrig blieben ... Auf der Chang'an [-Avenue] kam uns ein Panzer entgegen, der mit Tränengas schoss, dann über mehrere von uns hinwegrollte, ihnen die Beine zerquetschte, den Kopf. Oft konnten wir keine 'vollständigen' Leichen mehr auffinden. Die Kommilitonen, die sich geopfert haben, wie soll man je ihr Leben zurückgewinnen?«

»Gegen zehn Uhr morgens fahren wir auf dem dritten Ring von Osten in die Stadt. Überall dasselbe Bild: Niedergewalzte Straßenbarrikaden, zermalmte Fahrräder, viele zertrümmerte, brennende oder schon ausgebrannte Militärfahrzeuge. Am Boden verstreute Pflastersteine. Trotz verschärfter Bestimmungen des Ausnahmezustandes stehen überall große Menschengruppen und diskutieren. In den Gesichtern spiegeln sich Fassungslosigkeit, aber auch Wut und Hass ... Wir halten an einem Restaurant an, um zu telefonieren. Sofort kommen Chinesen auf uns zu: 'Aus welchem Land kommen Sie? Sind Sie Journalisten?' Und dann der Satz, den wir in diesen Tagen noch häufig hören sollen. 'Sagt bitte in aller Welt, was hier passiert. Ihr Journalisten aus dem Ausland seid jetzt unsere letzte Hoffnung!' «

Allen Bewegungen des Erdballs zum Trotz

SZ-Zeichnung: P. Leger

GESCHICHTE	Name	Klasse	Datum	Nr.

Das Jahr 1989 in China

15. April:

4. Mai:

20. Mai:

4. Juni:

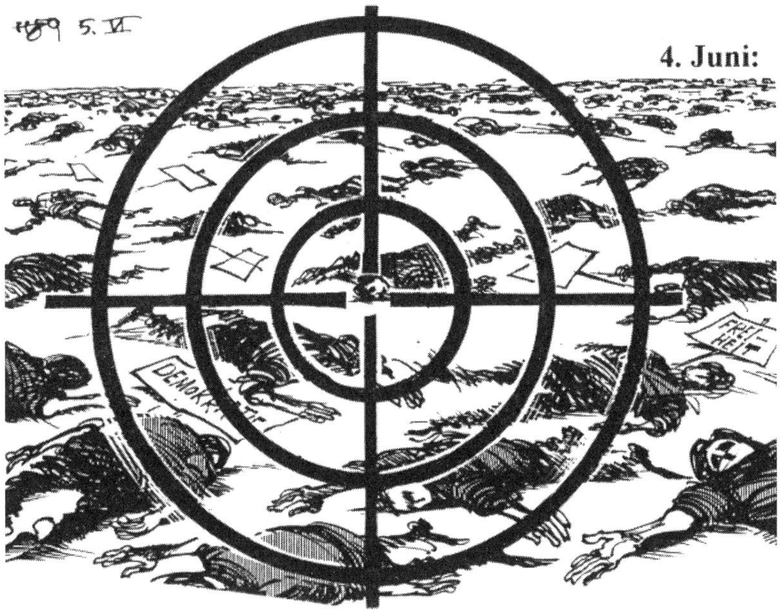

Reich der Mitte

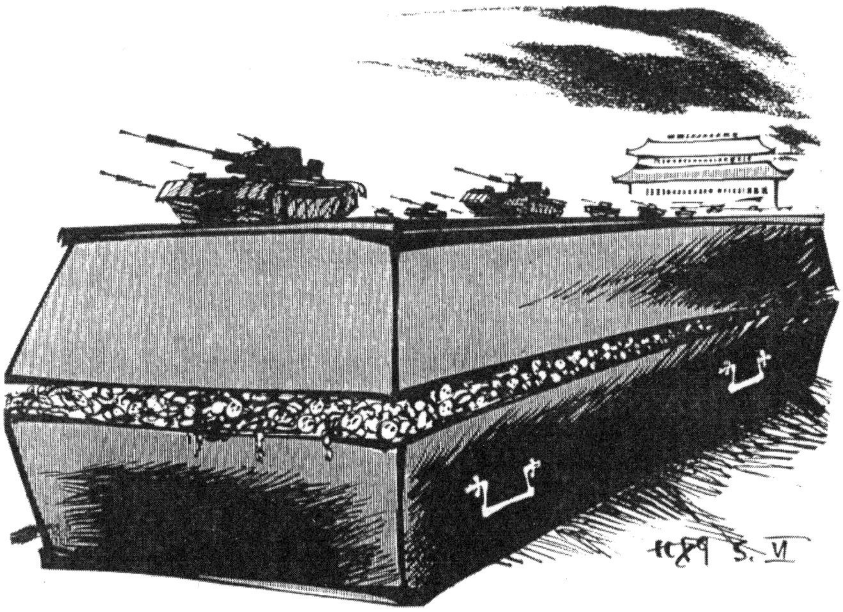

Platz des Himmlischen Friedens

GESCHICHTE	Name	Klasse	Datum	Nr.

Das Jahr 1989 in China

15. April: Der Reformpolitiker Hu Yao-bang stirbt. Anlässlich der Trauerkundgebung demonstrieren Studenten für eine neue Politik.

4. Mai: Eine halbe Million Menschen demonstriert trotz Verbotes für die Einführung der Demokratie in China.

20. Mai: Die Regierung verhängt das Kriegsrecht. Hunderttausende von Pekinger Bürgern versuchen den Vormarsch der Truppen mit friedlichen Mitteln

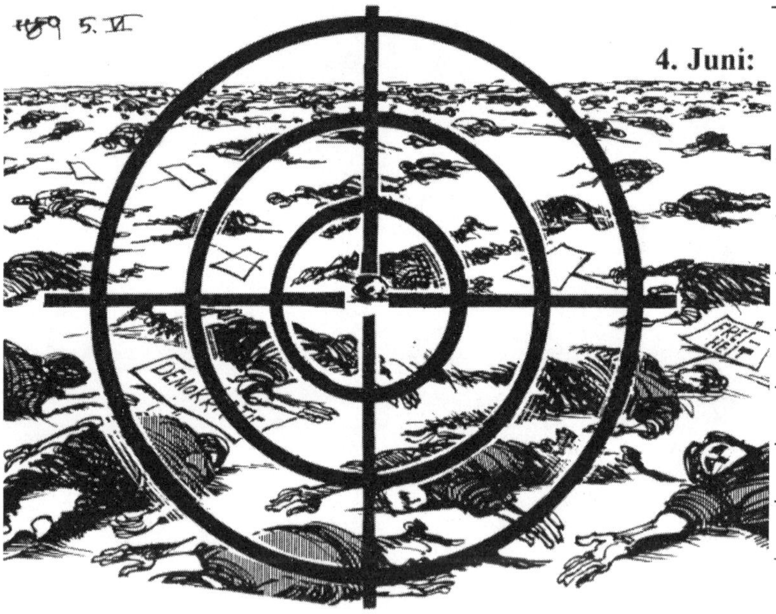

Reich der Mitte

4. Juni: In der Nacht zum 4. Juni stürmen regierungstreue Truppen den Tienanmen-Platz (Platz des Himmlischen Friedens). Panzer rasen in die Menschenmenge und walzen alles nieder, was sich ihnen in den Weg stellt. Fliehende Menschen werden rücksichtslos erschossen.

Das Blutbad fordert rund 3600 Tote und über 60000 Verletzte. Teng Hsiao-ping gilt als Verantwortlicher des Massakers. Mit dieser Aktion wird die chinesische Demokratiebewegung in Blut erstickt.

Platz des Himmlischen Friedens

THEMA

Afghanistan - das sowjetische „Vietnam“

LERNZIELE

- Herausfinden der Ursachen für den Überfall der Sowjetunion auf Afghanistan im Jahre 1979
- Wissen um die Probleme der Kriegsführung der sowjetischen Armee
- Wissen um die Reaktion der westlichen Welt auf diesen Krieg
- Kenntnis des Truppenabzugs im Jahre 1989, eingeleitet durch Michail Gorbatschow
- Kenntnis, dass der Bürgerkrieg in Afghanistan weitergeht

ARBEITSMITTEL/MEDIEN/LITERATURHINWEISE

- Arbeitsblatt mit Lösung
- Folien (Zeitungstexte, Bilder, Karte)
- Atlas bzw. Wandkarte
- Karte S. 119 aus: Harenberg Länderlexikon 95/96 © Harenberg Verlag, Dortmund 1995
- Foto S. 117 © Pandis; Foto S. 119 © Ullstein/Camera Press;

TAFELBILD/FOLIEN

Afghanistan - das sowjetische „Vietnam“

Kriegsbeginn: 26. Dezember 1979: Einmarsch der 40. Sowjetarmee (80 000 Militärpersonen)

Kriegsziel: Unterstützung der von einem Sturz bedrohten linken Regierung unter Staats- und Regierungschef Babrak Karmal; Beendigung der „Konterrevolution“ der moslemischen Aufständischen (Mudschaheddin) ⇨ Sicherung des freien Zugangs zum Persischen Golf, der von wichtiger strategischer Bedeutung ist

Kriegsverlauf: Rebellen sind nicht unter Kontrolle zu bringen (Guerilla-Krieg; Entzug der Kontrolle durch Flucht in die Länder Pakistan und Irak, die die Aufständischen unterstützen; mehr als 5 Mio. Menschen fliehen; Unterstützung der Rebellen durch Waffenlieferungen aus westlichen Staaten)

Kriegsende: 15. Februar 1989: Rückzug der Roten Armee

Afghanische Mudschaheddin triumphieren auf einem abgeschossenen Sowjet-Hubschrauber

Stundenbild

I. Hinführung

St. Impuls	Folie (S. 117 u.)	Mudschaheddin auf abgeschossenem sowjetischen Hubschrauber
Aussprache		
	Folie (S. 119)	Karte
Aussprache		Geographische Einordnung: Afghanistan
Zielangabe	TA	**Afghanistan - das sowjetische „Vietnam“**

II. Erarbeitung

Vermutungen		
AA zur GA		Informiere dich über Beginn, Verlauf und Ende des Afghanistankrieges!
Zeitungsartikel	Info (S. 121) Lexika	
GA a.g.		
Zsf. Gr.berichte		
Zsf.	TA (S. 117)	

III. Wertung

	Folie (S. 119 Mi.)	Text
LSG		Arbeitsaufgaben ① Fundamentalismus: Kompromissloses Festhalten an Grundsätzen religiöser oder politischer Art ② Präventive Vorwärtsverteidigung: vorbeugende Angriffsmaßnahmen (zur „Verteidigung“) ③ Militärintervention: Militärische Einmischung in die Angelegenheiten eines fremden Staates ④ Peripherie: Randgebiet ⑤ Expandierend: sich ausdehnend ⑥ Atheistisch: die Existenz Gottes leugnend ⑦ Ökonomisch: wirtschaftlich ⑧ Prestige: Ansehen, Geltung
Aussprache		
		Begründung, warum der Afghanistankrieg als das sowjetische „Vietnam“ bezeichnet wird
Aussprache		

IV. Sicherung

Zsf.	AB (S. 119)	Afghanistan - das sowjetische „Vietnam“
Kontrolle	Folie (S. 120)	

V. Zusammenfassung

Zsf.	Folie (S. 122)	Überblick: Kriege und Krisen in Asien
SSS lesen		
Aussprache		
Eintrag	Heft/Block	

GESCHICHTE	Name	Klasse	Datum	Nr.

Afghanistan - das sowjetische „Vietnam“

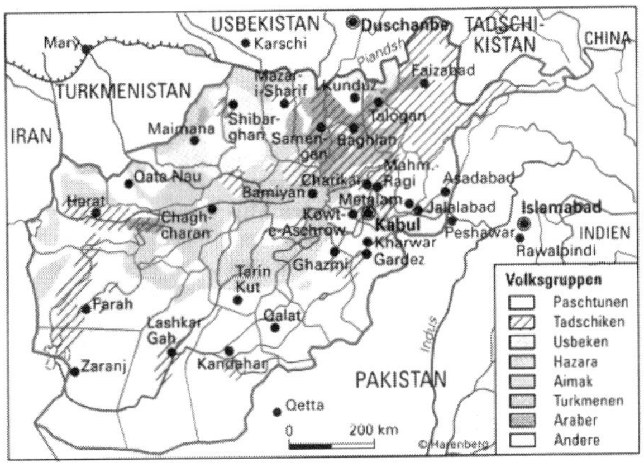

Arbeitsaufgaben:

❶ ***Zähle Afghanistans heutige Nachbarstaaten auf!***

___

___

___

❷ ***Warum war Afghanistan für die damalige UdSSR strategisch so wichtig?***

___

___

___

❸ ***Kriegsbeginn:***

___

❹ ***Kriegsverlauf:***

___

___

___

___

❺ ***Kriegsende:***

___

Mudschaheddin auf abgeschossenem Hubschrauber

Der Afghanistankrieg - das sowjetische „Vietnam“

Der Sieg des islamischen Fundamentalismus im Iran 1979 brachte, damals noch nicht sichtbar, eine erste Wende: Afghanistan wurde mit zwei Militärputschen (1973 und 1978) zwar äußerlich kommunistisch, von Breschnew im Juni 1979 offiziell zum Teil der sozialistischen Staatengemeinschaft erklärt. Aber als präventive Vorwärtsverteidigung zur Sicherung seiner muslimischen Südflanke beschloss Moskau die Militärintervention in Afghanistan. Mit dem Afghanistankrieg (1979-88) bereitete sich die Sowjetunion jene entscheidende Niederlage an der Peripherie, an der bisher noch die meisten expandierenden Machtstrukturen untergegangen sind. Bei nur etwas Kenntnis der Geschichte Afghanistans war vorauszusehen, dass die sowjetische Militärintervention zur Stützung eines atheistisch-kommunistischen Systems misslingen würde. In Parallele zum Vietnamkrieg waren die mittelfristigen Folgen des Afghanistankrieges ebenfalls absehbar: War jener der Anfang vom Abstieg der USA als Weltmacht, so wurde der Afghanistankrieg als der sowjetische Vietnamkrieg für die scheinbar solidere, in Wirklichkeit zerbrechlichere Sowjetunion der Anfang vom Ende. Militärische, ökonomische, politische und moralische Kosten zehrten an ihrem internationalen Prestige und Selbstverständnis als fortschrittliche Befreiungsbewegung, die sonst den Partisanenkämpfer verherrlichte. Waffenlieferungen der USA an afghanische Widerstandskämpfer waren weltpolitische Rache für sowjetische und chinesische Unterstützung kolonialer Befreiungskriege im Kalten Krieg (Vietnam, Algerien, Angola, Mosambik, Rhodesien, Südafrika).

Arbeitsaufgaben:

❶ ***Kläre folgende Begriffe: Fundamentalismus, präventive Vorwärtsverteidigung, Militärintervention, Peripherie, expandierend, atheistisch, ökonomisch, Prestige. Schlage im Lexikon nach!***

❷ ***Was bedeutet der Begriff „Kalter Krieg“?***

❸ ***Begründe, warum der Afghanistankrieg als das sowjetische „Vietnam“ bezeichnet wird!***

Als letzter Angehöriger der Roten Armee verlässt General Boris Gromow Afghanistan. Sein Sohn Maxim begleitet den Vater auf der Brücke über den Grenzfluss Amu Darja.

GESCHICHTE	Name	Klasse	Datum	Nr.

Afghanistan - das sowjetische „Vietnam“

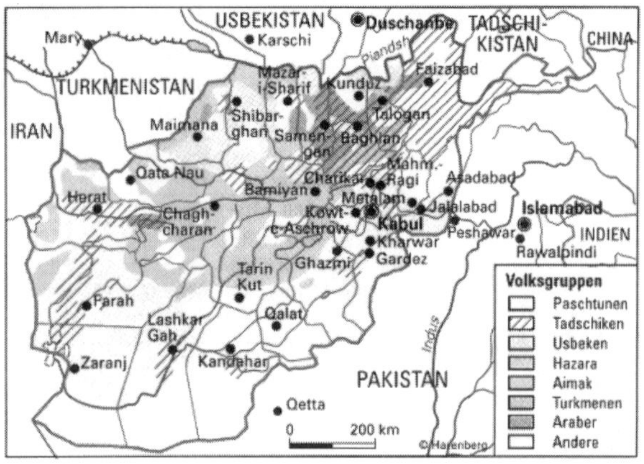

Arbeitsaufgaben:

❶ ***Zähle Afghanistans heutige Nachbarstaaten auf!***

Iran, Pakistan, Tadschikistan, Usbekistan, Turkmenistan, China (zu einem ganz geringen Teil)

❷ ***Warum war Afghanistan für die damalige UdSSR strategisch so wichtig?***

Sicherung des freien Zugangs zum Persischen Golf, der für den Einsatz der Kriegsflotte von wichtiger strategischer Bedeutung ist

❸ ***Kriegsbeginn:***

26. Dezember 1979 (Einmarsch Sowjetarmee)

❹ ***Kriegsverlauf:***

Rebellen (Mudschaheddin) sind nicht unter Kontrolle zu bringen, Guerilla-Krieg; Unterstützung der Aufständischen durch Pakistan und Irak, auch mit Waffenlieferungen

❺ ***Kriegsende:***

15. Februar 1989 (Rückzug der Roten Armee)

Mudschaheddin auf abgeschossenem Hubschrauber

Der Afghanistankrieg - das sowjetische „Vietnam“

Der Sieg des islamischen Fundamentalismus im Iran 1979 brachte, damals noch nicht sichtbar, eine erste Wende: Afghanistan wurde mit zwei Militärputschen (1973 und 1978) zwar äußerlich kommunistisch, von Breschnew im Juni 1979 offiziell zum Teil der sozialistischen Staatengemeinschaft erklärt. Aber als präventive Vorwärtsverteidigung zur Sicherung seiner muslimischen Südflanke beschloss Moskau die Militärintervention in Afghanistan. Mit dem Afghanistankrieg (1979-88) bereitete sich die Sowjetunion jene entscheidende Niederlage an der Peripherie, an der bisher noch die meisten expandierenden Machtstrukturen untergegangen sind. Bei nur etwas Kenntnis der Geschichte Afghanistans war vorauszusehen, dass die sowjetische Militärintervention zur Stützung eines atheistisch-kommunistischen Systems misslingen würde. In Parallele zum Vietnamkrieg waren die mittelfristigen Folgen des Afghanistankrieges ebenfalls absehbar: War jener der Anfang vom Abstieg der USA als Weltmacht, so wurde der Afghanistankrieg als der sowjetische Vietnamkrieg für die scheinbar solidere, in Wirklichkeit zerbrechlichere Sowjetunion der Anfang vom Ende. Militärische, ökonomische, politische und moralische Kosten zehrten an ihrem internationalen Prestige und Selbstverständnis als fortschrittliche Befreiungsbewegung, die sonst den Partisanenkämpfer verherrlichte. Waffenlieferungen der USA an afghanische Widerstandskämpfer waren weltpolitische Rache für sowjetische und chinesische Unterstützung kolonialer Befreiungskriege im Kalten Krieg (Vietnam, Algerien, Angola, Mosambik, Rhodesien, Südafrika).

Arbeitsaufgaben:

❶ ***Kläre folgende Begriffe: Fundamentalismus, präventive Vorwärtsverteidigung, Militärintervention, Peripherie, expandierend, atheistisch, ökonomisch, Prestige. Schlage im Lexikon nach!***

❷ ***Was bedeutet der Begriff „Kalter Krieg“?***

❸ ***Begründe, warum der Afghanistankrieg als das sowjetische „Vietnam“ bezeichnet wird!***

Als letzter Angehöriger der Roten Armee verlässt General Boris Gromow Afghanistan. Sein Sohn Maxim begleitet den Vater auf der Brücke über den Grenzfluss Amu Darja.

Sowjets in Afghanistan

Kabul. Am 26. Dezember 1979 marschieren sowjetische Truppen in Afghanistan ein, angeblich von der kommunistischen Regierung unter Präsident Karmal in Kabul gerufen, die im Vorjahr durch einen Putsch an die Macht gekommen ist.

Im April 1978 war der afghanische Staatspräsident Mohammed Daud Khan, der seit 1973 an der Macht war, von der Armee gestürzt und erschossen worden. Die Regierung besteht seitdem größtenteils aus Mitgliedern der prokommunistischen Volksdemokratischen Partei. Seit dem Umsturz kommt es immer wieder zu Aufständen moslemischer Gruppen. Nach dem Einmarsch der 40. Armee mit 80 000 Militärpersonen leistet die afghanische Bevölkerung erbitterten Widerstand, der sich bald zu einem blutigen Guerillakrieg entwickelt, in den indirekt auch die Nachbarländer Pakistan und Iran verwickelt sind. Teile der afganischen Armee laufen zu den Rebellen über, die sich Mudschaheddin nennen. Angesichts der sowjetischen Invasion verhängen die USA ein Getreideembargo über die UdSSR und stoppen die Lieferung von moderner Technologie für die Erdölförderung. Außerdem liefern die USA Waffen an Pakistan. Drei Jahre nach der Invasion beginnen unter Vermittlung der UNO Verhandlungen über Afghanistan, die 1988 zu einem Abkommen über den Abzug der sowjetischen Truppen führen. Der Bürgerkrieg der unterschiedlichen Widerstandsgruppen ist damit jedoch nicht beendet.

Straßenkontrollen der Regierungstruppen nahe der Hauptstadt Kabul

Sowjetische Truppen verlassen Afghanistan

Kabul. Durch einen Putsch waren 1978 in Afghanistan die Kommunisten an die Macht gekommen. Ende 1979 marschierten sowjetische Truppen in das Nachbarland ein, um den "Waffenbruder" Mohammed Nadschibullah im Kampf gegen islamische Widerstandskämpfer zu unterstützen. Jetzt wollen die Sowjets das Land verlassen.

Im Genfer Afghanistan-Abkommen, das am 4. April von den USA, der UdSSR, Pakistan und Afghanistan unterzeichnet wird, verpflichtet sich Moskau, bis Mitte Februar 1989 alle 115 000 Soldaten abzuziehen. Mit dem Truppenabzug will Michail Gorbatschow zur Entspannung in der Krisenregion beitragen und vor allem das wenig erfolgreiche, direkte Engagement beenden. Nach offiziellen Angaben sind 14 453 Soldaten der Roten Armee in Afghanistan ums Leben gekommen. Präsident Karmal ist gestürzt. Die Mudschaheddin haben gesiegt. Die Zwerge haben Goliath bezwungen.

Auf Druck Moskaus macht die Regierung in Kabul den Rebellen große Zugeständnisse, u. a. bietet sie ihnen die Beteiligung an einer Übergangsregierung an. Die von den USA und Pakistan unterstützten Widerstandskämpfer lehnen alle Angebote ab. Sie hoffen auf einen Sieg gegen die von der Sowjetunion materiell unterstützten Regierungstruppen - der Bürgerkrieg geht weiter.

Überblick: Kriege und Krisen in Asien

Zeit	Krieg/Krise	Kriegsparteien	Anlass	Lösung
1945-49	Indonesischer Autonomiekrieg	Indonesien, Niederlande, Großbritannien	Kampf um Unabhängigkeit der Indonesier	Haager Konferenz (1949): Indonesien erhält die volle Souveränität; Ende der Kolonialmacht
1946-54	Indochinakrieg	Frankreich, Französisch-Indochina (Kambodscha, Laos, Vietnam)	Autonomiebewegungen in Französisch-Indochina	Indochina-Konferenz (1954): Vietnam wird geteilt Laos und Kambodscha werden unabhängig
1947/48	1. Indisch-Pakistanischer Krieg	Pakistan, Indien	Beide Staaten beanspruchen Kaschmir für sich	Teilung Kaschmirs an Waffenstillstandslinie; Annexion des von Indien besetzten Teils
1950/51	Tibetanisch-chinesischer Konflikt	Tibet, China	Chinesische Gebietsansprüche	Dalai Lama flieht nach Indien (1959) und bildet Exilregierung; Tibet unter chinesischer Kontrolle
1950-53	Koreakrieg	Nordkorea, Südkorea, China, UN-Truppen	Kommunistische Truppen (Norden) greifen Süden an	Waffenstillstand von Panmunjom (1953); seitdem kaum Annäherung zwischen Nord- und Südkorea
1957-62	Niederländisch-Indonesischer Krieg	Niederlande, Indonesien	Indonesien fordert Anschluss West-Neuguineas	West-Neuguinea unter UN-Verwaltung (1962); Angliederung der Region an Indonesien (1963)
1957-73/75	Vietnamkrieg	Nordvietnam, Südvietnam, USA	Kommunistischer Norden gegen US-unterstützten Süden	Friedenskonferenz (1973): US-Abzug; Kapitulation Südvietnams (1975); Wiedervereinigung (1976)
1959-62	Chinesisch-Indischer Krieg	China, Indien	Grenzkonflikte in Kaschmir-Region Ladakh	China akzeptiert britische Grenzziehung von 1913/14 (Konferenz von Simla/Indien)
1963-66	Indonesisch-Malayischer Krieg	Indonesien, Malaysia	Expansionsstreben Indonesiens	Frieden von Jakarta (1966): Gegenseitige Anerkennung der beiden Länder; nur langsame Annäherung
1965	2. Indisch-Pakistanischer Krieg	Pakistan, Indien	Pakistanische Grenzprovokationen im Kaschmirgebiet	Abkommen von Taschkent (1966): Beide Staaten erkennen bisherigen Grenzverlauf an
1971	3. Indisch-Pakistanischer Krieg	Pakistan, Indien, Bangladesch	Indien unterstützt Autonomiebestrebung Bangladeschs	Kapitulation Pakistans in Ostbengalen; Anerkennung Bangladeschs (Republik seit 1971)
1979	Jemenitischer Krieg	Arabische Republik Jemen, Demokratische Volksrepublik Jemen	Ideologische Gegensätze zwischen beiden Staaten	Friedensvertrag (1979): Pläne zur Wiedervereinigung beider Staaten, die 1990 realisiert wird
1979-88	Afghanistankrieg	Afghanistan, UdSSR	UdSSR will Afghanistan zum abhängigen Staat machen	Genfer Afghanistan-Abkommen (1988): Abzug der sowjetischen Truppen; Unabhängigkeit Afghanistans
1978-91	Bürgerkrieg in Kambodscha	Insgesamt vier Bürgerkriegsparteien	Einmarsch vietnamesischer Truppen (1978)	Waffenstillstand (1991) zwischen Roten Khmern und provietnamesischer Regierung; UN-Kontrolle
1979	Chinesisch-Vietnamesischer Krieg	China, Vietnam	Spannungen nach Vietnam-Annäherung an UdSSR	Normalisierung nach Kambodscha-Friedensvertrag (1991); Aufnahme von Handelsbeziehungen (1992)
1980-88	1. Golfkrieg	Iran, Irak	Kampf um die Vorherrschaft am Persischen Golf	Waffenstillstand (1988) nach UN-Vermittlung; Beendigung des Kriegs ohne militärischen Sieger
Seit 1983	Bürgerkrieg in Sri Lanka	Singhalesen, Tamilen	Attentat von Tamilen, die sich unterdrückt fühlen	Tamilische Autonomie von Regierungstruppen verhindert; Bürgerkrieg geht weiter
1991	2. Golfkrieg	Irak, multinationale Truppen unter US-Führung	Irak besetzt Kuwait nach Streit um Ölfelder	Waffenstillstand verpflichtet Irak zu Abrüstung und Reparationen; schwere ökologische Schäden

THEMA

Kubakrise 1962 - die Welt am Abgrund

LERNZIELE

- Kenntnis der Machtübernahme Kubas durch Fidel Castro
- Wissen um die Ursachen, die zur Kubakrise 1962 führten
- Beurteilen der Reaktion der Vereinigten Staaten durch Präsident J. F. Kennedy
- Erkennen, wie unmittelbar die Welt damals vor einer atomaren Auseinandersetzung zwischen den beiden Großmächten stand
- Erkenntnis, dass diese Krise als Höhepunkt des „Kalten Krieges“ der erste Schritt zur Entspannungs- und Abrüstungspolitik war

ARBEITSMITTEL/MEDIEN/LITERATURHINWEISE

- Arbeitsblatt mirt Lösung
- Folien (Texte, Bilder, Chronik)
- Atlas bzw. Landkarte
- Karte S. 125 aus: Entdecken und Verstehen 3, S. 65 © Cornelsen Verlag, Berlin 1996
- Chronik S. 123 aus: Kompaktlexikon in 3 Bd. © Harenberg Verlag, Dortmund 1996

TAFELBILD/FOLIEN

Chronik der Kubakrise

Datum	Ereignis
13. 02. 1959	Sturz von Diktator Batista; der am Marxismus orientierte Fidel Castro wird kubanischer Ministerpräsident
03. 01. 1961	Abbruch der diplomatischen Beziehungen zwischen Kuba und den Vereinigten Staaten von Amerika
17. 04. 1961	Vom US-Geheimdienst CIA unterstützte Rebelleninvasion in der Schweinebucht (Kuba) scheitert
04. 02. 1962	US-Handelsembargo gegen Kuba; Einfuhr von kubanischen Gütern wird vollständig untersagt
03. 09. 1962	Zusage der UdSSR an Kuba, den Inselstaat mit Warenmaterial und Ausbildern zu versorgen
05. 09. 1962	US-Präsident John F. Kennedy warnt Kuba vor Angriffen auf andere Staaten Lateinamerikas
11. 09. 1962	UdSSR warnt USA vor einem Angriff auf Kuba; dies bedeute den Ausbruch des Dritten Weltkrieges
14. 09. 1962	Kennedy lehnt US-Intervention auf Kuba ab, um weitere Eskalation der Ereignisse zu verhindern
21. 09. 1962	US-Marine unterbindet Handelstransporte von Kuba in andere lateinamerikanische Länder
26. 09. 1962	UdSSR baut Hafen "für die atlantische Fischereiflotte der Sowjetunion" in der Bucht von Havanna
18. 10. 1962	Luftaufnahmen zeigen, dass die UdSSR einen Raketenstützpunkt auf Kuba errichtet; US-Forderung nach Raketenabzug
24. 10. 1962	Seeblockade der USA gegen sowjetische Frachter; Staatschet Fidel Castro erklärt die Mobilmachung
28. 10. 1962	Chruschtschow kündigt in Brief an Kennedy den Abzug der sowjetischen Angriffswaffen auf Kuba an

Stundenbild

I. Hinführung

St. Impuls	Folie (S. 123)	Bild: Fidel Castro spricht
Aussprache	TA	Fidel Castro
Impuls		L: Dieser Name ist mit einem Land eng verbunden!
Aussprache	TA	Kuba
	Folie (S. 125)	Karte
Aussprache (Lage)		
Zielangabe	TA	**Kubakrise 1962 - die Welt am Abgrund**

II. Erarbeitung

Vermutungen		
Zeitungsartikel	Info (S. 127)	▪ Kubaner feiern Castro ▪ Krise um Kuba - die Welt am Abgrund
SSS lesen		
Aussprache		
Zsf.	TA	Oktober 1962: Amerikanische Aufklärungsflugzeuge entdecken auf Kuba Abschussrampen und Raketen sowjetischer Bauart; am 22. Oktober informiert Präsident John F. Kennedy die Weltöffentlichkeit, verordnet eine sofortige Seeblockade und stellt ein Ultimatum zum Abbau; Castro will einen militärischen Konflikt; N. Chruschtschow lässt am 28. Oktober die Rakaten abbauen
Zsf.	AB (S. 125)	Karte Seeblockade Karikatur
LSG		
Kontrolle	Folie (S. 126)	
Zsf.	Folie (S. 123)	Chronik des Kubakonfliktes
Aussprache		

III. Wertung

	TA	Grenada
Aussprache		
Zeitungsartikel	Folie (S. 127 u.)	Amerikaner besetzen Grenada
Aussprache		
	Folie (S. 128)	Karikaturen (4)
Aussprache		

IV. Ausweitung

Zsf. mit Lehrerergänzungen	Folien (S. 129/130)	Stationen von Konfrontation und Entspannung nach 1945
Eintrag	Heft/Block	

GESCHICHTE	Name	Klasse	Datum	Nr.

Kubakrise 1962 - die Welt am Abgrund

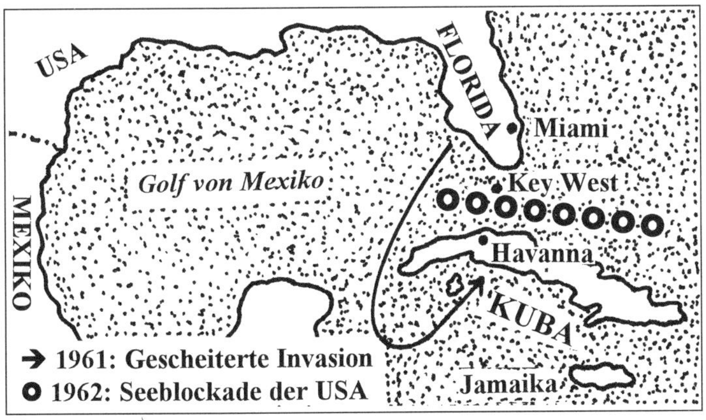

Arbeitsaufgaben:

❶ ***Betrachte die Karte links! Warum wehrten sich die Vereinigten Staaten so vehement gegen eine Stationierung sowjetischer Raketen auf Kuba?***

____

____

____

____

____

____

❷ ***Betrachte das Bild unten! Beschreibe, wie die Seeblockade von den USA durchgeführt wurde!***

____

____

____

❸ ***Finde die Ursachen heraus, die zur Kubakrise führten!***

____

____

____

❹ ***Fasse kurz den Verlauf des Kubakonflikts zusammen!***

____

____

____

____

____

____

____

❺ ***Was will die Karikatur unten ausdrücken?***

„Okay, Mr. Präsident, wir reden miteinander."

____

____

____

____

____

____

____

____

____

Guerillaführer Fidel Castro

GESCHICHTE	Name	Klasse	Datum	Nr.

Kubakrise 1962 - die Welt am Abgrund

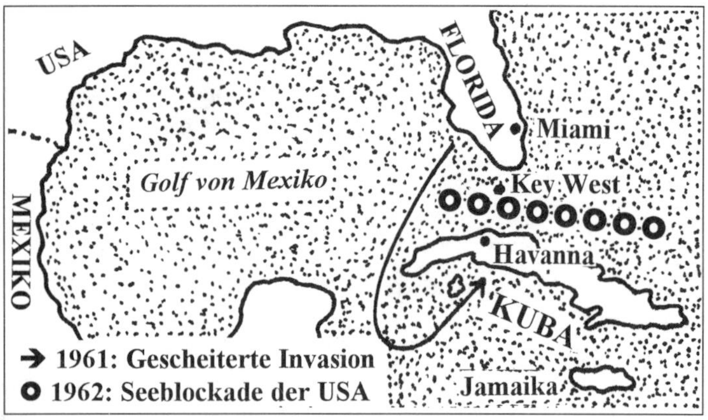

Arbeitsaufgaben:

❶ ***Betrachte die Karte links! Warum wehrten sich die Vereinigten Staaten so vehement gegen eine Stationierung sowjetischer Raketen auf Kuba?***

Atomare Bedrohung unmittelbar vor der "Haustüre"; sowjetische Raketen konnten von Kuba aus jedes Ziel in Amerika in kürzester Zeit erreichen, ohne dass man darauf hätte rechtzeitig reagieren können

❷ ***Betrachte das Bild unten! Beschreibe, wie die Seeblockade von den USA durchgeführt wurde!***

Amerikanische Kriegsschiffe bauen einen engen Ring um Kuba und zwingen so die sowjetischen Frachter mit ihren Raketen zum Abdrehen. Ein Beschuss der Frachter hätte u. U. einen dritten Weltkrieg verursachen können.

❸ ***Finde die Ursachen heraus, die zur Kubakrise führten!***

USA unterstützen Versuch von Exilkubanern, die sozialistische Regierung in Havanna zu stürzen (Invasion Schweinebucht).

❹ ***Fasse kurz den Verlauf des Kubakonflikts zusammen!***

Im Oktober 1962 entdeckten amerikanische Aufklärungsflugzeuge sowjetische Abschussrampen und Mittelstreckenraketen auf Kuba. Am 22. Oktober informierte Präsident John F. Kennedy die Weltöffentlichkeit und verordnete eine Seeblockade. Zuspitzung der Lage nach Abschuss eines Spionageflugzeuges. N. Chruschtschow lässt am 28. Oktober die Raketen abbauen.

Guerillaführer Fidel Castro

❺ ***Was will die Karikatur unten ausdrücken?***

„Okay, Mr. Präsident, wir reden miteinander."

Kräftemessen der beiden Großmächte; ein Reden miteinander sollte anders aussehen; die Zerstörung der Erde per Knopfdruck verdeutlicht die Gefahr; das "H" bedeutet "Wasserstoffbombe".

1959:

Kubaner feiern Castro

Der 1. Januar 1959 bedeutet für Kuba nicht nur den Beginn eines neuen Jahres, sondern auch einer neuen Ära: Nach der Flucht des Diktators Fulgencio Batista y Zaldivar übernimmt der Guerillaführer Fidel Castro, dem das ganze Land begeistert zujubelt, die Macht in Havanna.

Castro, der zunächst den Oberbefehl über die kubanischen Streitkräfte inne hat, wird im Februar Ministerpräsident. Sein Bruder Raúl folgt ihm als Oberbefehlshaber nach. Angesichts des wachsenden militärischen Drucks der Guerillatruppen gab Batista, der die Zuckerrohrinsel seit 1933 diktatorisch regierte, sein Amt auf und floh in die Dominikanische Republik. Der linksgerichtete Jurist Castro unternahm erstmals 1953 einen Aufstandsversuch gegen das korrupte Batista-Regime, der allerdings scheiterte. Castro wurde zu 15 Jahren Zuchthaus verurteilt, jedoch 1955 amnestiert und verließ Kuba. Ein Jahr später kehrte er mit wenigen Getreuen zurück und baute in der Sierra Maestra eine schlagkräftige Partisanenarmee gegen den Diktator auf. Vor allem liberale und kleinbürgerliche Kreise unterstützen den Revolutionär, der die Abhängigkeit der Zuckerinsel von den USA verringern will. 70 Prozent der kubanischen Zuckerindustrie sind in US-amerikanischen Händen, wobei Zuckerprodukte 75 bis 90 Prozent des gesamten kubanischen Exports ausmachen. Neben der Aufteilung der großen Zucker- und Tabakplantagen will die neue Regierung u. a. die Versorgungsbetriebe verstaatlichen und 30 Prozent der Industriefirmen an kubanische Arbeiter verteilen. Diese Politik bringt Castro, der die kubanische Gesellschaft nach sozialistischen Vorbildern umgestalten will, in zunehmenden Gegensatz zu den USA- auch wenn er auf einer Goodwill-Tour im April die guten Beziehungen zu den Vereinigten Staaten betont, seine Neutralität im Ost-West-Gegensatz bekräftigt und Gerüchte über die Schließung der US-amerikanischen Militärbasis Guantánamo auf Kuba zurückweist. Während des Jahres 1960 verschlechtern sich die Beziehungen zu den USA zunehmend. Nach der vom CIA unterstützten Invasion in der Schweinebucht 1961 lehnt sich Kuba stärker an die Sowjetunion an.

1962:

Krise um Kuba - die Welt am Abgrund

Direkt vor der Haustür der USA installieren die Sowjets Angriffswaffen mit Nuklearsprengköpfen. Das will US-Präsident John F. Kennedy nicht zulassen. Er verhängt die Seeblockade über Kuba. Eine Woche lang hält die Welt den Atem an. Kommt es zu einem Nuklearkrieg zwischen den Großmächten?

Seit der Kommunist Fidel Castro auf Kuba herrscht, ist die Insel 150 km vor der nordamerikanischen Küste den Männern in Washington ein Dorn im Auge: Die CIA-gestützte Invasion von Exil-Kubanern in der kubanischen Schweinebucht scheiterte 1961 kläglich. Um die Regierung Castro anderweitig zu schädigen, verhängen die Amerikaner Anfang 1962 ein Handelsembargo über Kuba.
Im Oktober 1962 bewahrheiten sich die Sorgen der US-Verteidigungsexperten: Bei Aufklärungsflügen werden auf der Insel Angriffswaffen entdeckt. Noch drei Tage später versichert der sowjetische Außenminister Andrei Gromyko, es befänden sich nur Defensivraketen auf Kuba. Der von US-Präsident Kennedy ein berufene Krisenstab berät als mögliche Gegenmaßnahmen eine Invasion oder auch einen Luftangriff. Kennedy verkündet am 23. Oktober die Seeblockade gegen Kuba. 20 US-Kriegsschiffe sollen weitere sowjetische Waffenlieferungen unterbinden, 18 von U-Booten begleitete russische Frachter steuern auf die Insel zu - und drehen wegen der Blockade ab. Nach mehreren Notenwechseln zwischen Washington und Moskau gibt der sowjetische Staatschef Nikita Chruschtschow überraschend nach: Er befiehlt die Demontage der auf Kuba stationierten Angriffswaffen; Kennedy verspricht im Gegenzug, auf einen Schlag gegen die Insel zu verzichten.

1983:

Amerikaner besetzen Grenada

Die Befürchtung, das kommunistische Kuba könnte seinen Einfluss auf der Karibikinsel Grenada weiter ausbauen, veranlasst US-Präsident Ronald Reagan, dem "Hilferuf" mehrerer karibischer Staaten zu folgen und rigoros durchzugreifen: Er läßt die 344-km^2-Insel besetzen.

Bei einem Umsturzversuch auf der Insel waren am 20. Oktober der marxistische Ministerpräsident und mehrere Minister auf Geheiß des radikaler orientierten Vizepräsidenten erschossen worden. Das nimmt Reagan zum Anlass, der kommunistischen Regierung auf Grenada den Garaus zu machen. Die Invasion, an der neben US-amerikanischen Truppen auch Soldaten karibischer Staaten beteiligt sind, kostet 100 Menschen das Leben.
Aus den ersten Wahlen nach der Invasion Ende 1984 geht - für die USA wunschgemäß - die gemäßigte Neue Nationalpartei als Sieger hervor.

„Es geht doch nichts über einen ordentlichen, übersichtlichen Kalten Krieg!"

High Noon

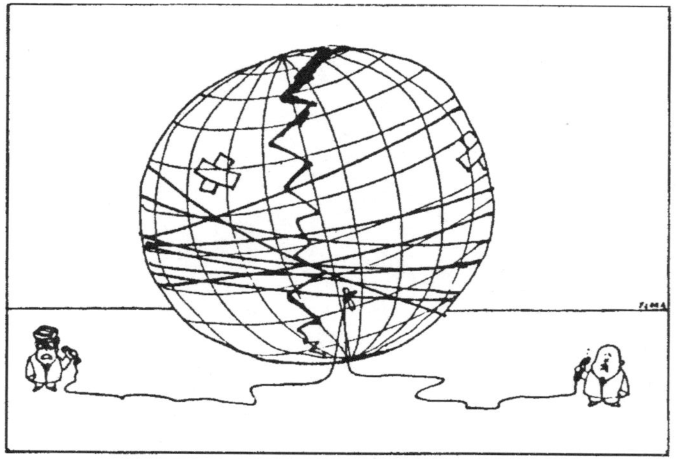

„Die Welt ist gerettet!" - Der heiße Draht von Moskau nach Washington.
Karikatur von Paul Flora aus „Die Zeit", 14. Juni 1963

GESCHICHTE	Name	Klasse	Datum	Nr.

Stationen von Konfrontation und Entspannung nach 1945

1. Postdamer Konferenz (1945)
2. Truman-Doktrin/Marshall-Plan
3. Berlin-Blockade (1948/1949)
4. Gründung der NATO (1949)
5. Beginn des Koreakrieges (1953)
6. Ende des Koreakrieges (1955)
7. Gründung des Warschauer Pakts (1955)

8. Genfer Gipfelkonferenz
9. Ungarnaufstand (1956)
10. Berlinultimatum der UdSSR
11. Gipfeltreffen (Eisenhower/Chr.)
12. Berliner Mauerbau (1961)
13. Kubakrise (1962)
14. Vertrag über Atombombenstopp
15. Beginn des Vietnamkrieges (1964)
16. Atomwaffensperrvertrag
17. Aufstand in der CSSR (1968)
18. Viermächteabkommen (Berlin)
19. SALT I
20. KSZE in Helsinki
21. Afghanistankrieg (1979)
22. Scheitern von SALT II
23. Nachrüstung (SS 20/Persking II)
24. Gorbatschow wird Generalsekretär der KPdSU
25. INT-Vertrag (1987): Abrüstung der Atommittelstreckenraketen
26. VKSE-Vertrag (1990)
27. KSZE-Gipfelkonferenz (Beendigung des Ost-West-Konflikts)

Es geht doch nichts über einen ordentlichen, übersichtlichen Kalten Krieg!"

Das Ost-West-Verhältnis im Überblick („Fieberkurve“ der Beziehungen)

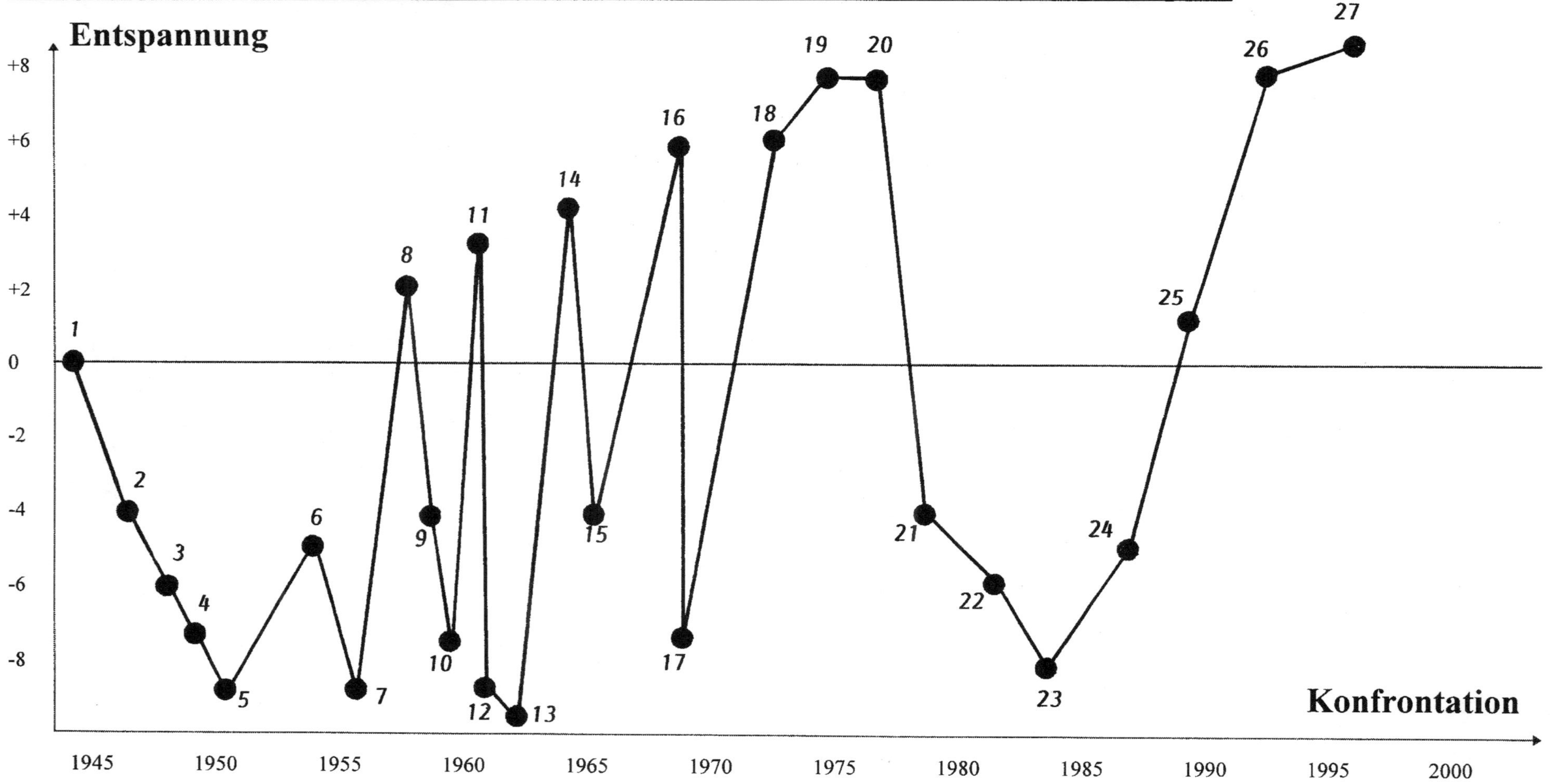

① 1963: Vertrag über den Stopp von Atomtests im Weltraum

② 1972: SALT I - Vertrag (**S**trategic **A**rms **L**imitation **T**alks); Begrenzung der Raketenabwehrsysteme und Raketen zu Wasser und zu Land

③ August 1975 in Helsinki: KSZE (**K**onferenz für **S**icherheit und **Z**usammenarbeit in **E**uropa); Anwesenheit von 34 Staaten (alle europäischen Staaten außer Albanien, USA, Kanada und UdSSR)

④ 1976: Atomteststopp begrenzt unterirdische Atomversuche

⑤ 1987: INF-Vertrag (**I**ntermediate Range **N**uclear **F**orces); Abbau von Atomraketen mittlerer Reichweite (500-5000 Kilometer)

⑥ 1990: VKSE - Vertrag (**V**ertrag über **k**onventionelle **S**treitkräfte in **E**uropa); Begrenzung der Höhe der Rüstung in Europa

THEMA

Aufstände in den Ostblockstaaten - erfolgreich?

LERNZIELE

- Wissen um die wichtigsten Ereignisse in den Ostblockstaaten (Polen, Ungarn, Tschechoslowakei)
- Erfahren der Gründe des Einschreitens der UdSSR
- Wissen um die Forderungen des Volkes in den jeweiligen Staaten
- Kennenlernen wichtiger Personen, die mit diesen Aufständen verbunden waren
- Wertung des Vorgehens der Sowjetunion
- Wissen, dass westliche Proteste keinen Wert hatten

ARBEITSMITTEL/MEDIEN/LITERATURHINWEISE

- Arbeitsblatt mit Lösung
- Folien (Texte, Bilder)
- Tafelanschrift
- Atlas bzw. Landkarte

TAFELBILD/FOLIEN

Aufstände in den Ostblockstaaten - erfolgreich?

Widerstand gegen den „großen Bruder“

❶ Volksaufstand in Polen 1956

28. Juni in Posen: 14000 Posener Arbeiter fordern Lohnerhöhung ⇨ Forderung nach Freiheit und Abzug der sowjetischen Truppen ⇨ Arbeiter besetzen Gefängnis und örtliche KP-Zentrale ⇨ Armee schlägt Aufstand mit Panzern und Maschinengewehren nieder ⇨ 53 Tote, 300 Verletzte

❷ Volksaufstand in Ungarn 1956

23. Oktober in Budapest: Massendemonstration für demokratische Freiheiten ⇨ Beginn des bewaffneten Volksaufstandes gegen das stalinistische Regime ⇨ 24. Oktober: Imre Nagy wird von den Aufständischen als Ministerpräsident eingesetzt ⇨ 30. Oktober: Nagy verkündet die Abschaffung des Einparteien-Systems ⇨ 1. November: Nagy erklärt den Austritt Ungarns aus dem Warschauer Pakt ⇨ 3. November: Neuwahl der Regierung, der auch bürgerliche Politiker angehören ⇨ 4. November: Eingriff der sowjetischen Streitkräfte durch Panzereinheiten ⇨ Vergebliche Bitten um Hilfe in Richtung Westmächte ⇨ 15. November: Zusammenbruch des Widerstandes in Budapest ⇨ mehrere tausend Tote ⇨ Deportationen und „Säuberungen“ durch die mit Hilfe der Sowjets gebildete 'Ungarische Revolutionäre Arbeiter- und Bauernregierung' unter János Kádár ⇨ über 200000 Ungarn flüchten über die österreichische Grenze ⇨ Imre Nagy wird 1958 hingerichtet

❸ „Prager Frühling“ 1968 in der Tschechoslowakei

5. Januar: Alexander Dubcek wird Erster Sekretär des Zentralkomitees der Kommunistischen Partei der Tschechoslowakei ⇨ Phase der Liberalisierung beginnt (Aufhebung der Pressezensur, Reformpolitiker ersetzen moskautreue Politiker, beginnende marktwirtschaftliche Prozesse) ⇨ 27. Juni: „Manifest der 200 Worte“ (Forderung nach Beschleunigung des Demokratisierungsprozesses durch den Schriftsteller Ludvik Vaculik) ⇨ 20. August: Truppen der UdSSR, Polens, Ungarns, Bulgariens und der DDR besetzen die Tschechoslowakei ⇨ Gewaltsames Ende des „Prager Frühlings“ ⇨ Rücknahme der Reformen ⇨ Dubcek wird Botschafter in der Türkei ⇨ 1970 wird Dubcek aller Ämter enthoben und aus der Partei ausgeschlossen

Stundenbild

I. Hinführung

St. Impuls	Folie (S. 136)	Bilder: Aufstände (Ungarn/Tschechoslowakei)
Aussprache		
Zielangabe	TA	**Aufstände in den Ostblockstaaten - erfolgreich?**

II. Erarbeitung

Vermutungen		
	TA	❶ Polen 1956 (Posen)
L.vortrag		
Zsf.	TA (S. 131)	
AA zur GA		Informiere dich mit Hilfe zweier Zeitungsartikel über die Aufstände in Ungarn und in der Tschechoslowakei!
	Info (S. 135)	Sowjetpanzer in Ungarn/Prager Frühling brutal beendet
GA a.g.		
Zsf. Gr.berichte		
Zsf.	TA (S. 131)	❷ Ungarn 1956 (Budapest) ❸ Tschechoslowakei 1968 (Prag)
AA		Informiere dich in Lexika über folgende Personen!
	TA	Leonid I. Breschnew Alexander Dubcek
	Lexika	
Aussprache		
Zsf.	TA	

III. Wertung

Rückkehr zur Themafrage		
Leitfragen		① Aufstände erfolgreich? ② Reaktion der westlichen Staaten? ③ Was besagt die Breschnew-Doktrin?
Aussprache		zu ① Alle Aufstände werden zum Teil blutig niedergeschlagen zu ② Proteste auf diplomatischer Ebene; keine konkrete Hilfe (Waffenhilfe), was eine weltweite Ausweitung des Konfliktes heraufbeschwören hätte können zu ③ Vormachtstellung der Sowjetunion unter den sozialistischen Ländern; Eingriff (auch mit Gewalt), wenn diese Position gefährdet ist

IV. Sicherung

Zsf.	AB (S. 133)	Aufstände in den Ostblockstaaten - erfolgreich?
Kontrolle	Folie (S. 134)	

GESCHICHTE	Name	Klasse	Datum	Nr.

Aufstände in den Ostblockstaaten - erfolgreich?

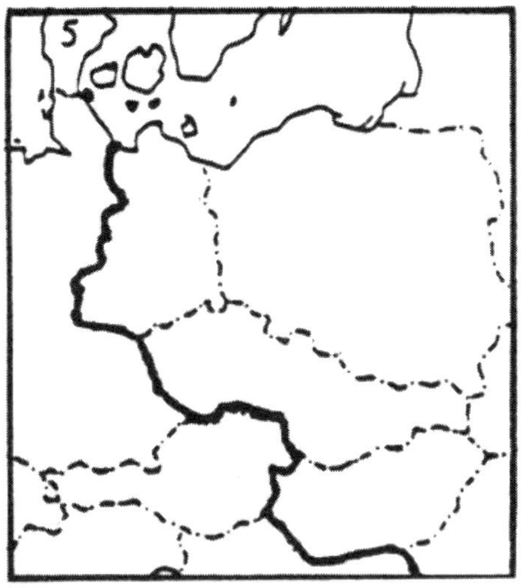

Der Ostblock blieb bis zu seiner Auflösung Anfang der 90er Jahre rund 40 Jahre lang fest gefügt. Allerdings kam es in dieser Zeit mehrfach zu Aufständen.

Arbeitsaufgaben:

Suche auf der Karte die Länder Polen, Ungarn und Tschechoslowakei! Schraffiere sie farbig und zeichne die Hauptstadt des jeweiligen Landes ein! Finde das Jahr des Aufstandes heraus!

① Polen: ______________________

② Ungarn: ______________________

③ Tschechoslowakei: ______________________

❶ ***Beschreibe kurz den Verlauf der Aufstände in den drei Ländern!***

____

____

____

____

____

____

____

____

❷ ***Wie endeten dort die Aufstände?***

____

____

____

____

❸ ***Beurteile die Reaktion der westlichen Staaten hinsichtlich der Aufstände und der Maßnahmen der Sowjetunion!***

____

____

____

❹ ***Informiere dich in Lexika über die in dieser Zeit einflussreichen Politiker namens Leonid Iljitsch Breschnew (UdSSR, li.) und Alexander Dubcek (CSSR, re.)!***

____

____

____

____

____

GESCHICHTE	Name	Klasse	Datum	Nr.

Aufstände in den Ostblockstaaten - erfolgreich?

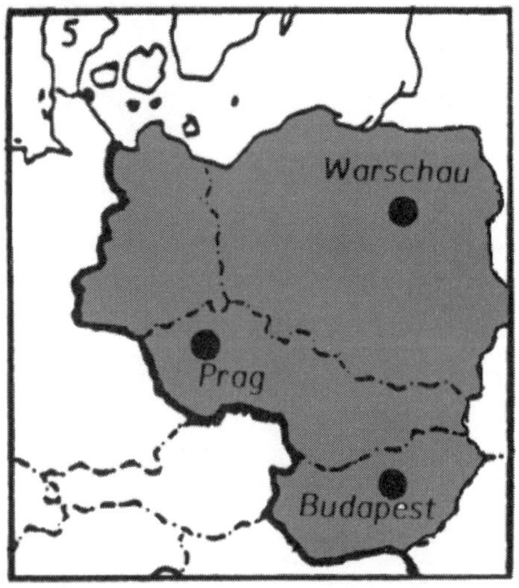

Der Ostblock blieb bis zu seiner Auflösung Anfang der 90er Jahre rund 40 Jahre lang fest gefügt. Allerdings kam es in dieser Zeit mehrfach zu Aufständen.

Arbeitsaufgaben:

Suche auf der Karte die Länder Polen, Ungarn und Tschechoslowakei! Schraffiere sie farbig und zeichne die Hauptstadt des jeweiligen Landes ein! Finde das Jahr des Aufstandes heraus!

① Polen: 28. Juni 1956 (Posen)

② Ungarn: 23. Oktober – 15. November 1956 (Budapest)

③ Tschechoslowakei: 27. Juni – 20. August 1968 (Prag)

❶ ***Beschreibe kurz den Verlauf der Aufstände in den drei Ländern!***

Polen: Arbeiter fordern Lohnerhöhung, Freiheit und Abzug der sowj. Truppen; Ungarn: Massendemonstration für demokratische Freiheiten; bewaffneter Volksaufstand gegen das sowj. Regime; Austritt aus dem Warschauer Pakt; CSSR: Welle der Liberalisierung geht durch das Land; Demokratisierungsprozess

❷ ***Wie endeten dort die Aufstände?***

In allen drei Fällen werden die Freiheitsbestrebungen und Liberalisierungsprozesse mit Waffengewalt niedergeschlagen (Sowjetunion mit großen Panzereinheiten)

❸ ***Beurteile die Reaktion der westlichen Staaten hinsichtlich der Aufstände und der Maßnahmen der Sowjetunion!***

Proteste auf diplomatischer Ebene sind gegenüber Aggressoren wertlos und helder betroffenen Bevölkerung nicht.

❹ ***Informiere dich in Lexika über die in dieser Zeit einflussreichen Politiker namens Leonid Iljitsch Breschnew (UdSSR, li.) und Alexander Dubcek (CSSR, re.)!***

Breschnew (1906–1982); bestimmte fast 20 Jahre lang die Politik der UdSSR; die Breschnew-Doktrin schrieb die Vormachstellung der UdSSR im sozialistischen Lager fest und rechtfertigte den Einmarsch in die CSSR. Dubcek (1921–1992) Reformpolitiker, 1970 aller Ämter enthoben, später rehabilitiert; 1989 Parlamentspräsident

Sowjetpanzer in Ungarn

Für die kommunistische Welt völlig überraschend enthüllt KPdSU-Generalsekretär Nikita S. Chruschtschow auf dem XX. Parteitag die Verbrechen des 1953 gestorbenen Genossen Stalin. Nach dieser Kritik an den stalinistischen Terrormethoden wächst im Ostblock die Unzufriedenheit. In Ungarn und Polen kommt es zu Aufständen, die blutig niedergeschlagen werden.

Die Enthüllungen über Stalins 30-jähriges Terrorregime lösen in allen Ländern des Ostblocks Erschütterung aus. Die Führungsgremien der Parteien reagieren jedoch zunächst vorsichtig. Der Bevölkerung in vielen Ostblockländern reichen diese geringfügigen Kurskorrekturen jedoch nicht. Der Unmut über Willkürmaßnahmen und Einschränkungen der persönlichen Freiheit wächst. In der polnischen Stadt Posen kommt es im Juni zu einem Arbeiteraufstand. Mehrere zehntausend Demonstranten fordern eine Verbesserung der Versorgungslage, den Abzug der sowjetischen Truppen und mehr Freiheit. Über die Stadt wird der Ausnahmezustand verhängt, Militäreinheiten schlagen den Aufstand nieder. Die Unzufriedenheit der Polen lässt sich jedoch nicht unterdrücken. Am 21. Oktober wird der Reformpolitiker Wladyslaw Gomulka mit sowjetischer Unterstützung Erster Sekretär der Partei. Er soll durch eine vorsichtige Demokratisierung und Lockerung der zentralen Wirtschaftslenkung die innenpolitische Situation entspannen und die kommunistische Herrschaft wieder stabilisieren.
In Ungarn dagegen eskalieren im Oktober die Proteste gegen das kommunistische Regime. Eine Studentendemonstration am 23. Oktober weitet sich aus, es kommt zu Schüssen des ungarischen Staatssicherheitsdienstes AHV, die einen Aufstand auslösen. Über Budapest wird der Ausnahmezustand verhängt. Der Reformpolitiker Imre Nagy soll als neuer Ministerpräsident (ab 27. Oktober) die Situation entschärfen. Er erfüllt wesentliche Forderungen der Aufständischen. Wenige Tage später gibt Nagy das Machtmonopol der kommunistischen Partei auf und kündigt die Absicht Ungarns an, aus dem Warschauer Pakt auszutreten. Eine solche Loslösung aus dem militärischen Bündnis ist für die Sowjetunion jedoch nicht akzeptabel - so weitgehend hat sich der Kreml die Liberalisierung nicht vorgestellt. Moskau geht davon aus, dass die Westmächte vor dem Hintergrund der Suezkrise eine direkte Konfrontation mit der Sowjetunion scheuen, und entschließt sich, den Aufstand in Ungarn mit allen Mitteln niederzuschlagen. Am 4. November greifen sowjetische Panzer die ungarische Hauptstadt Budapest an. Bis zum 15. November ziehen sich die Kämpfe zwischen Aufständischen und Invasionstruppen hin. Währenddessen hat Jáänos Kádár, ursprünglich ein Reformer, eine Gegenregierung gebildet, die den sowjetischen Einmarsch rechtfertigt und nach Ende des Aufstands die "Normalisierung" einleitet. Imre Nagy wird 1958 in einem Geheimprozess verurteilt und hingerichtet.

Russische Panzer in der CSSR:

Prager Frühling brutal beendet

"Dubcek, Svoboda, Dubcek, Svoboda" skandieren die Menschen selbst in Provinzstädten, wo man derartige Demonstrationen gar nicht erwartet hätte. Wie in ganz Europa protestieren auch in der Bundesrepublik nach dem 20. August zahllose Bürger gegen den Einmarsch sowjetischer Truppen in die CSSR, mit dem der Prager Frühling ein brutales Ende findet.

Das Experiment des Reformkommunismus mit Parteichef Alexander Dubcek und Staatspräsident Ludvik Svoboda an der Spitze war gerade in der Bundesrepublik mit Sympathie begleitet worden. Viele setzten große Hoffnungen in diesen "Sozialismus mit menschlichem Antlitz".
Erst im Januar hatte Dubcek, der für eine Reform der starren Planwirtschaft und die Verwirklichung wichtiger Freiheitsrechte wie Presse-, Versammlungs- und Koalitionsfreiheit eintritt, das Amt des KP-Chefs von dem Hardliner Novotny übernommen. Den Drohgebärden aus Moskau gaben die Reformer in der CSSR nicht nach. Unter Führung der Sowjetunion marschieren schließlich am 20. August Truppen der Warschauer-Pakt-Staaten in die Tschechoslowakei ein. Die Stabilität des Ostblocks, die vor allem Polen und die DDR gefährdet sahen, wird mit Panzern wiederhergestellt: Die Prager Führung muss die Reformen zurücknehmen.

Ungarn Oktober 1956:
Aufständische haben in den Straßen Budapests zwei sowjetische Panzerabwehrgeschütze erobert.

THEMA

Jugoslawien - der alte Hass bricht aus

LERNZIELE

- Wissen um die geographische Situation im ehemaligen Jugoslawien
- Kenntnis der ethnischen Gegensätze, die zum Bürgerkrieg führen
- Kennenlernen des Verlaufs des Bürgerkrieges seit 1991
- Wissen um die schrecklichen Greueltaten im Verlauf des Krieges vor allem an der Zivilbevölkerung
- Beurteilung der Rolle der UN während dieses Bürgerkrieges

ARBEITSMITTEL/MEDIEN/LITERATURHINWEISE

- Arbeitsblatt mit Lösung
- Folien (Bilder, Texte, Karten)
- Karte S. 137/Text S. 141 aus: Imanuel Geiss/Gabriele Intemann: Der Jugoslawienkrieg © Verlag M. Diesterweg GmbH & Co., Frankfurt 1995
- Fotos S. 142 © Gamma/Art Zamur
- Karte S. 139 Thomas Heumann © Frankfurter Allgemeine Zeitung, 19. Juli 1994

TAFELBILD/FOLIEN

Jugoslawien - der alte Hass bricht aus

Der Nationalitätenstreit in Jugoslawien mündet nach Unabhängigkeitserklärungen der ehemaligen jugoslawischen Teilrepubliken Slowenien und Kroatien Mitte 1991 in einen offenen Bürgerkrieg.

Mit Waffengewalt will die von Serben dominierte jugoslawische Bundesarmee das Auseinanderfallen des Vielvölkerstaats verhindern. Die Kämpfe konzentrieren sich auf Kroatien, wo die Bundesarmee bald offen auf der Seite von serbischen Freischärlern gegen die kroatischen Milizen vorgeht. Bis zum Ende des Jahres scheitern 14 von der EG bzw. der UNO vermittelte Waffenstillstandsabkommen. Tausende Menschen müssen sterben, bis endlich die wachsende Opposition in der kriegsmüden Bevölkerung die serbischen Führer zum Einlenken bewegt. Auch der Beschluss der EG-Staaten, Slowenien und Kroatien völkerrechtlich anzuerkennen, spielt bei dem Sinneswandel der Serben eine Rolle. Müssen sie doch jetzt damit rechnen, in Europa isoliert zu werden.
Anfang 1992 zieht der serbische Oppositionsführer Vuk Draskovic ein Fazit: "Der serbische Nationalismus hat den Nationalismus der Kroaten provoziert ... Nun müssen sich beide Völker entsetzlich schämen für die brutalen Verbrechen dieses Krieges."

Die Zersplitterung
Die Volkszugehörigkeit der Republiken und autonomen Provinzen (1991) in Prozent

Juni 1991:
Unabhängigkeitserklärung von Slowenien (7.10.) und Kroatien (25.6.)
28. Juni 1991:
Beginn des Bürgerkrieges
Oktober 1991:
Jugoslawische Luftwaffe bombardiert Zagreb
Januar 1991:
EG erkennt Slowenien und Kroatien als selbständige Staaten an
März 1992:
Stationierung von UN-Friedenstruppen im Bürgerkriegsgebiet
April 1992:
Beginn der serbischen Belagerung von Sarajevo; Serbien/Montenegro gründen Föderative Republik Jugoslawien (FRJ)
Juni/Juli 1992:
UN-Truppen in Bosnien-Herzegowina; Luftbrücke für eingekesseltes Sarajevo
April 1993:
Verschärfte Sanktionen gegen FRJ
November 1995:
Friedensvertrag von Dayton (USA) zwischen Bosnien-Herzegowina, Kroatien und Serbien

Stundenbild

I. Hinführung

St. Impuls	Folie (S. 142 o.)	Bild: Altes Ehepaar (Flüchtlinge)
Aussprache		
St. Impuls	Folie (S. 139 Mi.)	Grafik: Flüchtlinge
Aussprache		
		L: Die Ursache für die 2 Mio. Flüchtlinge in Ex-Jugoslawien lag an einem furchtbaren Bürgerkrieg in diesem Land.
Zielangabe	TA	
		Jugoslawien - der alte Hass bricht auf

II. Erarbeitung

	Folie (S. 137)	Karte: Ethnische Zusammensetzung der einzelnen Staaten
Impuls		L: Das alte Jugoslawien gibt es nicht mehr!
Aussprache		... Zersplitterung in einzelne, unabhängige Staaten ...
	TA	Kroatien, Slowenien, Bosnien-Herzegowina, Föderative Republik Jugoslawien (Serbien, Kosovo, Montenegro), Mazedonien (auch: Makedonien)
L.vortrag (u.U. Erzählungen Betroffener)	Folie (S. 137)	
	Folie (S. 141)	1995: Chronik eines Bürgerkrieges
Aussprache		
Zeitungsartikel		

Bosnien: Flüchtlingselend und der Friedensvertrag

Mit der Unterzeichnung des Friedensvertrags am 14. Dezember in Paris wird der Bosnien-Krieg offiziell beendet. Doch auch 1995 bringt der Konflikt viel Leid: Vertreibung von mehreren 100000 Menschen, Massaker in Srebrenica und Sarajevo sowie ethnische Säuberungen. Unterdessen beteiligt sich erstmals die Bundeswehr am UNO-Einsatz. Auch Einheiten aus Kempten und Landsberg sind davon betroffen. Angehörigen des Kemptener Gebirgssanitäts-Bataillons 8 z. B. arbeiten in einem UNO-Feldhospital in Seget Donij (Kroatien). Tomados des Jagdbomber-Geschwaders 32 aus Lagerlechfeld sind außerdem in Piacenza zur Luftraumabsicherung stationiert.

Aussprache

III. Wertung

St. Impuls	Folien (S. 142)	Bilder: Frau an Kreuz; Gefangene; Kriegsopfer
Aussprache		
		L: Was bedeutet es, auf der Flucht zu sein?
Aussprache/Diskussion (u.U. Erlebnisse betroffener Mitschüler)		
	Folien (S. 141)	Karikaturen
Aussprache		

IV. Sicherung

Zsf.	AB (S. 139)	Jugoslawien - der alte Hass bricht auf
Kontrolle	Folie (S. 140)	

GESCHICHTE	Name	Klasse	Datum	Nr.

Jugoslawien - der alte Hass bricht auf

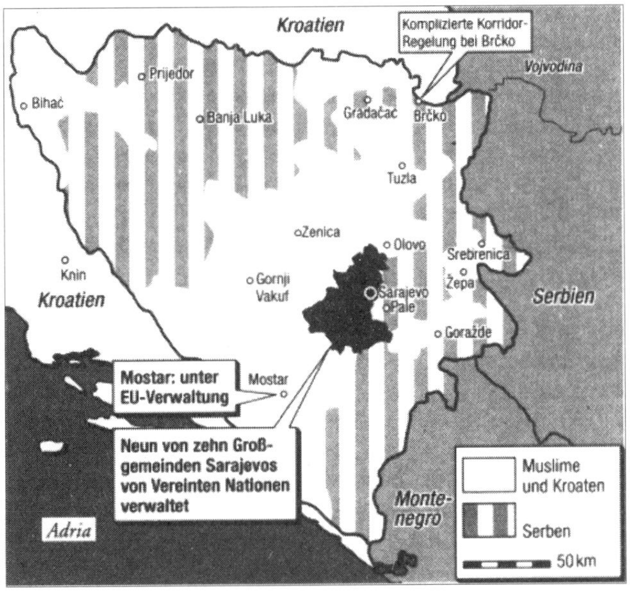

❶ *Beschreibe in Stichpunkten Ursachen und Verlauf des Bürgerkrieges im ehemaligen Jugoslawien. Informiere dich auch in Lexika!*

____

____

____

____

____

____

____

____

____

❷ *Die Grafik rechts zeigt eine der Auswirkungen des Bürgerkrieges! Beschreibe sie!*

____

____

____

____

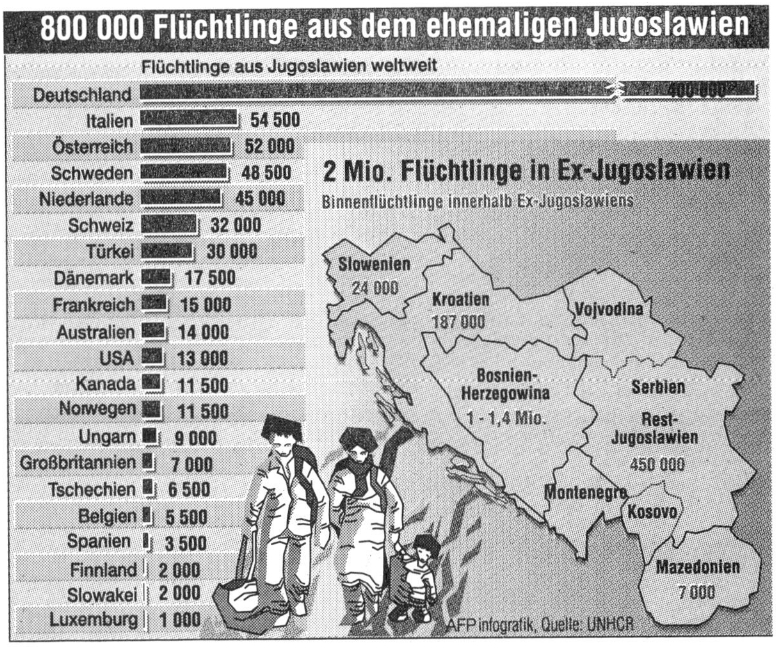

❸ *Der Bürgerkrieg endete mit dem Friedensvertrag im November 1995 in Dayton (USA) zwischen Bosnien-Herzegowina, Kroatien und der Föderativen Republik Jugoslawien (Serbien/Montenegro). Mit welchen Problemen haben die Menschen zu kämpfen, die inzwischen wieder zurückgeführt werden?*

____

____

____

____

„Was kreuzen wir denn heute an?"

Abzug der Serben

GESCHICHTE	Name	Klasse	Datum	Nr.

Jugoslawien - der alte Hass bricht auf

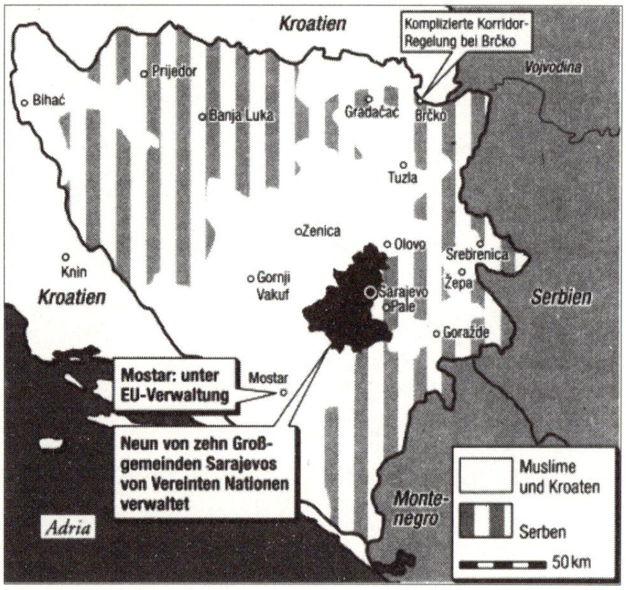

❶ *Beschreibe in Stichpunkten Ursachen und Verlauf des Bürgerkrieges im ehemaligen Jugoslawien. Informiere dich auch in Lexika!*

Der Nationalitätenstreit mündete nach Unabhängigkeitserklärungen der ehemaligen Teilrepubliken Slowenien und Kroatien Mitte 1991 in einen offenen Bürgerkrieg. Serbien galt als kriegsauslösende und kriegstreibende Kraft im Krieg um Bosnien-Herzegowina. 1992 wurde über Serbien ein Wirtschaftsembargo verhängt. Friedensvertrag November 1995; 1996 Aufhebung des Embargos; diplomatische Anerkennung durch EU-Staaten

❷ *Die Grafik rechts zeigt eine der Auswirkungen des Bürgerkrieges! Beschreibe sie!*

Während der fünf Jahre Krieg waren rund 2 Mio. Menschen auf der Flucht; etwa 10 000 Menschen verloren ihr Leben.

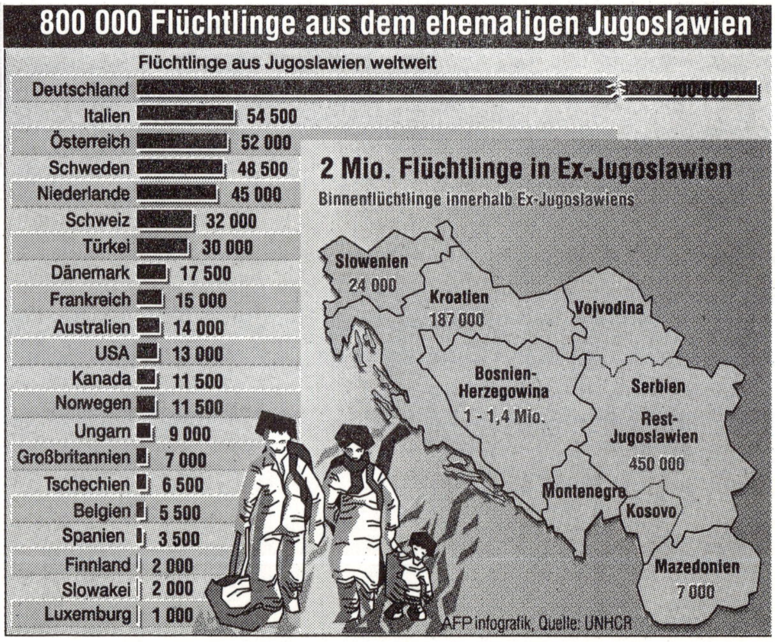

❸ *Der Bürgerkrieg endete mit dem Friedensvertrag im November 1995 in Dayton (USA) zwischen Bosnien-Herzegowina, Kroatien und der Föderativen Republik Jugoslawien (Serbien/Montenegro). Mit welchen Problemen haben die Menschen zu kämpfen, die inzwischen wieder zurückgeführt werden?*

Rückkehr in eine zerstörte Heimat (Häuser, Wohnungen, Versorgungseinrichtungen, Verkehrswege); Familienmitglieder wurden im Kampf getötet; neu geschlossene Freundschaften werden getrennt; schwieriger Wiederaufbau (Geldmittel fehlen)

„Was kreuzen wir denn heute an?“

Abzug der Serben

1995 - Chronik eines Bürgerkrieges

(1. 1.) Viermonatiger Waffenstillstand tritt in Bosnien-Herzegovina in Kraft, u. a. zur Versorgung der UNO-Schutzzonen: Wird von allen Seiten vielfach gebrochen.
(20. 3.) Beginn der Großoffensive der bosnischen Regierungstruppen.
(22. 4.) Serben sperren den Flughafen von Sarajevo für die Kontaktgruppe; Karadzic droht mit Drittem Weltkrieg, sollte seine "Serbische Republik" nicht anerkannt werden.
(1. 5.) Mit dem Ende des viermonatigen Waffenstillstands intensivieren sich die Kämpfe in Bosnien-Herzegovina, insbesondere um Sarajevo.
(1./2. 5.) Kroatien erobert die UNO-Schutzzone Restslawonien von den Serben zurück
(22. 5.) Serben überfallen Waffendebot der Blauhelme.
(25./26. 5.) NATO beantwortet fortdauernde Beschießung Sarajevos und Angriff auf Waffendepot mit Luftangriffen, u. a. auf Munitionsdepot in Pale: Serben nehmen insgesamt 277 UNO-Soldaten als Geiseln und erreichen die Einstellung der Bombardierung; Milosevic vermittelt Freilassung der Geiseln.
(11. 6.) Serbische Flüchtlinge aus Kroatien in Serbien werden zwangsweise mobilisiert (erstmals seit Jan. 1994) für den Krieg in Ostslawonien und in der Krajina.
(12. 6.) Beginn der Offensive der vereinigten Armee der Muslime und der bosnischen Kroaten, u. a. zur Befreiung Sarajevos aus der serbischen Belagerung.
(11. 7.) Bosnische Serben erobern UNO-Schutzzone Srebrenica: 40000 Muslime werden nach Zentralbosnien vertrieben; der Verbleib von 4000-6000 männlichen Muslimen im wehrfähigen Alter ist ungewiss.
(26. 7.) Bosn. Serben erobern UNO-Schutzzone Zepa: 16000 Muslime werden vertrieben.
(4. 8.-8. 8.) Kroaten erobern in Operation "Gewittersturm" die Krajina ohne nennenswerte Gegenwehr der Serben zurück:

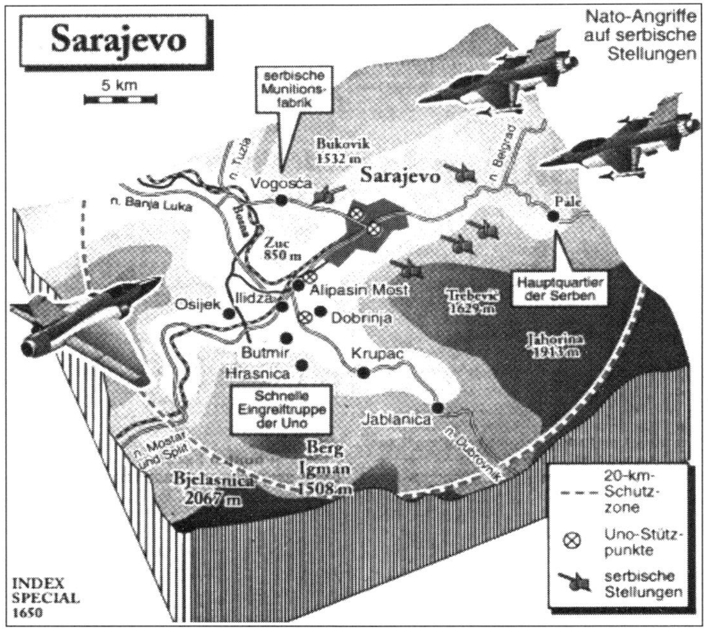

Der erzwungene Exodus von 200000 Serben beendet 400-jährige Tradition in der ehemaligen Militärgrenze. In der Serbischen Republik in Bosnien-Herzegovina bricht ein offener Konflikt zwischen Präsident Karadzic und Oberbefehlshaber Mladic aus.
(22. 8.) UNO-Blauhelme beginnen Rückzug aus Gorazde.
(30. 8.) UNO beantwortet erneutes Massaker auf dem Marktplatz von Sarajevo mit massiven NATO - Luftangriffen auf serbische Stellungen bei Sarajevo, Tuzla, Gorazde und Mostar.

„Da droht wieder jemand mit Verschärfung der Sanktionen!“

Grüße aus Gorazde

Eine Mutter klammert sich an ein Holzkreuz, auf dem der Name ihres Sohnes steht: Prodanowic. Der Serbe war 1992 vermutlich von moslemischen Truppen getötet worden. Mit dem Überfall auf Kroatien am 3. Juli 1991 hatten die Serben den schlimmsten Krieg in Europa seit 50 Jahren entfacht. Sie eroberten den Kosovo, ein Drittel Kroatiens und drei Viertel Bosniens. Nach UN-Schätzungen verloren drei Millionen Moslems ihre Heimat, Zehntausende wurden ermordet, mindestens 50000, auch Kinder, in Lagern gefoltert und vergewaltigt. Der erste gemeinsame Kampfeinsatz der NATO beendete den Krieg auf dem Balkan offiziell und führte am 21. November 1995 zum Friedensvertrag von Dayton.

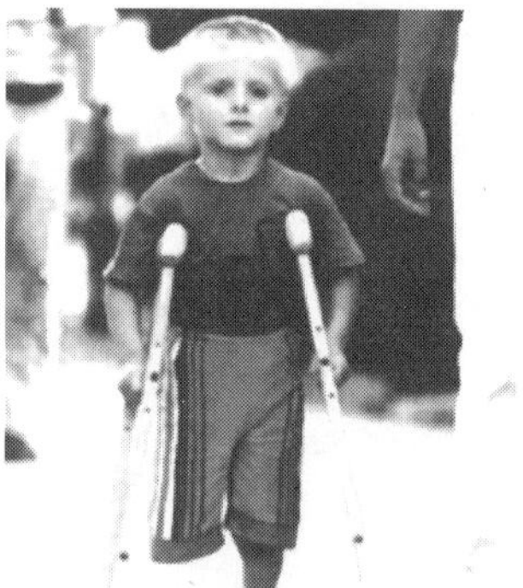

THEMA

Welche Bedeutung haben die Vereinten Nationen?

LERNZIELE

- Einblick in die Entstehung der Vereinten Nationen gewinnen
- Kennenlernen der Ziele, Grundsätze und Hauptorgane der Vereinten Nationen
- Wissen um die Bedeutung des Sicherheitsrates und der Sonderorganisationen
- Kenntnis der Möglichkeiten und Grenzen der Vereinten Nationen
- Kritische Beurteilung der Vereinten Nationen anhand von Karikaturen

ARBEITSMITTEL/MEDIEN/LITERATURHINWEISE

- Arbeitsblätter (3) mit Lösungen
- Folien (Informationstexte, Karikaturen, Chroniken)
- Tafelanschrift
- Texte S. 152/153 aus: Kompaktlexikon in 3 Bd. © Harenberg Verlag, Dortmund 1996

TAFELBILD/FOLIEN

Welche Bedeutung haben die Vereinten Nationen?

Aufgaben

❶ Friedenssicherung
❷ Zusammenarbeit der Völker
❸ Eingreifen in Krisensituationen
❹ Sicherung des sozialen Fortschritts
❺ Durchsetzen der Grundrechte und Gleichberechtigung für alle Menschen
❻ Geben von humanitärer Hilfe
❼ Mitspracherecht für jedes Land

1945

Seit 1945 kam es bis heute weltweit zu rund 150 bewaffneten Auseinandersetzungen (Kriege und Bürgerkriege), in deren Verlauf schätzungsweise 25 Millionen Menschen getötet wurden. Bei nur wenigen Kriegen und Krisen griff die UNO ein; in neun von insgesamt 25 Fällen war sie bis heute erfolgreich und konnte den Frieden wiederherstellen. Dazu zählten der Korea-Krieg (1950 - 1953), der Bürgerkrieg in Zaire (ehemalige belgische Kolonie Kongo) und die Suez-Krise 1956. Wiederholt bemühte sich die UNO um eine Lösung in dem Konflikt zwischen Israel und den arabischen Staaten (1948, 1967, 1973). Eine Reihe weiterer Kriege konnte ebenfalls durch ihr Eingreifen beendet werden. Doch in den meisten Fällen ließen die Interessen der Großmächte wirksame Maßnahmen der Weltorganisation nicht zu. Im Vietnam-Krieg verhinderte die USA entsprechende Aktionen der UNO; der sowjetische Einmarsch in Afghanistan, der Krieg zwischen Irak und Iran waren weitere aktuelle Beispiele für die Machtlosigkeit der UNO.

Die UNO als Feuerwehr

Stundenbild

I. Hinführung

St. Impuls	Folie (S. 143 o.)	Bild: UNO-Zeichen
Aussprache		
	TA	UNO (United Nations Organization) = Organisation der Vereinten Nationen
Zielangabe	TA	
		Welche Bedeutung haben die Vereinten Nationen?

II. Erarbeitung

Vermutungen		
L		Aufgaben der UNO?
	TA (S. 143)	
Erarbeitung in GA/LSG		
	AB 1 (S. 145)	Die Bedeutung der Vereinten Nationen (1)
Kontrolle	Folie (S. 146)	
	AB 2 (S. 147)	Die Bedeutung der Vereinten Nationen (2)
Kontrolle	Folie (S. 148)	
	AB 1 (S. 149)	Die Bedeutung der Vereinten Nationen (3)
Kontrolle	Folie (S. 150)	
Zsf.	Info (S. 151)	Bedeutung der UN (Zusammenarbeit der Völker)
SSS lesen		
Aussprache		Ständige UN-Hilfsorganisationen: ① UNICEF: Weltkinderhilfswerk ② UNHCR: Hoher Kommissar für Flüchtlinge ③ UNCTAD: Welthandelskonferenz ④ UNDP: Entwicklungsprogramm ⑤ WFC: Welternährung ⑥ UNEP: Umwelt Ständige UN-Kommissionen: ① ILO: Kommission für Arbeit ② FAO: Kommission für Ernährung ③ UNESCO: Kommission für Erziehung ④ WHO: Kommission für Gesundheit

III. Wertung

		Die UNO heute?
	Folie (S. 152)	▪ Die UNO heute ▪ UNO-Friedenstruppen
	Folien (S. 153)	Grafik: Blauhelme auf Friedensmission Karikaturen (3)
Aussprache/Diskussion		

IV. Ausweitung/Zusammenfassung

Rätsel	Folie (S. 154)	Was weißt du noch?
LSG	Folie (S. 155)	Weitere Konfliktgebiete
	Folien (S. 156-158)	▪ Kriege und Konflikte seit 1945 ▪ Brennpunkte des Weltgeschehens 1995
	AB (S. 159)	Krisenherde
Eintrag GA/STA		(12 aktuelle Krisenherde)
	Folie (S. 160)	▪ Bilanz der Kriege im 20. Jahrhundert ▪ Flüchtlinge
Aussprache		

GESCHICHTE	Name	Klasse	Datum	Nr.

Die Bedeutung der Vereinten Nationen (1)

① Wie entstanden die Vereinten Nationen?

Vorgänger der UN:

„Liga der Nationen" Gründung: Initiative:

Völkerzusammenschluss Gründung Initiative

② Ziele und Grundsätze der UN:

❶

❷

❸

③ Die Hauptorgane der UN:

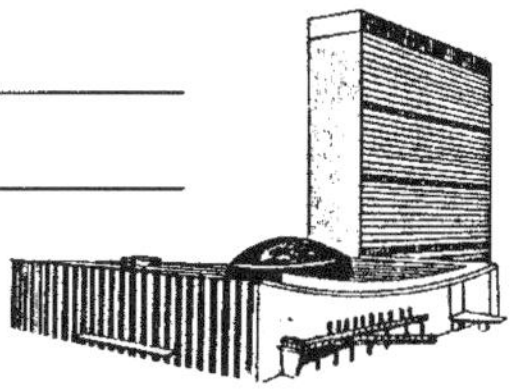

Sitz in Den Haag

13 Sonder-organisationen

5 ständige Mitglieder - 10 nichtständige, auf zwei Jahre gewählte Mitglieder.

GESCHICHTE	Name	Klasse	Datum	Nr.

Die Bedeutung der Vereinten Nationen (1)

① Wie entstanden die Vereinten Nationen?

Vorgänger der UN:

„Liga der Nationen“ *Völkerbund* — Gründung: *nach dem Ersten Weltkrieg* — Initiative: *Präs. Wilson (USA)*

Völkerzusammenschluss *Vereinte Nationen (UN)* — Gründung *nach dem Zweiten Weltkrieg* — Initiative *Präs. Roosevelt (USA)*

② Ziele und Grundsätze der UN:

❶ *Bewahrung der Menschheit vor kriegerischen Auseinandersetzungen*

❷ *Grundrechte und Gleichberechtigung für alle Menschen*

❸ *Sozialer Fortschritt und besserer Lebensstandard*

③ Die Hauptorgane der UN:

Sekretariat
An der Spitze der Generalsekretär. Vollversammlung wählt alle 5 Jahre

Vollversammlung; jedes Jahr in New York (131 Entwicklungsländer; 29 westl., 24 östl. Industrieländer)

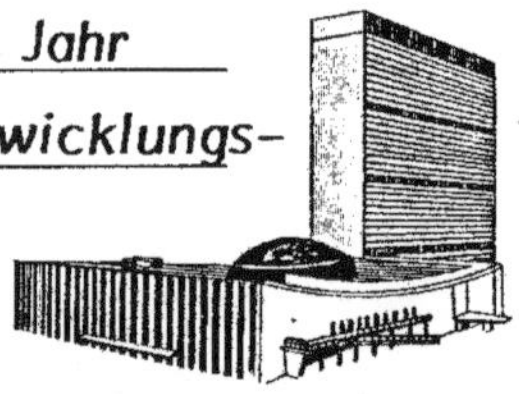

Internationaler Gerichtshof. Ihm gehören 15 Richter an (von Vollvers. u. Sicherheitsrat gewählt)
Sitz in Den Haag

Wirtschafts- und Sozialrat (54 von Vollversammlung gewählten Mitgliedern)

UNICEF, WHO, UNESCO, FAO, ILO, UNEP (Umwelt)
13 Sonderorganisationen

Sicherheitsrat: Ständige Mitgl. mit Vetorecht (USA, Russland, China, Großbritannien, Frankreich)

5 ständige Mitglieder - 10 nichtständige, auf zwei Jahre gewählte Mitglieder.

GESCHICHTE	Name	Klasse	Datum	Nr.

Die Bedeutung der Vereinten Nationen (2)

① Einige wichtige Sonderorganisationen der UN:

Arbeitsaufgabe: ***Verbinde mit Pfeilen!***

FAO Organisation für Ernährung und Landwirtschaft	**WHO** Welt-gesundheits-organisation	**UNESCO** Erziehungs-, Wissenschafts- und Kulturrat	**UNICEF** Welt-Kinder-hilfswerk

Ärzte treten an die Stelle der Medizinmänner

United **N**ations **I**nternational **C**hildren's **E**mergency **F**und

Hilfe für Entwicklungsländer

② Möglichkeiten der UN:

❶ 1948 verkündete die Generalversammlung der UN die „Allgemeine Erklärung der Menschenrechte“:

____

____

❷ Waffenstillstandsabkommen und Einsatz von Beobachtern und Friedenstruppen („Blauhelme“):

____

____

❸ Abrüstungsverhandlungen, Probleme der Weltraumnutzung sowie der Nutzung der Meere

____

____

❹ Dienstleistungen auf kulturellem, sozialem, wirtschaftlichem, wissenschaftlichem Gebiet:

____

____

____

____

❺ Treffpunkt der politischen Vertreter aller Nationen:

____

____

____

____

GESCHICHTE	Name	Klasse	Datum	Nr.

Die Bedeutung der Vereinten Nationen (2)

① Einige wichtige Sonderorganisationen der UN:

Arbeitsaufgabe: ***Verbinde mit Pfeilen!***

FAO Organisation für Ernährung und Landwirtschaft	**WHO** Welt-gesundheits-organisation	**UNESCO** Erziehungs-, Wissenschafts- und Kulturrat	**UNICEF** Welt-Kinder-hilfswerk
Ärzte treten an die Stelle der Medizin-männer 		United Nations International Children's Emergency Fund	 Hilfe für Ent-wicklungsländer

② Möglichkeiten der UN:

❶ 1948 verkündete die Generalversammlung der UN die „Allgemeine Erklärung der Menschenrechte":

Die Menschenrechte wurden in viele nationale Verfassungen aufgenommen. Trotzdem wird noch häufig gegen diese Bestimmung verstoßen.

❷ Waffenstillstandsabkommen und Einsatz von Beobachtern und Friedenstruppen („Blauhelme"):

Einsatz in Krisengebieten, z. B. zwischen Indien und Pakistan, im Nahen Osten und auf dem afrikanischen Kontinent; auch Kriegseinsatz möglich

❸ Abrüstungsverhandlungen, Probleme der Weltraumnutzung sowie der Nutzung der Meere

Entsprechende Verträge wurden von den Vereinten Nationen eingeleitet und werden von ihr weiter verfolgt.

❹ Dienstleistungen auf kulturellem, sozialem, wirtschaftlichem, wissenschaftlichem Gebiet:

Das geschieht durch die 13 Sonderorganisationen der UN (UNICEF, WHO, FAO, UNESCO, ILO, UNEP, WFC, UNDP, UNCTAD, UNHCR, ...)

❺ Treffpunkt der politischen Vertreter aller Nationen:

Austausch von Meinungen; Mittel der Annäherung und Entspannung; Einbringen von Protesten und Konfliktpotential

GESCHICHTE	Name	Klasse	Datum	Nr.

Die Bedeutung der Vereinten Nationen (3)

① Grenzen und Probleme der UN:

Nicht verhindern konnte die UN z. B.:

- ______________________
- ______________________
- ______________________
- ______________________
- ______________________
- ______________________

② Probleme der UN:

- ______________________
- ______________________
- ______________________
- ______________________
- ______________________

③ Die Bundesrepublik Deutschland ist Mitglied der UN?

____

④ Auf welchen Gebieten gäbe es weitere Möglichkeiten der internationalen Zusammenarbeit?

____

____

Arbeitsaufgabe:
Versuche die genannten Probleme nach ihrer Dringlichkeit zu ordnen!

____

____

⑤ Die Vereinten Nationen wollen die Menschheit vor einem ______________ bewahren. Die Beschlüsse der UN stellen jedoch nur ______________ dar. Verantwortlich für Bemühungen zur Erhaltung des Friedens ist der ______________. Durch die moderne Technik rückt die Welt immer näher ______________. Daher müssen immer mehr Aufgaben durch internationale ______________ geregelt werden.

GESCHICHTE	Name	Klasse	Datum	Nr.

Die Bedeutung der Vereinten Nationen (3)

① Grenzen und Probleme der UN:

Nicht verhindern konnte die UN z. B.:

- das Wettrüsten der Ost-West-Machtblöcke (NATO - Warschauer Pakt)
- Waffenlieferungen an Länder der Dritten Welt durch Industriestaaten
- den Vietnamkrieg (1964-1975) und den sowjetischen Einmarsch in Afghanistan (1979)
- den Bürgerkrieg im ehemaligen Jugoslawien (1991-1995)
- den Konflikt im Nahen Osten zwischen Israel und Palästinensern
- Konflikte in Afrika (Ruanda, Burundi, Somalia, Liberia, Zaire u.a.)

② Probleme der UN:

- Schwierigkeit, Interessengegensätze zwischen Staaten mit voller Souveränität zu schlichten
- Problem, dass Aktionen oft am Veto (Einspruchsrecht) einer der Großmächte scheitern
- Aktionsradius und Betätigungsfeld der UN wird immer größer
- Chronische Finanzkrise durch die sich ausweitenden Betätigungsfelder
- Schuldner sind nicht fähig oder willens, ihre Beträge zu bezahlen

③ Die Bundesrepublik Deutschland ist Mitglied der UN?

Seit dem 18. September 1973 als 134. Mitglied (am selben Tag: DDR als 133. MItglied)

④ Auf welchen Gebieten gäbe es weitere Möglichkeiten der internationalen Zusammenarbeit?

Sport, Medizin, Wirtschaft, Bildung, Menschenrechte, Umweltschutz, Technik, neue Technologien, Massenmedien, Weltraumforschung, Glaubensfragen

Arbeitsaufgabe:
Versuche die genannten Probleme nach ihrer Dringlichkeit zu ordnen!

Umweltschutz -> Menschenrechte -> Glaubensfragen -> Wirtschaft -> Technik -> Bildung -> Medizin -> neue Technologien -> Weltraumforschung -> Massenmedien -> Sport

⑤ Die Vereinten Nationen wollen die Menschheit vor einem Krieg bewahren. Die Beschlüsse der UN stellen jedoch nur Empfehlungen dar. Verantwortlich für Bemühungen zur Erhaltung des Friedens ist der Sicherheitsrat. Durch die moderne Technik rückt die Welt immer näher zusammen. Daher müssen immer mehr Aufgaben durch internationale Zusammenarbeit geregelt werden.

„Zusammenarbeit der Völker“ (Bedeutung der UN)

❶ Nach dem 1. Weltkrieg wurde auf Initiative des damaligen amerikanischen Präsi denten Wilson derVölkerbund gegründet.

Ähnlich dem Völkerbund wurde nach dem 2. Weltkrieg die UNO (United Nations Organization) oder UN „United Nations“ (Vereinigte Nationen) gegründet. Der amerikanische Präsident F.D. Roosevelt prägte diesen Namen.
Am 26. Juni 1945 unterzeichneten 51 Staaten die Gründungsakte der weltumspannenden UN. Heute sind es mittlerweile 185 Mitglieder (1996).

❷ Charta der UN: Präambel (Auszug):

Wir, die Völker der Vereinten Nationen, sind fest entschlossen, künftige Geschlechter vor der Geißel des Krieges zu bewahren, die zweimal zu unseren Lebzeiten unsagbares Leid über die Menschheit ge bracht hat, unseren Glauben an die Grundrechte des Menschen, an Würde und Wert der menschlichen Persönlichkeit, an die Gleichberechtigung von Mann und Frau sowie von allen Nationen, ob groß oder klein, erneut zu bekräftigen ... Bedingungen zu schaffen, unter denen Gerechtigkeit und die Achtung vor den Verpflichtungen aus Verträgen und anderen Quellen des Völkerrechts gewahrt werden können ... den sozialen Fortschritt und einen besseren Lebensstandard in größerer Freiheit zu fördern ...

❸ Aufbau der UN:

- **Generalversammlung**

Zentrales politisches Beratungsorgan. Jährlich einmal im Herbst treten alle Mitglieder (je 1 Stimme) zur Generalversammlung zusammen.

- **Sicherheitsrat:**

Er besteht aus 5 ständigen Mitgliedern (China, Frankreich, Großbritannien, Russland, USA) und 10 nichtständigen, auf je 2 Jahre gewählten Mitgliedern,. insgesamt also 15 Mitgliedsstaaten.
Er ist hauptverantwortlich für die Wahrung des Weltfriedens und für die internationale Sicherheit.
Alle wichtigen Beschlüsse bedürfen der Zustimmung von 9 Mitgliedern, darunter müssen die 5 ständigen Mitglieder sein. Ist nur einer der 5 ständigen Mitglieder gegen einen Beschluss, wird dieser nicht gültig (= Veto-Recht).

- **Wirtschafts- und Sozialrat:**

Beschäftigung mit wirtschaftlichen, sozialen und Entwicklungs-Fragen

- **Internationaler Gerichtshof:**

Auslegung von internationalen Verträgen und Weiterentwicklung des intern. Völkerrechts

- **Generalsekretär** mit **Sekretariat** (Hauptverwaltungsorgan)

❹ Grenzen und Probleme der UN:

- Trotz ihrer Bemühungen konnte die UN das Wettrüsten der Ost-West-Machtblöcke, die Waffenlieferungen an Länder der Dritten Welt, den Vietnam-Krieg (1964 -75), den sowjetischen Einmarsch in Afghanistan, den Balkankonflikt nicht verhindern.
- Schwierigigkeit, Interessengegensätze zwischen Staaten mit voller Souveränitat zu überbrücken
- Mit ihren geringen materiellen Machtmitteln scheitert die UN oft am Widerspruch wenigstens einer Großmacht (Veto-Recht); außerdem leidet die UN an einer chronischen Finanzkrise.

❺ Weitere Möglichkeiten der Internationalen Zusammenarbeit:

- bei Olympischen Spielen
- bei Bekämpfung von Seuchen und Krankheiten
- bei Warenein- und ausfuhren, Zollmaßnahmen
- beim Austausch von Schülern und Studenten
- bei der Verwirklichung von Freiheit und Gleichheit aller Menschen
- beim Umweltsachutz (Reinhaltung von Luft, Gewässern und Landschaften)
- bei der Durchführung von großen Projekten (Staudämme, Brücken etc.)
- beim Streit zwischen Religionen

Die UNO heute

Mitglieder: 1996 gehörten der UNO 185 Mitgliedsstaaten an. 1971 wurde die Republik China (Taiwan) zugunsten der VR China ausgeschlossen, was eigentlich der Charta der UNO widersprach.
Seit ihrer Gründung behinderte die Konfrontation zwischen Ost und West eine wirksame Tätigkeit der UNO. Nach dem Ende des Kalten Krieges und dem Zusammenbruch der sozialistischen Regime in Osteuropa 1989 bis 1991 wurde deshalb erwartet, dass die UNO nun den schon bei ihrer Gründung intendierten Aufgaben gerecht werden würde. Als multinationale Organisation sollte sie zur Lösung internationaler Krisen beitragen, Kriege und Bürgerkriege verhindern oder eindämmen, Verletzungen des Völkerrechts ahnden, Menschenrechtsverletzungen bekämpfen und bei Katastrophen (z.B. Hungersnöten) Hilfe leisten. Der erfolgreiche Militäreinsatz gegen den Irak nach der Okkupation Kuwaits hatte solche Hoffnungen weiter verstärkt. Doch konnte die UNO in den folgenden Jahren weder den Bürgerkrieg in Jugoslawien (Bosnien-Herzegowina) noch die kriegerischen Auseinandersetzungen in einigen afrikanischen Staaten wirksam eindämmen oder beenden. Die Einsätze von UNO-Friedenstruppen in Jugoslawien und von Kampftruppen in Somalia gerieten zum Fehlschlag. Massive Menschenrechtsverletzungen, Vertreibungen und Völkermord konnten nicht verhindert werden.
Zentrales Problem - die Finanzkrise:
Im Mai 1996 erklärte sich die UNO für zahlungsunfähig. Mehr als die Hälfte der Mitglieder hatte ihren Beitrag, der sich nach der Wirtschaftsleistung berechnet, nicht gezahlt. Größter Schuldner mit 1,6 Mrd. Dollar sind die USA, die 25 Prozent der Beiträge leisten.

UNO-Friedenstruppen

Das sind von der UNO aufgestellte Militäreinheiten oder zivile Beobachter, die seit 1948 vom UNO-Sicherheitsrat zu friedenssichernden Operationen entsandt werden. Zur Selbstverteidigung und zur Sicherung ihrer Arbeit dürfen sie Gewalt anwenden. Zu den Aufgaben der „Blauhelme“ gehört die Sicherung von Waffenstillständen. Mitte 1996 waren weltweit rund 26000 Mann der UNO-Friedenstruppen im Einsatz, wobei 70 Länder Soldaten entsandten.
Von 1988 bis 1995 stieg die Zahl der Friedensmissionen von fünf auf siebzehn an. Die jährlichen Kosten wuchsen im selben Zeitraum von 230 Mio. auf 3 Mrd. Dollar. Für die laufenden Missionen 1996 veranschlagte die UNO etwa 1,5 Mrd. Dollar. Ausstehende Beitragszahlungen der Mitgliedsländer (März 1996: 5,8 Mrd. Dollar) gefährdeten 1996 die Durchführung der Einsätze. 1948 bis 1996 kamen 1444 Blauhelme bei Friedensmissionen ums Leben.

Wichtige Sonder- und Unterorganisationen der UNO

Name	Gründung	Sitz	Voller Name, Zweck
FAO	1945	Rom	Ernährungs- und Landwirtschaftsorganisation, Verbesserung der Welternährungssituation
GATT	1947	Genf	Allgemeines Zoll- und Handelsabkommen, Regelung des freien Welthandels
ICJ	1945	Den Haag	Internationaler Gerichtshof; 15 Richter von Vollversammlung und Sicherheitsrat gewählt
ILO	1919	Genf	Internationale Arbeitsorganisation, Verbesserung der Situation der Arbeitnehmer
UNCHS	1978	Nairobi	Hoher Flüchtlingskommissar, Betreuung von Flüchtlingen
UNCTAD	1964	Genf	Konferenz der Vereinten Nationen für Handel und Entwicklung, Förderung des internationalen Handels und Verringerung des Nord-Süd-Gefälles
UNESCO	1946	Paris	Organisation der Vereinten Nationen für Erziehung, Wissenschaft und Kultur
UNICEF	1946	New York	Weltkinderhilfswerk, Förderung von Kindern in den Entwicklungsländern
UNIDIR	1980	Genf	Institut für Abrüstungsforschung, Abrüstung und Rüstungskontrolle
UNRWA	1949	Wien	Hilfswerk für Palästinaflüchtlinge, Unterstützung palästinensischer Flüchtlinge
WHO	1948	Genf	Weltgesundheitsorganisation, Bekämpfung von Epidemien, Hygiene- und Gesundheitsprojekte in Entwicklungsländern

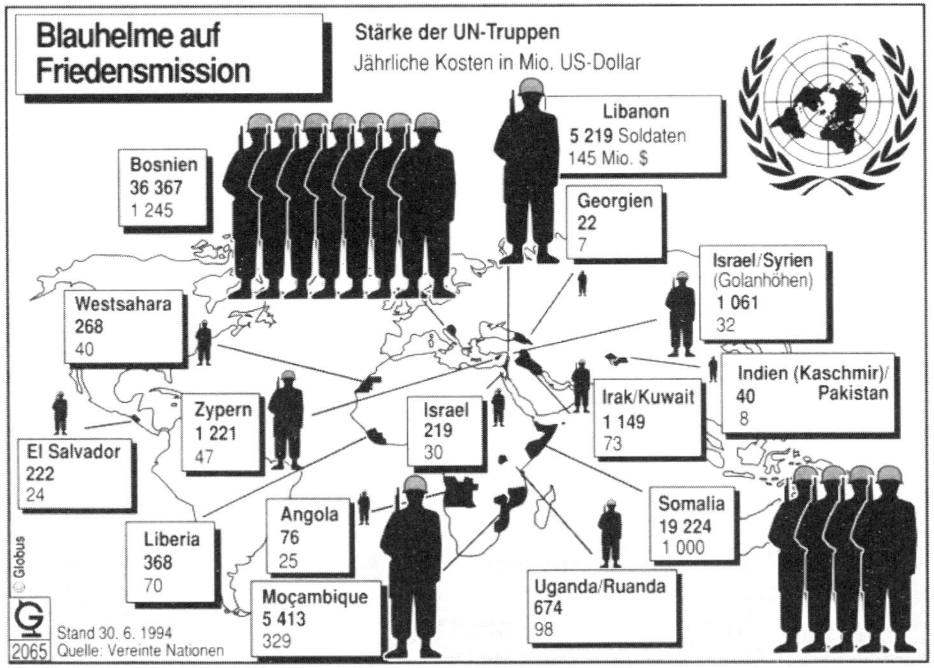

„Für wen eigentlich?“

„Wer hat da behauptet, die Blauhelme hätten hier keine Funktion mehr?“

1947

1949

1950

1956

1959

1962

1963

1964

1967

1968

1969

1972

1973

1979

1981

1982

1991

1991

1994

1995

1973:

CIA unterstützt Putsch in Chile

Fast auf den Tag drei Jahre nach seiner Wahl zum chilenischen Präsidenten wird der Sozialist Salvador Allende Gossens bei einem rechtsgerichteten Militärputsch in Santiago de Chile unter ungeklärten Umständen erschossen.

Allende hatte 1970 die Präsidentschaftswahlen mit der Unidad Popular, einem Zusammenschluss von mehreren linken Gruppierungen, gewonnen. Sein Sofortprogramm zur Verbesserung der sozialen Lage in Chile sah die Verstaatlichung der Bodenschätze, eine Bodenreform, die Nationalisierung aller Monopolunternehmen und die Verstaatlichung von Banken und Versicherungen vor. Die Unidad Popular versuchte, die Abhängigkeit Chiles vom Ausland zu vermindern. Fast die gesamte Kupferproduktion des Landes wird von drei US-amerikanischen Konzernen kontrolliert, wobei der Export von Kupfer und Eisen 85 Prozent der Devisen bringt.

Die Politik der Unidad Popular stößt bald auf den wachsenden Widerstand der privilegierten Oberschicht sowie des Auslands. Als dann die mittelständischen Fuhrunternehmer und Lebensmittelhändler streiken, kommt es Anfang 1973 zur Versorgungskrise und zum Putsch.

Bereits in den ersten Tagen nach dem Staatsstreich fallen den Mordkommandos der Militärs rund 5000 Menschen zum Opfer. Zahlreiche Chilenen verlassen ihre Heimat, um im Ausland den Verfolgungen zu entgehen. Mit Hilfe von Folter, Terror und Zensur regiert die Militärjunta unter Augusto Pinochet bis 1989 das Land.

1982:

Krieg um Falkland

5000 argentinische Soldaten landen am 2. April auf den 1833 von den Briten besetzten Falkland-Inseln und zwingen 80 dort stationierte Infanteristen zur Kapitulation.

General Galtieri, Chef der in Argentinien herrschenden Militärjunta, will mit einem außenpolitischen Erfolg seine innenpolitische Lage verbessern. Aber er hat nicht mit der Reaktion der "eisernen Lady" Margaret Thatcher gerechnet, der innenpolitisch ebenfalls das Wasser bis zum Hals steht. Die britische Premierministerin schickt 36 Kriegsschiffe in den Kampf. Argentinien muss am 14. Juni kapitulieren, nachdem die britischen Soldaten Falklands Hauptstadt Port Stanley eingenommen haben. Vier britische Kriegsschiffe werden versenkt, 255 britische und 712 argentinische Soldaten werden im Kampf getötet. Diese Niederlage leitet in Argentinien das Ende der Militärjunta ein, die seit dem Sturz Isabel Peróns im März 1976 an der Macht ist. 1983 wird Raúl Alfonsín zum Staatspräsidenten gewählt. Margaret Thatcher erlangt durch diesen Erfolg große Popularität und wird bei den Parlamentswahlen 1987 in ihrem Amt als Premierministerin bestätigt.

1992:

Krieg in El Salvador beendet

In Mexiko City, der Hauptstadt Mexikos unterzeichnen am 16. Januar der Präsident von El Salvador, Alfredo Cristiani, und Vertreter der Befreiungsfront Farabundo Marti (FMLN) einen Friedensvertrag.

Der Vertrag beendet den seit zwölf Jahren andauernden Bürgerkrieg, der mehr als 80000 Menschenleben forderte. Nach der Wahl Cristianis, Mitglied der Nationalistisch-Republikanischen Allianz, zum Staatspräsidenten (1989) hatten sich die Bürgerkriegsparteien unter UN-Vermittlung auf eine Waffenruhe geeinigt. Der Vertrag sieht u.a. die Halbierung der Streitkräfte auf 30000 Mann sowie die Entwaffnung der FMLN-Kämpfer vor. Paramilitärische Verbände werden aufgelöst und die Armee einem zivilen Oberbefehl unterstellt. Am 23.1. beschließt das Parlament eine Amnestie für alle Personen, die zwischen 1980 und 1992 an "politischen oder gesellschaftlichen Verbrechen" beteiligt waren, ausgenommen sind schwere Gewalttaten. Die Schäden des Kriegs werden auf rund 2,6 Mrd. DM geschätzt.

Kriege von Korea bis Grosny

1. Indochina-Krieg:
Frankreich gegen Indochina 1946 - 1954

Mit einem bewaffneten Aufstand kommunistischer Gruppen wehren sich Vietnam, Laos und Kambodscha gegen den Versuch Frankreichs, auf dem Gebiet der seit 1945 selbständigen Länder ihre ehemalige Kolonialmacht in Indochina erneut zu errichten. Der Konflikt weitet sich zu einem Krieg aus. Er endet mit dem Abzug der Franzosen nach dem Fall der Festung Dien Bien Phu 1954.

⇨ ca. 600 000 Tote

Arabische Liga gegen Israel 1948 - 1949

Nach der Gründung Israels am 14. Mai 1948 erklären Ägypten, Transjordanien, Syrien, der Irak, Saudi-Arabien und der Libanon dem Staat der Juden den Krieg. Er endet nach acht Monaten mit einem Sieg und erheblichen Landgewinnen für Israel.

⇨ ca. 2 000 Tote

China gegen Tibet Oktober 1950

Mit einem Gebietsanspruch aus der Kaiserzeit vor 1911 als Begründung überfällt und annektiert China den kleinen Staat im Himalaja.

⇨ ca. 2 000 Tote

Korea-Krieg: Nordkorea gegen Südkorea 1950 - 1953

Truppen des kommunistischen Nordkorea fallen in das demokratische Südkorea ein. Für die UNO greifen die USA und 15 weitere Staaten mit Truppen zugunsten des Südens in den Krieg ein. Als sie weite Teile des Nordens erobert haben, interveniert China. Der 38. Breitengrad wird wieder Grenze.

⇨ ca. 1,1 Millionen Tote

Suez-Krieg:
Israel, Großbritannien und Frankreich gegen Ägypten Oktober/November 1956

Mit der Schließung des Suez-Kanals durch Ägypten am 26. Juli 1956 verlieren Frankreich und England durch Enteignung ihre Kapitalbeteiligungen, Israel wichtige Schifffahrtsverbindungen. Die drei Länder erklären Ägypten den Krieg. Er endet nach acht Tagen auf Druck von USA und UdSSR.

⇨ ca. 2 000 Tote

Kubakrise: USA gegen Kuba und sowjetische Raketen Oktober 1962

Am 17. April 1961 war ein von den USA unterstützter Invasions-Versuch von Exilkubanern und Söldnern in der Schweinebucht von Castros Kuba gescheitert. Nordamerikanische Aufklärungsflugzeuge entdecken im nächsten Jahr auf Kuba russische Basen mit Mittelstrecken-Raketen. Präsident Kennedy verfügt die Blockade Kubas und stellt der UdSSR ein Ultimatum zum Rücktransport der Raketen. Die Welt steht am Rande eines Krieges. Nach vier Tagen lenken die Sowjets ein und ziehen ihre Raketen ab.

⇨ keine Toten

2. Indochina-Krieg (Vietnam-Krieg):
Südvietnam und die USA gegen Nordvietnam 1961 - 1975

Die USA unterstützen das demokratische Südvietnam im Kampf gegen das kommunistische Nordvietnam. 14 Jahre dauert der Kampf. 1975 siegt Nordvietnam. Die USA ziehen ab.

⇨ ca. 2 Millionen Tote

Indien gegen Pakistan April - Juli 1965

Wegen möglicher Erdölvorkommen im Grenzgebiet entlang der Salzwüste Rann führen Pakistan und Indien Krieg. Er endet nach drei Monaten mit der Aufteilung der Wüste zu 90 Prozent an Indien.

⇨ ca. 450 000 Tote

Sechs-Tage-Krieg: Israel gegen Ägypten 5. - 10. Juni 1967

Als der ägyptische Präsident Nasser an der Grenze zu Israel Truppen aufmarschieren lässt, antwortet Israel mit einem Präventivschlag. In sechs Tagen erobert die israelische Armee das Westjordanland, den Gaza-Streifen und den Sinai. "Restpalästina" mit 1,3 Millionen Palästinensern wird besetzt.

⇨ ca. 16 000 Tote

AR Jemen gegen DVR Jemen September/Oktober 1972

Am 26. September kommt es zum Kampf zwischen Nord- und Südjemen. 17 Tage später vereinigen sich beide Länder auf Vermittlung der Arabischen Liga zu einer Republik.

⇨ ca. 2 000 Tote

Yom-Kippur-Krieg: Ägypten gegen Israel 6. - 26. Oktober 1973

Ägypten und Syrien erreichen den Rückzug Israels bis an die Sinai-Pässe und die Rückgabe der Golan-Höhen und der Gebiete von Kuneitra und Rafid. Nach Verhandlungen mit den USA zieht sich Israel später auch vom Sinai und dem Ost-Ufer des Suez-Kanals zurück. Der Friedensvertrag von Camp David 1978 zwischen Israel und Ägypten ist eine Spätfolge des Krieges.

⇨ ca. 15 000 Tote

3. Indochina-Krieg:
Vietnam gegen Kambodscha 1978 - 1989

Vietnam erobert 1978 das kommunistische Kambodscha und setzt eine Marionetten Regierung ein. China reagiert darauf mit einem dreijährigen Krieg gegen Vietnam ("Erziehungsfeldzug"). Nach dem Fortfall sowjetischer Unterstützung infolge von Gorbatschows Reformen 1989 muss Vietnam seine Truppen aus Kambodscha zurückziehen.

⇨ ca. 1 Million Tote

UdSSR gegen Afghanistan 1979 - 1989

Im Dezember 1979 ruft die kommunistische Regierung von Afghanistan die Armee der UdSSR im Kampf gegen die islamischen Mudschaheddin zu Hilfe. Zehn Jahre später verlassen die Sowjets geschlagen das Land.

⇨ ca. 1 Million Tote

1. Golfkrieg:
Irak gegen Iran 1980 - 1988

Mit einem Angriff am 22. September 1980 auf den durch die Wirren der Schiitischen Revolution geschwächten Iran will der irakische Diktator Saddam Hussein einen seit 1975 schwelenden Grenzkonflikt zu seinen Gunsten entscheiden und ein mögliches Übergreifen der Schiiten-Revolution auf den Irak verhindern. Dabei schreckt er auch vor dem Einsatz von Giftgas nicht zurück. Als Irak und Iran im Persischen Golf saudiarabische Öltanker beschießen, zieht zu deren Schutz eine internationale Kriegsflotte auf. Ein Waffenstillstands-Vertrag stoppt den Krieg nach acht Jahren.

⇨ ca. 300 000 Tote

Falkland-Krieg: Argentinien gegen Großbritannien April 1982

Seit 1833 sind die Falklands von Großbritannien besetzt. Am 2. April 1982 versucht Argentinien, die Inseln durch eine militärische Invasion zurückzuerobern. Großbritannien schlägt den Angriff zurück. Der Sieg macht Margaret Thatcher zur Heldin.

⇨ ca. 1 000 Tote

USA gegen Grenada 24. Oktober - 1. November 1983

Während einer Reise in die USA wird der Präsident der Karibik-Insel Grenada durch eine von Kuba unterstützte "Revolutionäre Volksregierung" gestürzt. Amerika landet Truppen und stellt die alte Ordnung wieder her.

⇨ ca. 100 Tote

USA gegen Panama 20. - 24. Dezember 1989

Der Fünf-Tage-Krieg ist der Höhepunkt einer drei Jahre anhaltenden Fehde zwischen der US-Regierung und dem panamaischen Machthaber Noriega. Als Befehlshaber der Nationalgarde unterdrückt er alle Demokratisierungs-Bestrebungen, deckt Drogenhandel und Geldwäsche in Panama. Als ein Putsch gegen Noriega scheitert, erfolgt die militärische Invasion Amerikas. Noriega wird verhaftet und in den USA zu 40 Jahren Gefängnis verurteilt.

⇨ ca. 500 Tote

Kroatien gegen Serbien 1991 -1995

Mit der Ausrufung des "Autonomen serbischen Gebiets Krajina" reagiert die serbische Minderheit auf die Gründung des souveränen Staats Kroatien. Es kommt zu heftigen Kämpfen zwischen den Milizen beider Völker, in die auch die pro-serbische jugoslawische Volksarmee eingreift. Sie münden in den schlimmsten Krieg auf dem Balkan seit 50 Jahren.

⇨ ca. 10 000 Tote

2. Golfkrieg:
Anti-Irak-Koalition gegen Irak 17. Januar - 28. Februar 1991

Am 2.8.1990 besetzen Truppen des Diktators Saddam Hussein Kuwait. 25 Staaten unter Führung der USA befreien das Emirat in einer Schlacht am Golf und zwingen den Irak zur bedingungslosen Kapitulation.

⇨ ca. 230 000 Tote

Georgien gegen Abchasien seit August 1992

Gegen den Willen der georgischen Mehrheit im Land verkündet Abchasien am 23. Juli 1992 seine Unabhängigkeit. Georgien schickt Truppen. Die Kämpfe sind noch nicht beendet.

⇨ ca. 2 500 Tote

Russland gegen Tschetschenien: Dezember 1994 - Mai 1996

Die russische Kaukasus-Republik nutzt die Wirren des Zerfalls der UdSSR 1991 zur Unabhängigkeit. Moskau erkennt diese nicht an. 40 000 russische Soldaten marschieren 1994 ein. Der Krieg findet in der Eroberung der tschetschenischen Hauptstadt Grosny ein vorläufiges Ende.

⇨ ca. 100 000 Tote

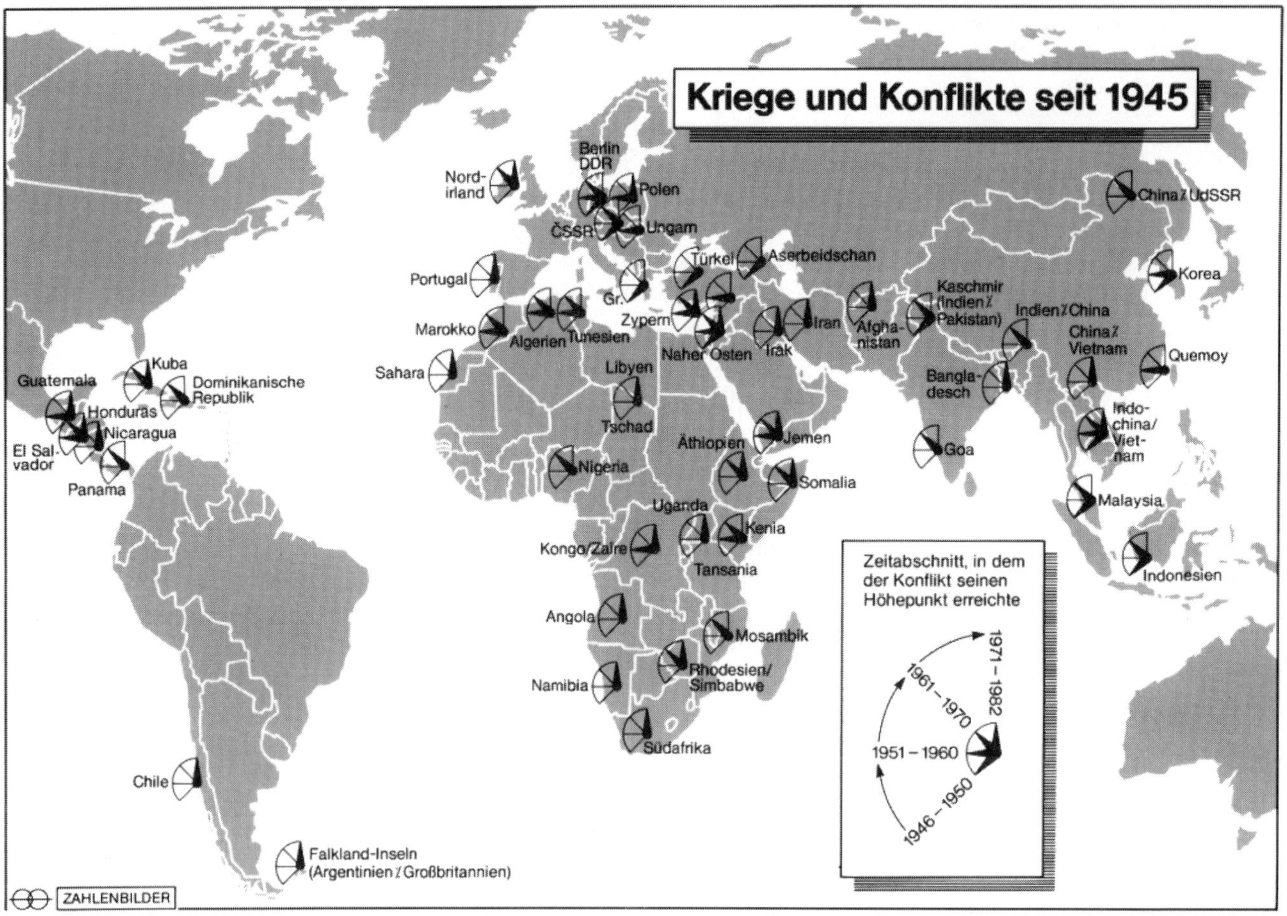
Kriege und Konflikte seit 1945
Nord-irland
Berlin DDR
Polen
ČSSR
Ungarn
China/UdSSR
Portugal
Türkei
Aserbeidschan
Korea
Gr.
Kaschmir (Indien/Pakistan)
Indien/China
Marokko
Zypern
Algerien
Tunesien
Iran
Afgha-nistan
China/Vietnam
Naher Osten
Irak
Quemoy
Sahara
Libyen
Bangla-desch
Kuba
Guatemala
Dominikanische Republik
Honduras
Nicaragua
El Sal-vador
Panama
Tschad
Äthiopien
Jemen
Goa
Indo-china/Viet-nam
Nigeria
Somalia
Malaysia
Uganda
Kenia
Kongo/Zaire
Tansania
Indonesien
Angola
Zeitabschnitt, in dem der Konflikt seinen Höhepunkt erreichte
Mosambik
1971–1982
1961–1970
1951–1960
1946–1950
Namibia
Rhodesien/Simbabwe
Südafrika
Chile
Falkland-Inseln (Argentinien/Großbritannien)
ZAHLENBILDER

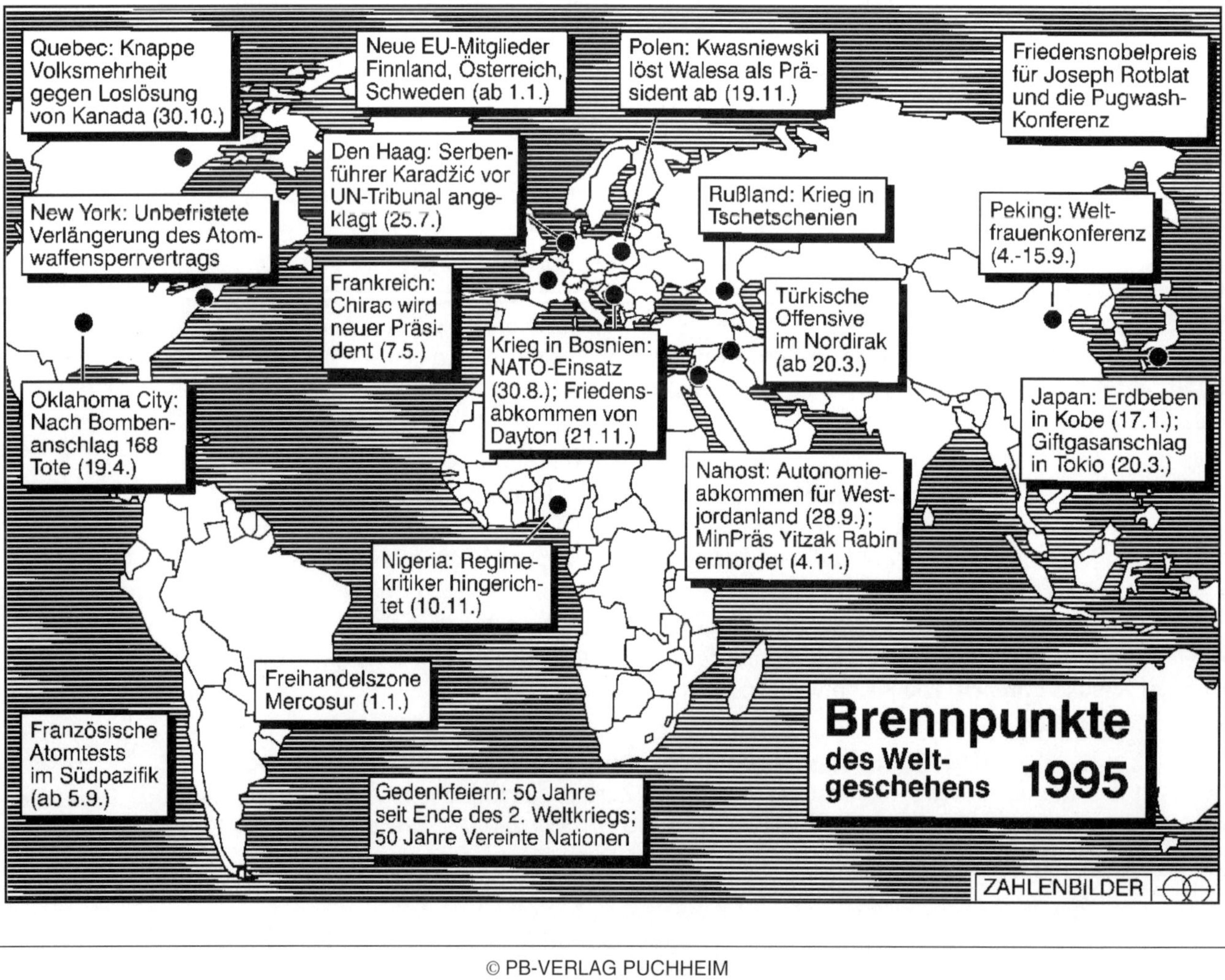
Quebec: Knappe Volksmehrheit gegen Loslösung von Kanada (30.10.)
Neue EU-Mitglieder Finnland, Österreich, Schweden (ab 1.1.)
Polen: Kwasniewski löst Walesa als Präsident ab (19.11.)
Friedensnobelpreis für Joseph Rotblat und die Pugwash-Konferenz
Den Haag: Serbenführer Karadžić vor UN-Tribunal angeklagt (25.7.)
New York: Unbefristete Verlängerung des Atomwaffensperrvertrags
Rußland: Krieg in Tschetschenien
Peking: Weltfrauenkonferenz (4.-15.9.)
Frankreich: Chirac wird neuer Präsident (7.5.)
Türkische Offensive im Nordirak (ab 20.3.)
Krieg in Bosnien: NATO-Einsatz (30.8.); Friedensabkommen von Dayton (21.11.)
Oklahoma City: Nach Bombenanschlag 168 Tote (19.4.)
Japan: Erdbeben in Kobe (17.1.); Giftgasanschlag in Tokio (20.3.)
Nahost: Autonomieabkommen für Westjordanland (28.9.); MinPräs Yitzak Rabin ermordet (4.11.)
Nigeria: Regimekritiker hingerichtet (10.11.)
Freihandelszone Mercosur (1.1.)
Brennpunkte des Weltgeschehens 1995
Französische Atomtests im Südpazifik (ab 5.9.)
Gedenkfeiern: 50 Jahre seit Ende des 2. Weltkriegs; 50 Jahre Vereinte Nationen
ZAHLENBILDER

GESCHICHTE	Name	Klasse	Datum	Nr.

Krisenherde

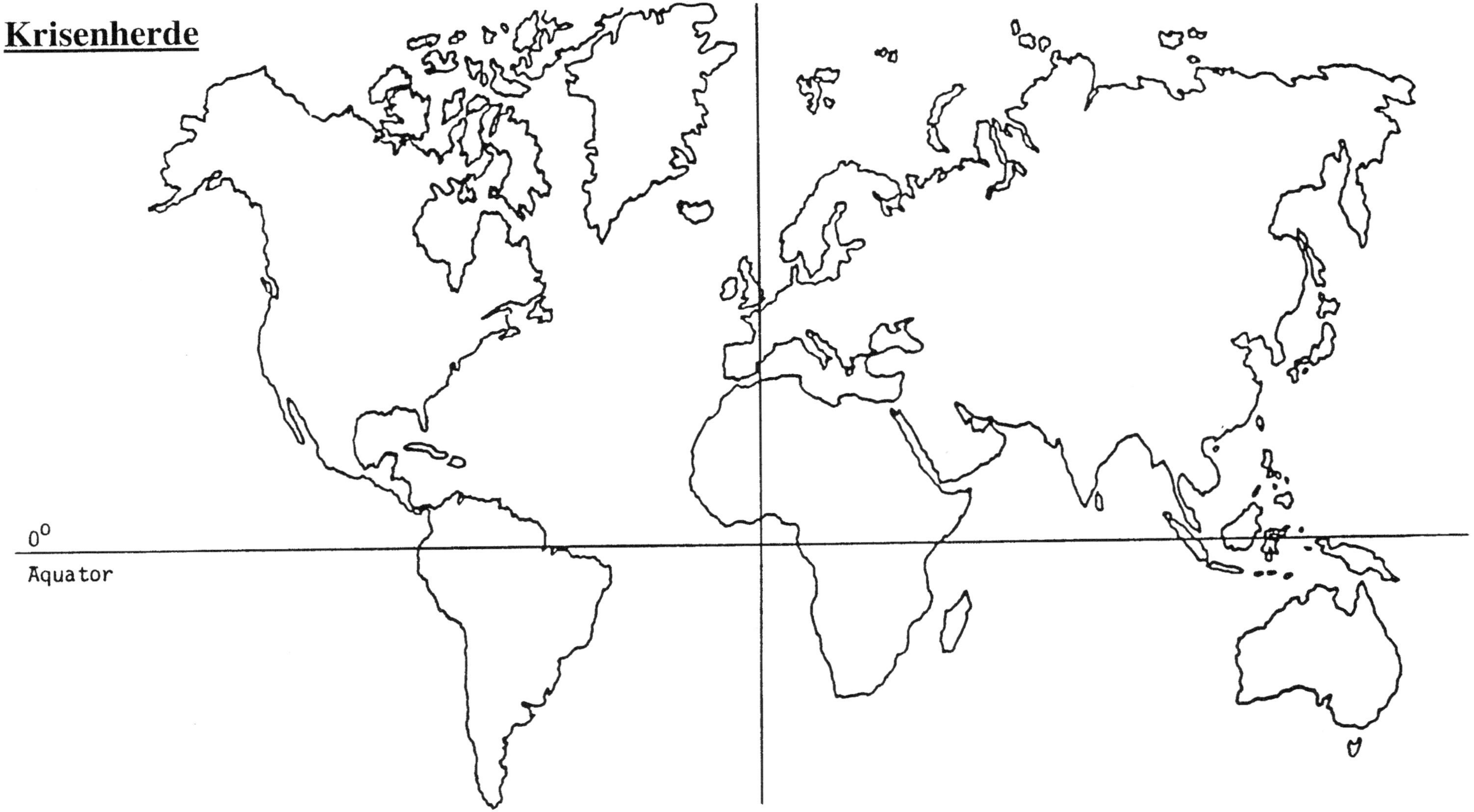

Trage bedeutende internationale Krisenherde in die Weltkarte ein!

1 ____________ 2 ____________ 3 ____________ 4 ____________

5 ____________ 6 ____________ 7 ____________ 8 ____________

9 ____________ 10 ____________ 11 ____________ 12 ____________

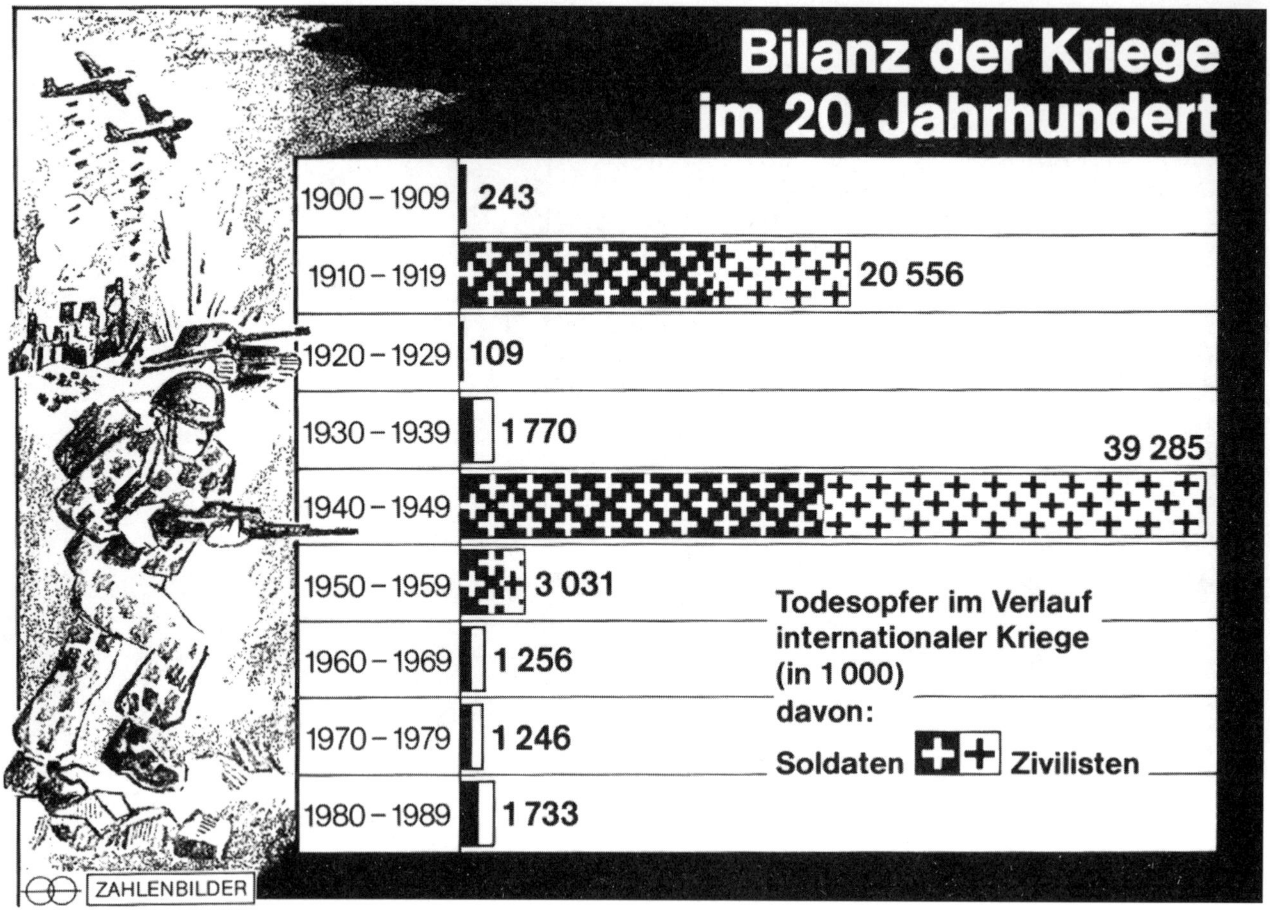

Bilanz der Kriege im 20. Jahrhundert
1900 – 1909 243
1910 – 1919 20 556
1920 – 1929 109
1930 – 1939 1 770
1940 – 1949 39 285
1950 – 1959 3 031
1960 – 1969 1 256
1970 – 1979 1 246
1980 – 1989 1 733
Todesopfer im Verlauf internationaler Kriege (in 1 000)
davon:
Soldaten Zivilisten
ZAHLENBILDER

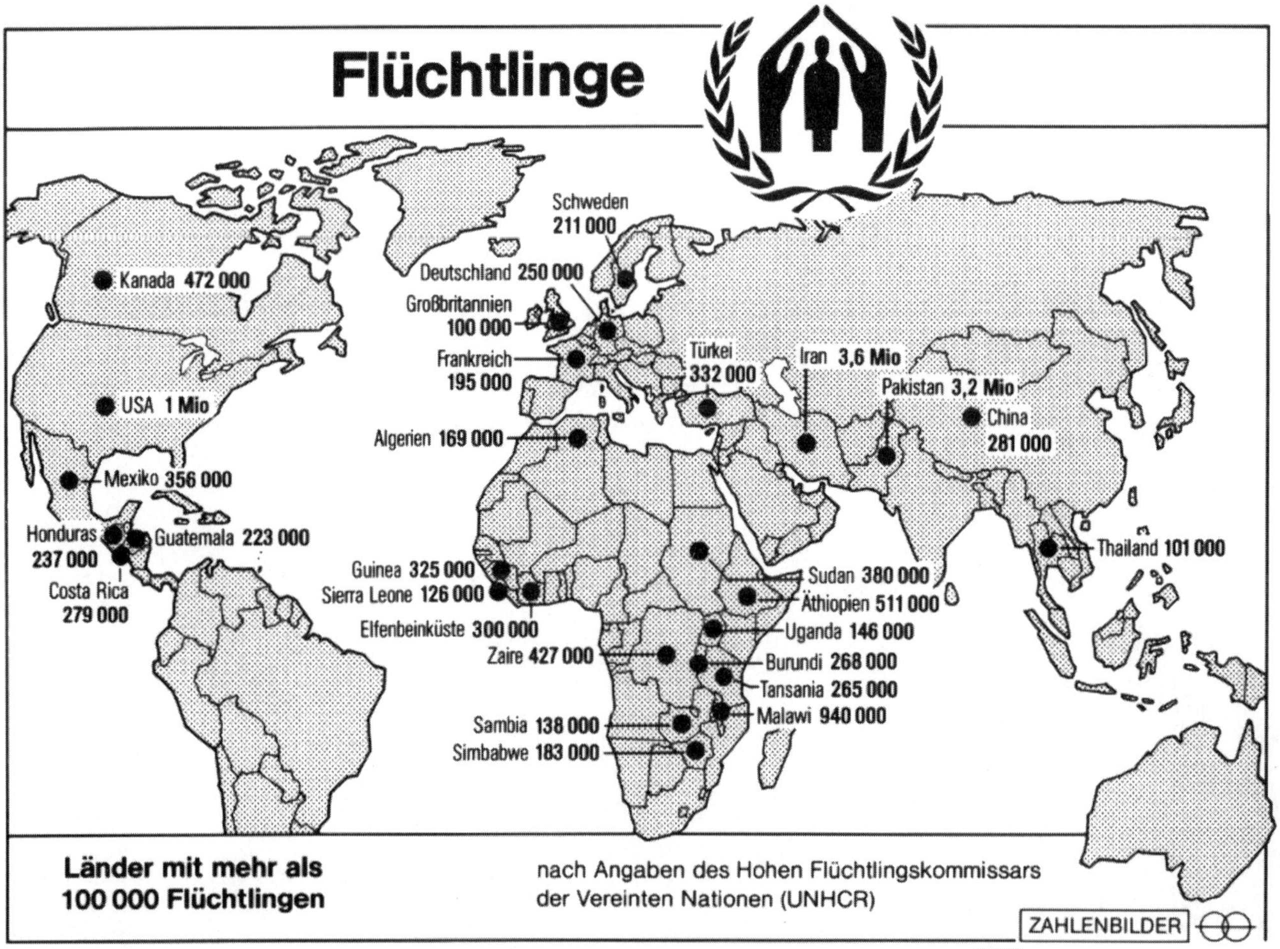

Flüchtlinge
Kanada 472 000
USA 1 Mio
Mexiko 356 000
Honduras 237 000
Guatemala 223 000
Costa Rica 279 000
Schweden 211 000
Deutschland 250 000
Großbritannien 100 000
Frankreich 195 000
Algerien 169 000
Türkei 332 000
Iran 3,6 Mio
Pakistan 3,2 Mio
China 281 000
Thailand 101 000
Guinea 325 000
Sierra Leone 126 000
Elfenbeinküste 300 000
Zaire 427 000
Sudan 380 000
Äthiopien 511 000
Uganda 146 000
Burundi 268 000
Tansania 265 000
Malawi 940 000
Sambia 138 000
Simbabwe 183 000
Länder mit mehr als 100 000 Flüchtlingen
nach Angaben des Hohen Flüchtlingskommissars der Vereinten Nationen (UNHCR)
ZAHLENBILDER